山东省社科规划项目研究成果（项目批准号：19BYSJ63）

电子传媒审美文化新变与美学话语转型

谭德生 著

中国社会科学出版社

图书在版编目（CIP）数据

电子传媒审美文化新变与美学话语转型/谭德生著.—北京：中国社会科学出版社，2024.3
ISBN 978-7-5227-3025-7

Ⅰ.①电… Ⅱ.①谭… Ⅲ.①传播媒介—审美文化—研究 Ⅳ.①G206.2

中国国家版本馆 CIP 数据核字（2024）第 037541 号

出 版 人	赵剑英
责任编辑	刘志兵
责任校对	王　龙
责任印制	李寡寡

出　　版	中国社会科学出版社
社　　址	北京鼓楼西大街甲 158 号
邮　　编	100720
网　　址	http://www.csspw.cn
发 行 部	010-84083685
门 市 部	010-84029450
经　　销	新华书店及其他书店
印　　刷	北京明恒达印务有限公司
装　　订	廊坊市广阳区广增装订厂
版　　次	2024 年 3 月第 1 版
印　　次	2024 年 3 月第 1 次印刷
开　　本	710×1000　1/16
印　　张	16.25
插　　页	2
字　　数	228 千字
定　　价	89.00 元

凡购买中国社会科学出版社图书，如有质量问题请与本社营销中心联系调换
电话：010-84083683
版权所有　侵权必究

目　录

绪　论 …………………………………………………………（1）

第一章　电子传媒审美文化的新变 ………………………（14）
　　第一节　审美文化概念的考察 ……………………………（14）
　　第二节　电子传媒审美文化图景 …………………………（21）

第二章　电子传媒审美文化与人的生存境况 ……………（46）
　　第一节　高速社会与电子传媒审美文化 …………………（46）
　　第二节　大众社会与电子传媒审美文化 …………………（58）
　　第三节　消费社会与电子传媒审美文化 …………………（70）

第三章　电子传媒审美文化的自由机制 …………………（95）
　　第一节　生产内容的拓展 …………………………………（95）
　　第二节　传播方式的突破 …………………………………（110）
　　第三节　大众参与的深入 …………………………………（120）

第四章　电子传媒审美文化的控制机制 …………………（141）
　　第一节　技术的统治 ………………………………………（141）
　　第二节　商业的图谋 ………………………………………（154）

第三节　权力的操控 …………………………………………（168）

第五章　从控制中突围 ……………………………………（182）
　　第一节　自由与控制的张力 …………………………………（182）
　　第二节　走出控制 ……………………………………………（188）
　　第三节　审美文化的自由本性 ………………………………（199）

第六章　电子传媒审美文化对美学的拓展 ………………（204）
　　第一节　走向日常生活的美学 ………………………………（204）
　　第二节　媒介美学 ……………………………………………（221）

结　语 …………………………………………………………（240）

参考文献 ………………………………………………………（244）

后　记 …………………………………………………………（256）

绪　　论

在当今时代，电子传媒审美文化正呈现出蓬勃发展的趋势，几乎遍及生活的每一个角落、每一个领域，与每一个人都息息相关。它广泛渗透进人们的私人领域，也大张旗鼓地招摇于公共空间，塑造着人们新的感知方式、生活形式、价值观念，"深刻地改变了现象学意义上的现代生活经验，以及社会权力的网络系统"①，也对传统的美学话语、审美规范产生极大的冲击。这是一种全新的文化图景，也是崭新的美学世界。

众多学者就此论题及相关内容进行大量研究，取得了令人瞩目的成就。但是，电子传媒与审美文化存在怎样的融通、共生，电子传媒审美文化作为特定社会发展阶段的文化现象，其内在运作机制是怎样的，电子传媒审美文化对美学话语产生了怎样的复杂影响，这一系列问题仍需要作进一步的探讨。本书采用"新批判"的理论视角，深入阐释电子传媒审美文化的图像化表征、世俗化内涵及其运作机制的内在张力，以期为电子传媒审美文化研究及当代美学学科发展作出有益的探索。

一

20世纪以来，电子传媒开始在人类的生活中占据越来越重要的地

---

① ［英］尼克·史蒂文森：《认识媒介文化——社会理论与大众传播》，王文斌译，商务印书馆2001年版，第12页。

位，印刷文字为主导的文化传播方式逐渐让位给电子媒介。电话、电影、电视、摄像机、投影仪、手机、多媒体、因特网等已经大规模地取代了信件、报纸、书籍以及面对面交流。时间和空间被无限压缩，呈现为趋零化。人类的文明进程由口传时代、印刷时代进入电子传媒时代。

1929年世界第一家电视台在英国试播，自此以后，电子媒介在人类历史上迅速发展。以中国为例，20世纪80年代电视开始进入普通百姓家庭，到1992年，中国电视机的社会拥有量已达2.28亿台，电视人口覆盖率达81.3%。而到了1999年时，中国已经发展到3亿台电视机，供选择的电视频道多达2459个，电视人口高达10.5亿，电视人口的覆盖率达87%。[①] 如今，电视早已得到全面普及。与此同时，电视的图像质量也不断实现跨越式发展。从黑白到彩色，从电子管到晶体管、集成电路、液晶、激光电视，从标清到高清、超高清。屏幕越变越大，画质越来越清晰。而另一电子媒介——国际互联网的发展更是迅速。2021年2月3日，中国互联网络信息中心（CNNIC）发布第47次《中国互联网络发展状况统计报告》。《报告》显示，截至2020年12月，中国上网用户总数已达到9.89亿人，互联网普及率达70.4%。国家顶级域名".CN"注册量达到1897万。网站数达到443万个，网页数量达3155亿个，App在架数量为345万款。网民对网络的利用涉及日常生活的方方面面。排在前几位的分别是即时通信、网络视频（含短视频）、网络购物、使用搜索引擎、浏览新闻、网络音乐、网络直播、网络游戏、阅读网络文学、在线教育、在线医疗，等等。[②]

迅速发展的电子传媒日益成为人们生活中不可缺少的组成部分。人们通过电子传媒方便、快捷地获取所需要的信息，工作中利用电子传媒互相联络，闲暇时利用电子传媒娱乐、放松。电子传媒已成为人

[①] 张同道：《媒介春秋：中国电视观察》，中国电影出版社2002年版，第12—13页。

[②] 中国互联网络信息中心：第47次《中国互联网络发展状况统计报告》，http://www.cnnic.net.cn/n4/2022/0401/c88-1125.html。

体中枢神经系统的延伸,人们的生活已为电子传媒所充斥。当代的人们无法想象离开电子传媒后,该如何生活。人们也很难想象在电子传媒出现以前,人类怎样生存。电子传媒正如马歇尔·麦克卢汉(Marshall McLuhan)所说,"不是人与自然的桥梁,它们就是自然"①。电子传媒已经成为人们本体性的生存环境。

电子传媒并非仅仅是一种技术手段,而且已经构成一种全新的文化。由印刷媒介向电子媒介的飞跃,从根本上重构了人们对自己的生存的认知。电子传媒改变了传统的时空组织方式、社会组织方式,人类曾经拥有和持存的价值观念纷纷消解。许多学者已敏锐地意识到这一新的文化形态的重要意义:"这是一种全新的文化,它构造了我们的日常生活和意识形态,塑造了我们关于自己和他者的观念;它制约着我们的价值观、情感和对世界的理解;它不断地利用高新技术,诉求于市场原则和普遍的非个人化的受众……总而言之,媒介文化把传播和文化凝聚成一个动力学过程,将每一个人裹挟其中。于是,媒介文化变成我们当代日常生活的仪式和景观。"② 当今围绕电子传媒,一个新的包含经济关系、权力关系及诸多复杂的运作关系的"场"正在形成。人类进入一个新的文化时代。

电子传媒对人类生活所产生的重要影响必然会在当代的审美文化中加以显现,电子传媒与审美文化在当代已紧密地结合在一起。正如美国学者丹尼尔·杰·切特罗姆(Daniel J. Czitrom)所指出的:"文化与传播的范畴不可避免地会重合。现代传播已成为文化,特别是大众文化的观念和现实这一整体的组成部分。"③ 没有电子传媒,就没有

---

① [加]埃里克·麦克卢汉、弗兰克·秦格龙编:《麦克卢汉精粹》,何道宽译,南京大学出版社2000年版,第407页。
② [英]尼克·史蒂文森:《认识媒介文化——社会理论与大众传播》,王文斌译,商务印书馆2001年版,"文化和传播译丛"总序第3页。
③ [美]丹尼尔·杰·切特罗姆:《传播媒介与美国人的思想——从莫尔斯到麦克卢汉》,曹静生、黄艾禾译,中国广播电视出版社1991年版,第2页。

当代形态的审美文化。在电子传媒时代这一背景下，审美文化呈现出迥异于传统审美文化的诸多特点。

第一，电子传媒审美文化改变了传统的生活方式。电子传媒审美文化造成的新环境和新体验越过了诸如海洋、山脉等自然的地理界限，人类的联系已不再局限于特定的国家、种族、阶层。时间和空间的差异不复存在。这是一种同步的、深度卷入的新体验。这种体验把人们紧紧地联系在一起，造就了一种"天涯若比邻"的审美体验。网络交往、电子社区已占据当代人，特别是城市居民的大部分生活时间。网络交往前所未有地拉近了人们的距离，人们足不出户即可结交不同地区甚至不同国家的人，世界正在成为一体化的有机体。在这个飞速发展的时代，人们的现实交往越来越少，孤独的心灵需要温情的慰藉，网络审美交往超越了自然地域的限制，穿过了遥远的距离，把人们的心灵世界联系了起来。网络交流以其虚拟性、符号性和互动性这些审美交往的特点，使人们在虚拟的世界中，摆脱了真实世界附加在人身上的种种束缚和负担，排除了社会角色的"面具焦虑"，生存获得轻松感。时间和空间的虚拟化，使人们可以在现实和虚拟两个世界中自由穿梭，扮演自己想扮演的任何角色，实现平日里实现不了的愿望。这种被汤普森（John B. Thompson）称之为"媒介化的准互动"、哈贝马斯（Juergen Habermas）称之为"准主体间性"的生存方式显然给传统的生存方式带来巨大的冲击。

在这样一种面对媒介的交流方式中，人们的行为方式出现了由外转向内，由动转向静的变化。如同周宪指出的："与19世纪交通的革命带来的是人类空间上空前迁移和流动相反，20世纪的信息革命造就了主体的怠惰或'移动障碍'。因为面对世界就意味着面对接收器和传感器（电话、电影、电视、电脑等），这也就意味着日益受制于这些人所发明的玩意儿。于是，主动性被被动性所取代，活力被惰性所取代，流动被静止所取代。终有一天，足不出户成为我们的生活方式，我们在家购物、上班、写作、上网、交流,做我们想做的一切。"① 高速的生活却带来了我们的相对静止和孤立。每天看电视占据了人们大部分的时间,从《雪中悍刀行》的豪侠到《欢乐颂》的温情,从逃离太阳系的《流浪地球》到身陷重重迷雾的《唐人街探案》,从皇宫到市井,从遥远的异域到身边的故事。人们沉浸在这奇异、梦幻的光影世界中,或笑或泣,或喜或悲,每个人的心都牵挂着剧中人物的命运,但独独不想了解只有一墙之隔的邻居。

第二,电子传媒审美文化带来了人们思维方式的变化。加拿大学者麦克卢汉有句名言:"媒介即是讯息。"他解释说:"任何媒介或技术的'讯息',是由它引入的人间事物的尺度变化、速度变化和模式变化。铁路的作用,并不是把运动、运输、轮子或道路引入人类社会,而是加速并扩大人们过去的功能,创造新型的城市、新型的工作、新型的闲暇。"② 借助电子媒介,审美文化不仅使人的生活方式产生了变化,更改变了人们的思维方式。电影、电视、互联网等电子媒介正在以图像符号的暴力实现其对印刷文化的征服图谋。文学名著纷纷被改编为影视,诸多作家期待着"触电",被导演收编,从而通过影视这一更具影响力的形式来增加自己作品的知名度和自己的文化资本。而一些曾经遭受冷落的文学作品,由于被改编为影视而开始畅销的更是屡见不鲜。巨幅的电子广告、亮丽清晰的MTV、鲜活逼真的卡通动漫……当代文化已经成为视觉文化。正如丹尼尔·贝尔(Daniel Bell)所说:"目前居'统治'地位的是视觉观念。声音和景象,尤其是后者,组织了美学,统率了观众。在一个大众社会里,这几乎是不可避免的。"③

---

① 周宪:《图像的时代》,http://www.culstudies.com。
② [加]马歇尔·麦克卢汉:《理解媒介——论人的延伸》,何道宽译,商务印书馆2000年版,第34页。
③ [美]丹尼尔·贝尔:《资本主义文化矛盾》,赵一凡等译,生活·读书·新知三联书店1989年版,第154页。

电子传媒审美文化的图像化使人们的思维方式发生了重要转换。不同于文字符号，图像是具有实在性的存在。世界被图像化之所以可能，正是因为人们总是习惯于在图像的直观行为中，把图像本身等同于实物。对此，斯图亚特·霍尔（Stuart Hall）曾简明地概括为：动物奶牛的视觉符号实际上就是（而非再现）动物奶牛。世界被把握为图像，意味着现实和虚拟的区分已失去意义，形象甚至取得了凌越原物的地位，它比真实还要真实，这就造成诸如形相与本质二元对立等传统思维模式的消解。"在电子世界里，形相和本质的区分是无效的。显示器上的存在和存储器中的存在是完全一致的。形相是'本质'的完美表象，它什么也不缺。'本质'相较形相一分不多，一分不少。实质内容完全是相同的。"① 而当无所谓形相，无所谓本质时，是否我们的传统价值观也会一并动摇？人们不再致力于寻找形象背后的超越性的存在，不再追问意义为何，真理为何，而沉浸在无所操心的、贪新骛奇的"看"中。让－弗朗索瓦·利奥塔（Jean-Francois Lyotard）曾经强调"话语"和"形象"是两种不同的文化，他认为前者是理性主义的，依据的是"现实原则"，而后者是感性主义的，依据的是"快乐原则"。印刷时代的审美文化以其顺序的、稳定的空间组织形式导引着人们的理性，人们可以对之反复思考；而电子传媒审美文化图像的迅速流动性使每一个形象都会瞬间抵消其前在的形象，主动的反思已不再可能。在影像的敞开与遮蔽中，人们事实上成为被引导、被规训的存在者。

第三，电子传媒审美文化对传统审美观念形成了冲击。传统的审美文化强调的是有距离的静观、感悟。"夫诗贵意象透莹，不喜事实粘著。古谓水中之月，镜中之影，可以目睹，难以实求是也。……言征实则寡味也，情直致而难动物也。故示以意象，使人思而咀之，感

---

① ［德］沃尔夫冈·韦尔施：《重构美学》，陆扬、张岩冰译，上海译文出版社2002年版，第245页。

而契之，邈哉深矣，此诗之大致也。"① 传统审美文化以语言文字为人们营造了一个"玲珑透彻，不可凑泊"的意蕴世界，它散发着神圣的光辉，难以接近，大众只能对它膜拜。而在电子传媒时代，紧张的生存使人无力从世界中抽身"静观"，难以对诉诸理性的语言文字进行细细的拆解，人们更多的是漫不经心的"看"。"看"显然并不会中断人们的日常生活。诸如看电视这种当代审美文化的欣赏形式，人们可以在看的过程中随时起身在房间内走动，甚至让电视开着，人们到另一边做别的事情，比如倒一杯茶或者收拾一下餐桌，整理一下物品。这绝不同于传统的凝神观照式的审美，审美文化的神圣性消解，成为人们的日常生活的一部分，成为"俗"的文化。"电子媒体排除'雅'：它们在本质上是'俗'的。那正是它们的创造力的一部分。"② 电子传媒的"俗"使审美文化俯身为大众的文化，它承担的神圣功能已转换为轻松的娱乐。但正是这种"俗"深深地打动了大众，从而真正把这一形态的审美文化视为自己的文化。

审美文化走向日常生活在当代处处可见。城市雕塑、主题公园、购物中心、户外广告、时装走秀乃至人们行走的街道、居住的房屋无不充满美的光彩，人们生活的世界变得越来越赏心悦目。正如德国当代著名学者沃尔夫冈·韦尔施（Wolfgang Welsch）所说："今天，我们生活在一个前所未闻的被美化的真实世界里，装饰与时尚随处可见。它们从个人的外表延伸到城市和公共场所，从经济延伸到生态学。"③ 康德（Immanuel Kant）意义上的美的艺术已不再居于审美的中心，审美越来越表现出与生活的同一。传统的审美与非审美、雅与俗的界限宣告消失，审美不再高高在上，而是重新与人们的日常生活恢复了联

---

① （明）王廷相：《与郭价夫学士论诗书》，载陈良运主编《中国历代诗学论著选》，百花洲文艺出版社1995年版，第652—653页。

② ［澳］J.哈特利：《电视和"俗"的力量》，叶周译，《世界电影》1996年第1期。

③ ［德］沃尔夫冈·韦尔施：《重构美学》，陆扬、张岩冰译，上海译文出版社2002年版，第109页。

系。但是，我们也看到，这种审美文化的生活化使审美更多地成为日常生活的美学包装，成为一种用以提高物品身价的美学点缀。当代社会正在向消费社会转型，在物质生活极大充裕之后，人们转而追求享受生活中的品味、情调，追求同他人在格调上的"区隔"，以实现自己的身份优越感，获得更多的心理满足。美学已经成为一种意味深长的修辞形式。

作为当代商品社会应运而生的一种文化形态，电子传媒审美文化与生活的逐渐同格，不可避免地会带来审美文化的商业化。而且，电子传媒系统是当代经济环境的产儿，它的运行必然要求可观的投资予以保证。即是说，电子传媒系统内在地是当代工业生产系统的一部分，其背后离不开商业机制的运作。这就使审美文化进一步从纯审美的领域走出，审美文化的运作更多地采用商品逻辑。审美文化不仅是美学包装，而且直接就是商品。审美文化生产成为在资本驱使之下所进行的工业化生产。

无疑，电子传媒审美文化的这些特点不仅冲破了既有的审美规范，而且对人的生存方式产生了重大影响。深入考察、分析电子传媒审美文化的这些重要变化，揭橥其内在的运作机制，从而对当代人的生存现实作出回应，促进中国当代审美文化的发展，正是本书的写作主旨和意义所在。

二

作为当代审美文化的主导形态，电子传媒审美文化主要包括电影、电视、网络文学、网络视频、电子游戏、电子社交，等等。尽管"审美文化"一词最初是从国外翻译过来的，但国外学者的相关研究往往不直接使用电子传媒审美文化这一概念，而是从各自的理论视角出发，倾向于使用文化工业、大众文化、媒介文化等概念。从总体上看，这些研究呈现为侧重审美文化内容与侧重媒介技术形式两条路径。前者以法兰克福学派、伯明翰学派最为引人注目，后者主要包括多伦多学派、后结构主义理论等。法兰克福学派主将西奥多·阿多诺（Theodor Adorno）和马克斯·霍克海默（Max Horkheimer）在完成于1944年的《启蒙辩证法》中，提出"文化工业"一词，认为广播、电影、电视通过现代科技手段批量地生产出毫无美学价值、标准化、商业化的文化产品，抹平了人们的思想和个性差异。"文化工业"是反启蒙的，在这一体系中，大众失去了自主性，成为被算计的对象。稍晚些的伯明翰学派则注重具体的个案研究，关注弱势文化、边缘文化和亚文化，在大众传媒特别是电视研究方面成就尤为突出。不同于法兰克福学派，伯明翰学派的文化研究强调大众文化传播过程中受众的积极能动作用。20世纪70年代以来，随着老一代成员的相继去世，法兰克福学派逐渐衰落，伯明翰学派的文化研究影响日益扩大。文化研究代表性学者约翰·费斯克（John Fiske）撰写出《解读电视》（1978年）、《电视文化》（1987年）、《理解大众文化》（1989年）等一系列著作及大量关于大众文化、大众传播的论文，努力为大众文化辩护，强调大众文化自下而上的创造性和抵抗功能，在学界产生很大影响。与费斯克有师生之谊的亨利·詹金斯（Henry Jenkins）秉承了费斯克的研究思路，从1992年出版《文本盗猎者》，一直到2011年《传播性媒介》面世，对粉丝文化进行了持续、深入的研究，肯定受众的主体能动性、参与性，成为当今媒介文化研究的领军人物。

　　法兰克福学派和伯明翰学派的研究主要围绕审美文化（文化工业、大众文化）的意识形态问题展开，属于对审美文化内容的研究。其区别在于，法兰克福学派主要从生产的角度，而伯明翰学派则是从消费的角度。与上述两派不同，多伦多学派的马歇尔·麦克卢汉及后结构主义理论家让·波德里亚（Jean Baudrillard）、马克·波斯特（Mark Poster）等学者，从媒介技术形式的角度对电子媒介文化展开研究。麦克卢汉提出媒介即是讯息、媒介是人的延伸、热媒介和冷媒介等一系列观点，认为给人、社会带来重要影响的是媒介形式，而不是媒介内容（可称为形式主义理论）。与印刷媒介的机械、割裂不同，电子媒介文化是有机的、非中心化的，它恢复了人的感官平衡，并使人类社会重新部落化，形成一个"地球村"。后结构主义理论家波德里亚的媒介文化理论则不像麦克卢汉那样乐观。波德里亚认为，电视、广告等已经将当今社会变为仿像社会。仿像取消了与真实物的对等，完全按照自主化原则构建，它是一种"超真实"，是无本原的真实，是完全失去所指的真实。仿像的"超真实"比真实还要完美、真实，最终遮蔽了真实，甚至生产真实，人们生活在仿真的符号世界中。相较于麦克卢汉和波德里亚，波斯特对电子媒介文化持远为复杂的态度。波斯特把电子媒介文化称为"信息方式"，认为信息方式重构了现代主体，主体不再是理性自律的个体，而是一个多重的、撒播的、碎片化的和去中心化的主体，它不断被质询为一种不稳定的身份。波斯特认为，在文化层面上，这既是一种危险，又对现代社会结构提出了挑战。

在西方学术思想的大量引介和市场经济体制下的社会转型以及现代科技与商业资本共同作用下，审美文化变迁引发了中国审美文化（包括电子传媒审美文化）研究的高涨。经20世纪80年代潘一、叶朗等学者对审美文化的阐述和理论倡导，美学研究重建起与现实的深刻关联。20世纪90年代，审美文化研究进入集中性爆发时期。大量论文、专著甚至丛书不断出现，1994年中华美学学会成立了审美文化专业委员会，更是有力推进了审美文化研究。一大批优秀的学者，如蒋孔阳、李泽厚、聂振斌、滕守尧、夏之放、朱立元、姚文放、金元浦、周宪、张法、李西建、潘知常、陶东风、王一川、肖鹰、王德胜等，围绕审美文化的概念、基本特征、学科属性、发展前景、中西审美文化的比较等展开深入的研究和探讨，带动了新中国的第三次美学热。许多学者充分注意到电子媒介对审美文化的重要影响，抽绎出电子传媒审美文化的一系列特质。如姚文放对电子传媒审美文化工业化、快餐化、消费化、广告化的分析，王德胜对电子传媒审美文化欲望化、感性化的研究，肖鹰认为当代审美文化是反美学的，已沦为形象的狂欢、技术的专制和文化的折中。这些研究成果对中国的审美文化研究产生了重要的影响。

21世纪以来，中国的审美文化研究继续推进、日益深化。对媒介变革与审美文化的关系的关注不断增加，并与断代审美文化、地方审美文化、少数民族审美文化、器物审美文化、身体审美文化、日常生活的审美化等论题一起构成当代审美文化研究景观。以"审美文化"为议题的全国性、国际性学术会议连年举办，其中，媒介越来越成为一个关键词。比如，2003年1月北京师范大学举办了"媒介变化与审美文化创新"学术研讨会。会议主要探讨了新文化形态的崛起、媒介变化对审美文化的影响、文化产业与审美文化创新等一系列问题。同年10月，"大众传媒与审美文化创新"研讨会在郧阳师专举办，围绕大众媒介与审美文化景观、大众媒介与现代社会生活等问题进行了广泛的讨论。2006年11月，中国传媒大学、中华美学学会联合主办了"2006审美文化高峰论坛"，对审美文化与美学的当代生存问题进行了多维度的探讨。同年12月，华东师范大学举办了"大众传媒时代的文学生产"学术研讨会，探讨了大众媒介技术和消费主义挑战下的文学和文学生产、大众文化与传媒、大众传媒时代文学理论何为等重要问题。而近几年的学术会议则有：2018年11月，中山大学举办"当代审美文化背景下的艺术与美学发展"学术研讨会。2019年11月，华南师范大学举办"走向媒介融合的文学与文化研究"国际学术研讨会。2020年10月，中国传媒大学举办"媒介视域下的艺术变迁"学术研讨会。2021年12月，中华美学学会审美文化专业委员会线上召开"当代风尚、理论视界与审美文化研究的空间"研讨会。这些学术会议着眼于当代的全球化背景及消费主义、媒介变迁，对当代审美文化进行了深入、全面的探讨。这一时期，周宪、肖伟胜、李鸿祥、于德山、徐巍、刘伟斌等学者的视觉文化研究，陆扬、张晶、王一川、陶东风、潘知常、金惠敏、王德胜、赵勇、张邦卫、单小曦、李益、何志钧、叶虎、胡友峰、李勇等学者的大众传媒与审美文化（包括大众文化）研究均取得突出的成就。

三

　　当前学界的研究为美学提供了丰富的思想资源，对于把握当代审美文化及建构科学的、富有活力的美学新图式作出了重要贡献。但从目前的研究来看，系统化研究电子传媒审美文化的论著相对较少，多是将电子传媒审美文化与当代审美文化不加区别地进行论述，未能充分揭示电子传媒审美文化的深层次、独特性运作机制。在具体的理论阐释中，多是借重法兰克福学派、伯明翰学派的理论。法兰克福学派批判的是文化工业的反启蒙性，伯明翰学派关注的是受众解码的多重可能性，二者所论各有侧重。而当今电子传媒技术的飞速发展及人类生存状态的改变，使审美文化呈现出新的特质，这需要我们立足于当下语境，对电子传媒审美文化展开深入、系统、辩证的研究。

　　我们对当今时代电子传媒审美文化的界定是：电子传媒审美文化是当代社会形态下产生的一种以电子传媒技术为支持，诉诸人们的现实感性和欲望，权力、商业、技术、美学等要素复杂交织的文化形态，包括电影、电视、网络文学、网络视频、电子游戏、电子社交，等等。所谓的当代社会形态具体是指高速社会、大众社会、消费社会等当代人的生存境况。电子传媒审美文化与当代社会形态紧密相连，电子传媒审美文化既生成于人的具体的生存境况，它的各种表现与当代社会有千丝万缕的联系，同时又影响、塑构着人的生存方式及其感知体验。

　　对于这一当代审美文化形态，我们的研究思路是，首先对电子传媒审美文化进行具体的考察、分析、梳理，在此基础上再对其进行理论的阐发与归结。在这一意义上，我们操持的是一种批判立场。当然，这是一种康德意义上的"批判"。这一立场决定了对于今天的审美文化现象，不能再用传统美学的范式来理解，它已越过传统美学的审美判断范围，进入具体而生动的生存现实中。在这样一个电子媒介全面介入生活的时代，由其所营构的审美景观显然已不是纯粹的经验的静观对象，它召唤着人们的参与、沉浸，而其本身则有着具体的价值理性、目的理性的指向。这是一种与人的生活已浑然相融的文化形式，如同生活本身，复杂迷离，充满诸多悖论性的、复杂的、动态的关系。当然，本书的"批判"也是有着具体的"意识形态性"的。但不同于法兰克福学派的"文化批判"，法兰克福学派的最大缺憾就是忽视了审美文化运作机制的复杂性和接受过程的多样性。同样，对当今审美文化的过分肯定或"存在的就是合理的"的阐释，无疑也是走向了另一个极端。电子传媒审美文化对人们来说，并不是一场必有一方消灭另一方的"零和游戏"。相反，它是各种力复杂交织的"场"，这种种复杂的力构成动态的平衡。我们所操持的是这种"新批判理论"。

意大利马克思主义理论家安东尼奥·葛兰西（Antonio Gramsci）的霸权理论对本书的思考有重要启发。葛兰西认为，统治集团的支配权不是通过操纵群众来取得的，要维持其统治，统治阶级必须设法赢得被它统治的那些人的积极同意。统治阶级的意识形态必须在不同程度上能够容纳对抗阶级的文化和价值，为它们提供空间。因而，霸权实际上是占统治地位的集团与居于从属地位的集团之间相互谈判的结果，它是一个不断地进行着抵抗和融合的过程。

我们认为，电子传媒审美文化正体现出这一运作规律，这使它与传统的审美文化具有了明显的不同。借助于电子媒介，当代审美文化使大众获得广阔的自由空间，与此同时，其技术、商业、权力等诸多要素的复杂运作，又隐蔽地构筑着对大众的控制。电子传媒审美文化交织着自由与控制的双重逻辑，自由的让渡和控制的图谋始终运作于这一文化形态中。

第一章　电子传媒审美文化的新变

随着电子传媒时代的到来，审美文化发生了重大的变化。传统审美文化更多地承载着理想主义和精英意识的重负，而在新的时代背景下，随着电子媒介技术的广泛运用及商业意识、消费主义、享乐等观念的渗透，传统审美文化不可避免地走向了衰落。电子传媒审美文化展示出更为复杂的运作逻辑，对传统的美学话语形成了巨大冲击。它把我们每一个人都挟裹其中，影响甚至改造着人们的生活方式、价值观念。

第一节　审美文化概念的考察

"审美文化"这一概念本来的语境、意义与今天的审美文化有极大的不同。"审美文化"自作为一个概念出现，一直到20世纪中期的大部分时间，都含有极其浓烈的理想成分。

追踪"审美文化"的历史，不能不谈到席勒（Friedrich Schiller）。他在1793—1795年间撰写的《美育书简》中，曾明确提到了 asthetische Kultur，英语即是 aesthetic culture。不过这里的 asthetische Kultur 是否就是后人所使用的"审美文化"呢？从目前的翻译版本看，大部分译者将该词译为"审美教育"或"审美教养"，只有徐恒醇先生将其译成"美的文化"或"审美文化"①。那么，asthetische Kultur 究竟是"审美文化"还是"审美教育"呢？要阐明这一问题，不能不回到席勒当年的使用语境。

1789 年法国大革命爆发，革命过程中的残酷斗争以及随后雅格宾派专政时的恐怖行动使席勒意识到，在这个一方面腐朽、一方面粗野的社会中，人性依然是分裂的。在席勒看来，理想的人（完整的人）是感性冲动和形式冲动和谐统一的人。那么如何达到这种统一呢？席勒认为，只有在审美状态中，人才能弥合这种分裂，既摆脱了对自然实在的需要，又摆脱了道德或政治原则的强制性，而以自由想象的关系与对象游戏，从而实现感性和理性、形式与自由的统一。"所有其他训练都能给人一种特殊的技巧，由此也给人设置了一种特殊的界限。只有审美的训练可以导致无限。每种我们能够进入的新的状态都使我们返回到某种原来的状态，要消除这一状态就需要另外一种状态。只有审美状态是在自身中的整体，因为它本身包括了它产生和继续存在的一切条件。只有在这里我们才感到我们是处于时间之外，我们的人性以一种纯粹性和整体性表现出来，好象它还没有由外在力量的影响而受到损害。"②

在席勒看来，要达到这一审美状态，其途径主要是艺术。艺术是"自由的女儿"，只有美的艺术才能打开"纯洁的泉源"。美的艺术从"世外的自然的纯净气氛中涌流出没有沾染转动在脚下昏暗旋涡中这代人和时代之腐化的美的清泉"。③ 这种美的艺术唤起感性和理性、人性和神性重新融合的冲动。这样，通过艺术这一 asthetische Kultur 的主要内容，人类最终成为理性的人、能够思维自主和自由的人，从有限的存在达到无限的存在。在这里，席勒反复强调的艺术，既是一种

---

① 在席勒《美育书简》第 10 封信中，"美的文化"出现了 3 次，"审美文化"1 次。具体见 [德] 席勒《美育书简》，徐恒醇译，中国文联出版公司 1984 年版，第 66—68 页。
② [德] 席勒：《美育书简》，徐恒醇译，中国文联出版公司 1984 年版，第 112 页。
③ [德] 席勒：《美育书简》，徐恒醇译，中国文联出版公司 1984 年版，第 62 页。

教育的手段，更是文化的组成部分。由此看来，席勒的 asthetische Kultur 无论理解为"审美教育"还是"审美文化"，其意义是一致的。事实上，从词源上讲，"文化"和"培养""教育"本来就密不可分。"文化"源自拉丁字 cultura，它首先是指培养或照料某些东西，诸如作物或牲口。而从 16 世纪早期起，这一原来的意思从畜牧领域扩展到人类发展进程，从培育作物发展到培养心灵。鉴于此，我们认为，asthetische Kultur 可直译为"审美文化"，只不过这里的"文化"更侧重于它原初的"教育""培养"的意义。因此，席勒的 asthetische Kultur 笼罩着理想的、启蒙的光晕，而这与接下来几个世纪人们对审美文化的理解有着极大的相似之处。从这个意义上讲，席勒《美育书简》中的 asthetische Kultur 可以视为"审美文化"概念的萌芽。

与席勒这种精英的、启蒙的审美文化观一脉相承，19 世纪下半叶，英国著名诗人和文学批评家马修·阿诺德（Matthew Arnold）在 1869 年出版的《文化与无政府状态》一书中认为，英国工业革命以来，随着机械文明的发展、物质的丰裕，人们的欲望高度膨胀，一切都被"拜物教"所掩没，个人主义肆意泛滥。上层阶级精力充沛却墨守成规，没有创新意识。中产阶级唯利是图，不关心美好和光明。工人阶级贫困、愚昧且为所欲为。阿诺德追问这种现象的成因道："只要我们审视内心世界，就会发现各种混乱迷惑都源自缺乏智识的成规、只顾一头发展的习惯；一味崇拜火与力、崇尚认真与行动，正是造成这种习惯势力的原因。"①

在阿诺德看来，要拯救现代社会的这种价值危机，需要的是更充分、和谐地造就人性，而这唯有依靠文化。文化是"通过阅读、观察、思考等手段，得到当前世界上所能了解的最优秀的知识和思想，使我们能做到尽最大的可能接近事物之坚实的可知的规律，从而使我

---

① ［英］马修·阿诺德：《文化与无政府状态》，韩敏中译，生活·读书·新知三联书店 2002 年版，第 147 页。

们的行动有根基，不至于那么混乱，使我们能达到比现在更全面的完美境界"①。通过学习最优秀的知识和思想而达到完美，是阿诺德这一定义的核心。完美的品格是美好与光明，是指人性的各方面得到和谐发展。阿诺德痛感当时的机械文明造成的功利主义、工具主义风气，认为它是盲目的、短视的，它强烈反对和公然蔑视人们思想、感情的天赋。这一情况显然不符合文化要求的完美，因而需要文化"让鲜活的思想之流自由地冲击既定的观念与习惯"，使人生追求美好的事物、行为和理想，浸润在思想、审美、智慧、活力之中，从而获得一种飘逸、澄澈和光彩。

阿诺德的这一看法使我们很容易想起席勒，两人均致力于弥合人性的分裂，最终出现一个理想的、完美的社会。而且阿诺德所说的"最优秀的知识和思想"，人类迄今所想出的和所说出的最好的东西，主要是指文学艺术，而不是科学和技术。阿诺德指出："文学对人类生存之影响是多方面的，它能使人们的生活更丰富，因为文学艺术是天才人物对生活的批评，它们的思想力量以及与真理接近的程度是科学无法比拟的。文学艺术靠的是一种情感型的思维，与仅靠逻辑思维的科学属于不同的等级。"② 在阿诺德看来，只有这种体现情感型思维的文学艺术，才能够使人们吸收人类全部思想和情感的财富，最终普天下的人都生活在美好和文明的气氛中。"当一个国家出现全民性的生命和思想的闪光时，当整个社会充分浸润在思想之中，具有感受美的能力，聪明智慧，富有活力——这便是人类最幸运的时刻，是一个民族生命中的标志性时代，是文学艺术繁荣发达、天才的创造力流光溢彩的时代。"③ 这就是阿诺德极具理想色彩、审美色彩的文化构想。

---

① ［英］马修·阿诺德：《文化与无政府状态》，韩敏中译，生活·读书·新知三联书店2002年版，第147页。

② 参见滕守尧《大众文化不等于审美文化》，《北京社会科学》1997年第2期。

③ ［英］马修·阿诺德：《文化与无政府状态》，韩敏中译，生活·读书·新知三联书店2002年版，第31页。

正是因为阿诺德的这种十分强调文学艺术，追求美好、光明的文化观，使得和他同时代的赫伯特·斯宾塞（Herbert Spencer）直接把阿诺德所主张的文化称为"审美文化"。这应该是最为自觉的命名。在《教育论》中，斯宾塞把建筑、雕塑、油画、音乐、诗歌等视为审美文化。尽管斯宾塞出于实用的考虑，把审美文化视为闲暇中的事，但他同时强调："没有油画、雕塑、音乐、诗歌以及各种自然美所引起的情感，人生乐趣会失掉一半……到了自然的力量已经完全被人征服供人使用，到了生产的方式已经达到圆满地步，到了劳动力已经节约到最高程度，到了教育已经安排得当，能比较迅速地为较重要的活动作好准备，到了因此而有大量增加的闲暇时间，那时候艺术和自然中美的东西就很合理地在所有人的心中占很大地位。"[1] 具体到审美文化自身，斯宾塞持有的依然是理想的看法，视之为人类幸福的要素，人类文化的花朵。

　　进入20世纪以后，人类技术得到空前发展，然而这一工业文明造成的各种社会危机和混乱局面也愈加严重。同时，通俗小说、报刊、广播、电影迅速挤占人们的生活空间。传统的价值观念、精神信仰正在解体。在这种情形下，剑桥学者利维斯（F. R. Leavis）拿起文化的批判武器。利维斯认为，在19世纪工业革命之前，特别是17世纪，整个社会是一个有机体，然而工业文明的发展摧毁了这一切。"我们失去了一个有机社会及它体现的生动的文化。民歌、民间舞蹈、乡间的小屋、手工产品都是意味深长的符号和表现形式。它们是生活的艺术、生存的方式。这些东西既是有秩序的，又是生动多姿的。它们涉及社会生活的艺术和交往的礼节，还包括从古老经验中继承而来的与自然环境及岁时节令的响应、协调。"[2]

---

[1] ［英］赫伯特·斯宾塞：《教育论》，胡毅译，人民教育出版社1962年版，第30页。
[2] F. R. Leavis and Denys Thompson, *Culture and Environment: The Training of Critical Awareness*, London: Chatto & Windus, 1960, pp. 1–2.

在利维斯看来，这种生气勃勃的文化现已分裂成两种文化：一种是少数人文化，另一种是大众文明。少数人文化体现为"世界上最好的思想和言论"，这是一种有教养的少数人的文化，代表着伟大的文化传统。而大众文明或大众文化则是一种"没有受过教育"的大多数人消费的商业文化，如社会上充斥着的电影、广播、流行小说、广告等。它们是庸俗和低劣的，阻碍了人们的真正感觉和认真思考，使人习惯于软弱逃避和拒绝面对现实，变成沉湎于"替代生活"的瘾君子。在大众文化的冲击下，少数人的文化日益萎缩。面对这一文化危机，利维斯寄希望于文学，认为"世界上还有另一种靠全人类的合作而创造出来的更为优先的东西，这是人类头脑的一种更为基本的作品，这就是唯有文学才提供给我们的传统文化。在促使人类与传统文化的联系这件事上，没有任何东西可以与文学相比。文学试图为人类回答的大问题是：人活着究竟为了什么？人凭借什么活下去？"[①]

在利维斯的心目中，传统文化是积极的、有机的、丰富多样的，是真正的人民的文化、共同的文化，这种文化显然不包括科技文化，它的核心就是"保留了这个传统的最好的东西"的文学。利维斯试图以这样一种理想形态的审美文化来抗拒充满商业气息的、虚伪的、机械的、单调的大众文化。

自席勒开始，历经阿诺德、斯宾塞、利维斯等人，"审美文化"这一概念的影响越来越大。审视这一历史进程，可以看到，审美文化更多地被赋予了理想化的色彩。人们主张以审美文化来弥合人性的分裂，对抗机械文明对人性的侵袭，维持人性的完美等，审美文化成为对抗现实的否定性力量。因而几乎无一例外，人们都把审美文化视为极少数的文化精英的使命。审美文化笼罩着理想的、神话般的光晕，启蒙、救赎成为审美文化的必然要求。这一具有极强的人文主义色彩的审美文化构成科技文化、道德文化、政治文化的对立面。这契合了

[①] 参见滕守尧《大众文化不等于审美文化》，《北京社会科学》1997年第2期。

法国社会学家皮埃尔·布尔迪厄（Pierre Bourdieu）的看法，布尔迪厄认为，传统社会向现代社会的过渡，一个重要的标志就是形成了一个个独立的"场"，如政治场、经济场、科学场、学术场、艺术场、法律场等。审美文化正是这样一个相对独立的"场"，这为它否定性的、超越性的存在提供了可能。

然而，随着电子传媒时代的到来，"场"和"场"之间的界限变得越来越不明显，审美文化场与其他场——政治、商业、技术之间相互渗透、融合。审美文化作为一个概念，其学理内涵和现实指向已然发生改变，席勒、利维斯等人坚持的理想主义的、自律性的审美文化观日益成为一种怀旧的乌托邦。在《美学理论》中，阿多诺曾指出，"由于社会日益缺乏人性，艺术也随之变得缺乏自律性。那些充满人文理想的艺术构成要素便失去了力量"[①]。商业意识形态、媒介技术因素等对审美文化场的侵袭，使原本自律性的审美文化不断发生变化，甚至是"异化"。纯粹的、自律的审美文化已被现代社会生产体系吸纳，普遍交换的原则代替了自律原则，席勒、利维斯等人所论述的理想的"审美文化"在现实中已无从存在。1993年，发生了一次意义深远的事件。众多的中国作家聚集在改革开放的先行城市深圳参加中国首次公开的文稿竞卖，缪斯已撸起袖子，为钱而上阵。这表明，以理想主义和精英主义为基础的审美文化观不再可能。"理想主义地使用审美文化概念，将使这个概念的所指成为纯粹的经典文本观念，而不能触及当代文化的现实。特别要指出的是，理想主义的审美文化观念，基于启蒙文化的精英主义立场，必然排斥大众文化。这种排斥，忽视了审美文化的大众文化演变。"[②] 事实上，审美文化如同一般的文学、艺术概念一样，在历史进程中必然不断发展，呈现出开放、流动的态势，容纳着丰富、复杂的审美现实，生成着种种不同的具体形态。

---

① ［德］阿多诺：《美学理论》，王柯平译，四川人民出版社1998年版，第2页。
② 肖鹰：《审美文化：历史与现实》，《浙江学刊》1997年第5期。

第二节　电子传媒审美文化图景

不同的场之间的渗透、融合并非是一个自然的过程,而是复杂的斗争的结果。对于"场"(field)这一概念,布尔迪厄这样论述:"一个场就是一个有结构的社会空间,一个实力场——有统治者和被统治者,有在此空间起作用的恒定、持久的不平等的关系——同时也是一个为改变或保存这一实力场而进行斗争的战场。"[①] 审美文化、政治、经济、技术等共同属于一个大的"场",它们之间必然有着统治与被统治的关系及为改变这一格局所发生的不断的斗争和演变。历史上曾长期存在的文艺从属于政治、艺术是神学的奴婢等现象显然就是这一"实力场"争斗的体现。而今天,随着社会经济的高速发展,人们物质生活水平的大幅提高,消费主义和享乐意识形态已然兴起。席勒、利维斯等人所标举的审美文化在现实境况的压力下不断扭曲、变形,崇高的美学光环逐步褪去。审美文化不再高高在上,而是俯身贴近社会现实,关注大众的生活,迎合大众的欲求,成为世俗化的文化。

电子传媒技术的迅速发展极大地推进了审美文化的世俗化进程。电子传媒具有先天的世俗性,印刷文化中"句子的线性排列、页面上的文字的稳定性、白纸黑字系统有序的间隔,出版物的这种空间物质性使读者能够远离作者。出版物的这些特征促进了具有批判意识的个体的意识形态,这种个体站在政治、宗教相关因素的网络之外独立阅读独立思考"[②]。而电子传媒以流动的图像展开生动、逼真的世界,图像与个体之间的距离消失,图像的巨大感染力和吸引力诱发出下意识

[①] [法]皮埃尔·布尔迪厄:《关于电视》,许钧译,南京大学出版社2011年版,第58页。
[②] [美]马克·波斯特:《第二媒介时代》,范静哗译,南京大学出版社2001年版,第84页。

的个体认同而不是批判性的思考，沉浸式的感官享受而不是形而上的意义追寻。图像是电子传媒审美文化的重要表征，由传统的印刷审美文化向当今图像形态的电子传媒审美文化的转变正在重构着人们的认知方式、生活方式。

以下我们将从世俗化和图像化这两个方面展开对电子传媒审美文化图景的分析。

一　世俗化转向

在电子传媒时代，审美文化表现出了与席勒等人所强调的审美文化极为不同的特点。技术因素的高度介入和消费主义、享乐意识形态的渗透，使审美文化的自律性和崇高的美学光环逐渐萎缩，审美文化走向了世俗化。

世俗化并不是一般意义上的"庸俗""堕落""低级"等道德化的价值判定，世俗化实际上是跟宗教化或理想主义相对应的一个概念。在西方学术界，世俗化（secularization）有两重含义："第一，世俗化意味着一种科学理性精神，一种与宗教迷狂式的'克雷奇马'状态相对的状态。第二，世俗化还指一种追求现世精神和'善的生活'的倾向，即从宗教禁欲主义中摆脱出来，告别来世的追求和信仰。"[①] 简而言之，世俗化即是从宗教式的狂热或理想主义转向现实社会生活，是对现世快乐、美好、幸福的追求。世俗化的进程反映了传统社会向现代社会的转变，在这一"祛魅"的转变过程中，许多事物必然受到冲击。世俗化放弃崇高、神圣及其他意识形态方面的权威，不再追求伟大豪迈的理想，不再规划宏大壮丽的人生目标，转而肯定人的个体自由和感性欲求，追求物质利益的满足，享受当下的生活。就如陶东风曾经指出的，在一个神权统治或者是准神权统治的社会里，所有社会成员的生活都带上了宗教的或准宗教的特点，人们日常生活的合法化

[①] 周宪：《中国当代审美文化研究》，北京大学出版社1997年版，第301页。

依据在于其与某种神圣的精神资源之间的联系，缺乏这种神圣资源的生活会被认为是邪恶的或至少是无意义的。而世俗化则"使得人的存在、人的日常生活与神圣的精神资源之间的关系被解构或者极大地削弱，人们不再需要寻求一种超越的神圣精神资源为其日常生活诉求（包括与物质生活相关的各种欲望、享受、消遣、娱乐，等等）进行'辩护'"①。

世俗化反映了当代社会发展的一种必然趋势。在世俗化浪潮的裹挟下，审美文化势必逐渐失去其高蹈的姿态、崇高的色彩、神圣的光晕，转而认同于现实生活，追求和实现着世俗的快乐，成为世俗化的有机组成部分。

（一）电子传媒审美文化的去分化

转向世俗化是对电子传媒审美文化的一个整体性概括和判断。这样一种分析参照了马克斯·韦伯（Max Weber）所使用的理想类型的方法，理想类型有助于把纷繁复杂的社会现象概念化、明晰化。理想类型"是一个思想结构，具有在纯粹观念上划定界线的概念的重要性，现实通过它被加以衡量，以便在现实的经验内容方面为某些重要的因素分类，现实也通过它被进行比较"②。电子传媒审美文化的世俗化正是基于这样一种理想类型的阐释，它并非忽略、抹杀了电子传媒审美文化内部各个具体的审美文化形态——主旋律审美文化、精英审美文化以及大众审美文化的差异性。主旋律审美文化仍然重在展现社会的光明与进步，热情讴歌时代的英雄人物，具有昂扬向上、振奋人心的美学魅力。精英审美文化继续着人文主义和价值理想的追求，它由文化领域中自觉承负文化使命、社会责任的知识分子创造，艺术手法不断创新，具有强烈的载道意识和济世精神。而大众审美文化作为

---

① 陶东风：《超越历史主义与道德主义的二元对立：论对待大众文化的第三种立场》，《上海文化》1996 年第 3 期。

② 参见周琪《当代西方社会结构——理论与现状》，中国社会科学出版社 1995 年版，第 9—10 页。

现代都市生活的产物，以大众传播媒介为技术支持，满足和调动着大众的感性欲望，具有浓厚的、突出的世俗化色彩，是电子传媒审美文化中最具活力的部分。这三种审美文化形态的同时存在是不容否认的事实（当然，前二者的生存空间正在不断地遭到大众审美文化的挤占）。但是，不难发现，在世俗化潮流的推动下，在技术的逻辑和商业化的运作规律的广泛渗透中，它们之间的差异性越来越模糊，呈现出持续加强的去分化趋势。就如布尔迪厄所说的，每一个场"是一个独立的小世界，有着自身的法则，但同时又为它在整个世界所处的位置所限定，受到其他小世界的牵制与推动"[①]。这种牵制与推动所造成的去分化并非是这几种审美文化形态的任意拼合、彼此妥协，而是主旋律审美文化、精英审美文化向大众审美文化趋近，被迫或有意识地运用大众审美文化的商业策略和技术手法，从而使电子传媒审美文化整体上转向世俗化。

精英审美文化本来是自律性最强的审美文化"次场"，像席勒、阿诺德、利维斯等人所说的审美文化实际上就是一种精英审美文化。精英审美文化拒斥商业化的运作，拒绝媚俗，以一种批判的距离保持着对社会的清醒审视。显然，在传统社会，在大众传媒尚未大规模普及、文化产品相对匮乏的情况下，人们更多地依赖于这种精英审美文化来获得对社会的体悟和思考，获取前进的方向和动力，精英知识分子也因此被誉为社会的良知和良心。然而，随着电子传媒时代的到来，生活节奏的加快和消费主义及享乐意识形态的兴起，大众失去了静心思考精英审美文化深邃含蕴的兴趣，精英审美文化日益成为一种有限的生产场而曲高和寡。正如有的学者指出的，"工业体制的本性就在于消费者不得不在紧张的工作之外轻松一下，他们无法养精蓄锐地对美的艺术之要求作出反应"，"商业社会不仅提供了通俗文化的食粮，而且养成并强化了其社会成员背弃欣赏高雅文化产品所要求的某种敏

---

① ［法］皮埃尔·布尔迪厄：《关于电视》，许钧译，南京大学出版社2011年版，第55页。

锐性的习惯"①。在这种情况下，精英审美文化要继续生存，只能改变过去的运作方式，抛开高雅、矜持的姿态，俯下身向具有广泛市场和巨大影响力的大众审美文化靠拢。周宪分析说："更有趣的现象是，有些原来恪守精英文化信念和规范的作家、艺术家，也开始转向大众文化的路径。以一些具有商业价值的题材和手法来创作，并按照市场的运作规则来操作文化产品。"②

精英审美文化趋向世俗化是在商业压力下的被迫迎合，在这一转化过程中，精英审美文化很大程度上丧失了自己的先锋性。主旋律审美文化却与之不同。作为他律性较强的主旋律审美文化在历史上曾长期占据审美文化的中心，对维护社会的秩序有极其重要的作用，其地位是毋庸置疑的。在电子传媒时代，由于全球化带来的观念的碰撞和由之而来的理想、信念以及价值追求的改变，亟需主旋律审美文化作出应对。主旋律审美文化一方面需要维护社会政治秩序，另一方面又意识到在新的技术条件、商业背景下，必须采用更加灵活的方式，通过对大众审美文化技法、策略的主动吸纳，来继续运作其意识形态。像《生死抉择》《大江东去》《人民的名义》等一大批银幕、荧屏上反腐倡廉的主旋律审美文化作品，显然采用了商业片的技法，情节设置扑朔迷离、悬念迭起，并通过法理与人情的复杂纠葛，使戏剧冲突更加尖锐，与观众的感情世界结合得更加紧密，大大增强了作品的吸引力，从而完成政治意识形态的叙事。而诸如《亮剑》《战狼》《红海行动》等战争题材的主旋律影视作品，则通过电脑特技及蒙太奇式的剪辑，有意识地突出了类似商业娱乐电影的视觉冲击力。轰鸣俯冲的飞机、密集不断的炮火、惊险紧张的突袭，构成恢宏、壮观的战争奇观，充分满足着人们的感官享受。可以看出，电子传媒时代的主旋

---

① ［美］R. 威尔逊：《商业社会中的高雅文化和通俗文化》，周宪译，《国外社会科学》1990年第8期。

② 周宪：《中国当代审美文化研究》，北京大学出版社1997年版，第74页。

律审美文化已突破了自己本来的"场",转而与大众审美文化"场"积极交融。

以上的分析阐明了这样一个事实:在电子传媒时代,审美文化已经走向去分化。在世俗化的社会文化语境中,主旋律审美文化、精英审美文化再也无法保持其原有的形态,它们要谋求发展,必须改变自身的运作方式和表达策略,向世俗化的大众审美文化靠拢。电子传媒审美文化不同的具体形态之间失去了可明确辨认的边界,世俗化成为当今电子传媒审美文化的突出特征。

(二) 电子传媒审美文化成为主导

作为当代社会产生的一种权力、商业、技术、美学等要素复杂交织的文化形态,电子传媒审美文化正在迅速占领传统的印刷审美文化的领地,日益成为当今时代审美文化的主导。J. 希利斯·米勒(J. Hillis Miller)感叹于这种世俗化的审美文化对人们的生活产生的重要影响,他指出:"作为'卷着一部好书'的男人、女人或儿童的私下和独自活动,阅读已经让位于'环绕视像'和'环绕音响'。它们把既非现在又非非现在、既非化身又非非化身、既非此又非彼、既非死者又非非死者的成群的鬼魂灌注于眼耳。这些幽灵具有无比的威力,侵入人的精神、感觉和想像,而人则通过按动遥控器上的按钮豢养它们,把精神和感觉屈服于它们的形状。"① 厚重的书本越来越受到冷落,电子传媒审美文化已充斥几乎所有的角落,成为人们生活中密不可分的组成部分。

电子传媒审美文化在当今时代的兴起和成为主导文化,主要有以下几个方面的原因。

首先,电子传媒技术的发展使大规模的文化生产成为可能。电子传媒时代的符号制作规模是传统社会所无法比拟的,这使得当今的审美文化在传播的速度和范围上大大超越了传统审美文化。当代审美文

---

① [美] J. 希利斯·米勒:《现代性、后现代性与新技术制度》,陈永国译,《文艺研究》2000 年第 5 期。

化借助电子媒体技术的支持，生产过程日趋程序化、自动化、数控化，可以大规模地复制，批量化地生产，这种生产特点使审美文化具有了工业生产性。阿多诺曾就此指出，当代审美文化的实质不在于它的内容平庸或趣味低俗，而在于它的工业化生产模式。它是根据市场需要，以标准化和制度化模式生产出来的文化工业产品。审美文化的工业化生产采取的是工业流水线的模式，有固定的工艺流程，生产快速、高效。这种大规模的文化生产使它迅速而广泛地进入人们的日常生活中，成为人们日常生活的重要部分，人们随时随地都可以接触到这种电子传媒审美文化。这种高效、广泛传播的优势远超传统审美文化。传统审美文化注重的是创造性和个性风格，是瓦尔特·本雅明（Walter Benjamin）所说的一种具有"光晕"（aura）的艺术。手工制作的性质使传统审美文化无法进行大规模的生产，而且它需要的是个人的潜心创造，要求人们对它进行有距离的静观。很显然，这种"吟安一个字，捻断数茎须"的苦吟，"批阅十载，增删五次"的勤勉，无法应对和满足电子传媒时代丰富、多变的审美需求。传统审美文化缓慢的生产节奏和时空的限制，使它无法深达日常生活的每一个角落，从而逐渐地边缘化，其曾经的主导地位被电子传媒审美文化所取代。

其次，随着科学技术的发展，劳动生产效率的提高，人们的生活有了更多的闲暇时间。闲暇时间，是指人们除去生产经营时间和满足生理需要、家务劳动等生活必要时间支出之后，所剩余的个人可以自由支配、自由发展的时间。在工作本位的社会中，闲暇时间只不过是工作的补充，闲暇不是为了休息，而是为了更好地投入工作中。"工作本位的社会，自然而然地培育出一种劳动伦理学，一切都是环绕着劳动这个中心环节展开的。劳动以外的一切社会和个人活动，都必然和劳动伦理发生关系。于是，把个人闲暇时间变成劳动的延伸，或者鼓励一种清教徒式的消费观念，便是一种必然的选择。"[①]

---

① 周宪：《中国当代审美文化研究》，北京大学出版社1997年版，第318—319页。

而在当代，休闲已成为人们的一种新的追求，一种崭新的生活方式，闲暇本身已经获得了自己的合法性。中国社会科学院《休闲绿皮书：2018—2019年中国休闲发展报告》显示，在闲暇时间中，中国居民每天花费在看电视上的平均时间达到100分钟，看电视是中国人第一大日常休闲活动。休闲娱乐投入的时间排在第二位，平均达到了65分钟。其他比较集中的休闲活动还包括健身锻炼、社会交往、阅读报刊以及收听广播或音乐等。闲暇意味着放松，忘却烦恼，寻求快乐。就如法国社会学家罗歇·苏（Roger Sue）所说："休闲和消遣意味着寻找乐趣、惬意，感到舒服，给自己的生活提供方便，自我协调，这就是享乐主义者的道德。在现代休闲和与之有关的一切消遣形式中，人们重新发现这种伦理。目前休闲实践的发展导致这种享乐道德的再现。"① 在当代社会，休闲已远离了工作，而与享乐越来越联系紧密。这种追求享乐的世俗化倾向使人们与那些深奥的、精英主义的文化产品日益疏远。一部意识流的皇皇巨著《追忆似水年华》，几乎让绝大多数人望而生畏，人们实在难以索解其背后的主旨、意义。在这种情况下，以对感官的直接刺激为主要特征的电子传媒审美文化显然更符合人们的需要。对此，丹尼尔·贝尔曾深刻地分析道："其一，现代世界是一个城市世界。大城市生活和限定刺激与社交能力的方式，为人们看见和想看见（不是读到和听见）事物提供了大量优越的机会。其二，就是当代倾向的性质，它包括渴望行动（与观照相反）、追求新奇、贪图轰动。而最能满足这些迫切欲望的莫过于艺术中的视觉成份的了。"② 视觉的东西比话语的（语言的）表达更直观、更有效，电子传媒审美文化以大量的景象奇观，满足着人们的消费、享乐意识，人们沉浸于其中，暂时忘却了充满着生存之"烦"的现实世界。

---

① ［法］罗歇·苏：《休闲》，姜依群译，商务印书馆1996年版，第53—54页。
② ［美］丹尼尔·贝尔：《资本主义文化矛盾》，赵一凡等译，生活·读书·新知三联书店1989年版，第154页。

这样，电子传媒审美文化迅速占据审美文化的主导，它不再担承形而上的重负，追求世俗化的快乐成为电子传媒审美文化的重要原则。按照尼尔·波兹曼（Neil Postman）的分析，传统的印刷审美文化是以逐行逐页的方式展示了一个严肃而又有序的世界，一个能够凭借理性加以管理并且以恰当而合乎逻辑的批评使其不断进步的世界。而以电视为代表的电子审美文化则使人无暇进行理性反思："电视对话会助长语无伦次和无聊琐碎；'严肃的电视'这种表达方式是自相矛盾的；电视只有一种不变的声音——娱乐的声音。……换句话说，电视正把我们的文化转变成娱乐业的广阔舞台。"[①] 电子媒体较印刷媒体先天地趋向通俗、感性和娱乐，这与当代社会的消费意识形态正好一拍即合。

（三）世俗化快乐的两个层面

电子传媒审美文化走向世俗化，传统意义上的崇高、神圣、严肃遭到冷落，取而代之的是"快乐原则"。快乐原则与人们内在的深层欲望紧密联系，这也正是电子传媒审美文化的吸引力所在。

按照西格蒙德·弗洛伊德（Sigmund Freud）的人格理论，人的心理世界由本我、自我和超我三个部分组成。本我是最原始的、无意识的心理结构，它由欲望、本能构成，一味地追求快乐的满足。自我则代表着理性和常识，它处于本我和外部世界之间，需要不断地约束本我的非理性冲动，使其只能够"合法"地实现。而超我是自我的典范，是人格中最道德的、超个人的部分，代表着人的良知。有意味的是，这三种人格与我们所分析的电子传媒审美文化正好形成一种对应性的关系。具有崇高情怀、英雄情结的主旋律审美文化是超我的体现；保持清醒的反思意识和理性精神的精英审美文化暗合了自我的人格；而追求快乐的大众审美文化则是本我的实现者。随着大众审美文化的扩张和主旋律审美文化、精英审美文化向大众审美文化的趋近，欲望、本能、快乐成为电子传媒审美文化的主要追求。

---

① [美]尼尔·波兹曼：《娱乐至死》，章艳译，广西师范大学出版社2004年版，第106页。

电子传媒审美文化表达和追求的世俗化快乐包含无数具体的指向，但就其内在精神而言，主要展现为两个方面。第一个方面是舒缓的生命欲望，其格调往往是轻松的、嬉戏的。诸如相声、小品、脱口秀，"包袱"不断，不时夹杂着各种"梗"。其目的不在于追求意义、引发思考，而是以耍嘴皮、逗乐为能事，博观众开怀一笑。各种综艺节目也极尽可能地好玩、搞笑、有趣，像《奔跑吧兄弟》《王牌对王牌》都收视率大火，不仅能"下饭"，更让人"喷饭"。那些"改编""戏说"类影视剧，更是放逐严肃、游戏人间。像周星驰的《大话西游》，时空隧道、月光宝盒、缠绵悱恻的爱情、一派现代口吻且不时夹杂英语的对白，这一切彻底消解了原作的意旨，以嬉戏的风格、奇葩的剧情提供给大众茶余饭后的放松和消遣。还有各种以历史为包装的"戏说"剧，像《还珠格格》中的乾隆完全是一个慈父形象，我们看不到作为一代国君，他怎样为国事而奔波操劳。相反，倒是为了几对小儿女的惹是生非而头痛不已。剧中没有可怕的血腥味和互相倾轧的权力之争，就连等级森严的皇宫戒律似乎也可以抛之脑后。历史失去了它的深度和宏阔，被置换成轻松、热闹的情感故事。在这种对历史的世俗化、虚拟化处理中，历史成了一个封闭的游戏文本。用波德里亚的话说，这种历史"不是产自一种变化的、矛盾的、真实经历的事件、历史、文化、思想，而是产自编码规则要素及媒介技术操作的赝象"[1]。人们在这种戏说中，不必考究历史真相，也不需要"以史为鉴"，帝王将相、皇宫后院不再神秘，而成为人们惬意的休闲时刻里的一道谈资。

第二个方面是紧张的生命欲望，这往往诉诸暴力、恐怖、死亡。尤其是一些竞技类的电子游戏，像《英雄联盟》《穿越火线》《使命召唤》，攻击、爆头等场面比比皆是。而在银幕、荧屏上，密雨般的子

---

[1] ［法］让·波德里亚：《消费社会》，刘成富、全志钢译，南京大学出版社2000年版，第135页。

弹、喷涌的鲜血、飞腾而起的汽车、令人紧张窒息的背景音乐，这一切无不构筑着影视的暴力奇观。电子传媒审美文化普遍表现出来的对暴力的迷恋，反映了大众潜意识中的攻击本能。弗洛伊德相信，人不仅有生的本能，即维系生命，把分散着的生物物质微粒广泛地结合起来，形成一个复杂的生命的本能；而且也有死的本能，或者说是攻击本能，它的终极目的就是从生命状态回复到或倒退到先前的无机物状态。在一个文明社会里，攻击本能是被压制的。"本能压抑构成了人类文明中所有最宝贵财富的基础。这种被压抑的本能从未停止过为求得完全的满足而进行的斗争。"① 如今，这种被压制的攻击本能在铺天盖地的电子影像中得到了充分的实现。我们看到，身着黑色风衣的杀手目光冷峻，手持双枪凌空飞跃，枪口喷射出无情的火焰，枪林弹雨中，头发同衣袂一起飘扬，洁白的鸽子扑棱着翅膀直冲云霄。在这种对暴力的奇观化体验中，人们无意识中蓄积已久的攻击能量终于得以酣畅地释放。当然，这种渴望暴力的欲望并不与正义相违背，或者毋宁说，暴力正是通过正义的吁求而实行的。主人公或玩家的"施暴"往往是出于维护国家或群体利益、除暴安良或者干脆是被迫自卫。唯其如此，人们在欣赏、体验暴力时并不会感到忐忑不安、良心受到谴责，反而由于认同和自居而体会到巨大的快感。

可以看出，当代的审美文化图景已经发生重大转变，传统的、自律的审美文化让位于世俗的、他律的电子传媒审美文化。满足感性欲望、追求消遣享乐的电子传媒审美文化已经成为人们生存现实的有机组成部分，并深植于人们的内心渴求之中。

二 图像化表征

世俗化是电子传媒审美文化的内在精神，图像化则是电子传媒审

---

① ［奥］西格蒙德·弗洛伊德：《弗洛伊德后期著作选》，林尘等译，上海译文出版社1986年版，第45页。

美文化的外在表征。麦克卢汉曾讲"媒介即是讯息",不同的媒介表达的效果和引起的反应是非常不同的,字条的内容可能会引发误解,而见面一叙则往往有利于讯息的达成。依照麦克卢汉"热媒介"和"冷媒介"的理论,具有高度抽象性的文字是冷媒介,它含有很多信息的未定点,需要接受者思考、补充和丰富;而相较之下,电影、电视则属于热媒介(当然,在麦克卢汉的时代,电视清晰度比较低,是明暗点镶嵌的马赛克图像,传递的信息非常有限,麦克卢汉因此把电视归于冷媒介),对于当代的人们来说,电影、电视有生动、逼真的图像,详尽的叙事或信息,所有的一切都一目了然,不需要进行深入的思考。在世俗化的社会里,随着神圣性退场,人的感性得以无限张扬,于是,直观、易懂、生动、逼真的图像与之达成完美的契合。在这种情况下,探寻意义、坚守理想的传统审美文化不断退却,电子传媒审美文化以其鲜活、流动的图像而大行其道。

(一) 图像的复兴

当今时代已进入图像时代,这是毋庸置疑的事实。"无论我们喜欢与否,我们自身在当今都已处于视觉(visuality)成为社会现实主导形式的社会。"[①] 阿莱斯·艾尔雅维茨(Ales Erjavec)称这一社会为图像社会。在这一图像社会中,"由于摄影术的推广,公共和家庭的证明记录方式都被改变……而新的视觉文化——摄影术、广告和橱窗——重塑着人们的记忆与经验。不管是'视觉的狂热'还是'景象的堆积',日常生活已经被'社会的影像增殖'改变了"[②]。图像社会代表着人类"视觉或图像的转向",或者像有的学者宣称的"视觉中心主义"。它并非舍弃了文字,但显而易见,文字已退居次要地位。不断增殖的图像成为我们身边触目可见的现实,成为社会的主导形式。

---

① [斯] 阿莱斯·艾尔雅维茨:《图像时代》,胡菊兰、张云鹏译,吉林人民出版社 2003 年版,第 5 页。
② [美] 安妮·弗莱伯格:《移动和虚拟的现代性凝视:流浪汉/流浪女》,黄涛译,载罗岗、顾铮主编《视觉文化读本》,广西师范大学出版社 2003 年版,第 327—328 页。

问题是，图像早在久远的历史年代就已创造产生，它何以在表征的过程中角色不断变化？它在人类的历史中起到了什么作用？

我们知道，远在语言文字出现以前，人类就已经开始用视觉（图像）来把握世界。但对于图像，前人的理解与今天时代的人们并不相同。为了更深入把握当今围绕我们身边的电子传媒审美文化的特征和实质，我们需要对图像的发展历程做一番简要的勾勒。

尽管图像的历史久远而复杂，但总体来看，图像的发展大概经历了三个阶段。第一个阶段是远古的功利性、仪式性图像。在远古时期，图像与人自身的生存尚处于未分化的状态，或者说图像就是人对生存的一种理解方式。图像被赋予超自然的、神秘的力量，人们凭借图像而与某种看不见的力量发生了联系，制作图像的目的就在于拉近人和超自然的距离。因而在远古时期，能够"洞悉"隐蔽的神秘世界的视觉其地位远在触觉、味觉、嗅觉之上，由此而产生了视觉崇拜。波利尼西亚东端一座孤岛上考古发现的巨人石像群，他们的眼睛镶嵌有白色的珊瑚石和红色的火山熔岩；埃及一些石墓的石棺上画着或雕刻着大大的眼睛；中国三星堆出土的纵目面具，双眼突出成圆柱状。超强的视力赋予人类沟通神秘世界的能力，远古人类通过视觉建立起神秘主义的原始信仰。正因如此，在古希腊语中，"我知道"就是"我看见"，人们把视觉看成是神灵发明和赐予的，因而也是最能够接近神灵的能力。原始图像与神化的视觉是一致的，作为神秘的视觉之物，陶器上的鱼纹、鸟纹，青铜器上的饕餮纹、龙纹体现的都是对未知的、神秘力量的膜拜。尽管我们可以在一些洞穴、岩壁以及陵墓中看到很多栩栩如生的生活场景，但这些图像的目的不是记录，而是如法国学者德布雷（Régis Debray）所分析的，起着一种联结神灵的巫术的作用——这与那些神秘图像、纹饰的意义是相通的。图像"是一种媒介，处于生者和死者、人和神之间，一个社群和一片宇宙之间，在可见者和驾驭它们的不可见力量的两个群体之间。因此图像本身并非终极目的，而是一种占卜、防卫、迷惑、治疗、启蒙的手段。"① 图像作为巫术，被远古人类视为抵御恐惧、死亡、黑暗，获得神灵照看、守护的护身符，"'巫术'（magic）和'图像'（image）由同样的字母组成，真是恰当不过。求助于图像，就是求助于魔法"②。图像成为远古人类实实在在的生存手段，是生存的必需品，这一阶段的图像因此可以称为"神学"图像。

随着人类社会的进步，科学理性精神的发展，图像的巫术功能逐渐消失，图像不再"通灵"——不论是对神秘的超能力的崇拜还是寻求祖先及神灵的佑护。尤其是文字的出现以及印刷术的发明，更是直接加速了神学图像的消亡。科学理性化作文字，印刷术则将这些思想的文字广泛传播，从而使越来越多的人摆脱愚昧和无知，从神学、巫术的崇拜和禁锢中解放出来。创作图像的意义不再是为了沟通神灵，而仅仅为图像自身，为了惟妙惟肖地摹仿现实世界以及表现各种复杂的情感、认识和体悟，这标志着图像发展的第二个阶段——"美学"图像的到来。图像脱离神学的神秘和庄严，进入生动活泼的艺术天地。"当作品本身有自己的存在理由时，当（美学上的）快感不再从属于（宗教）的要求时，'艺术性'就出现了。"③

由巫术图像或宗教图像发展到艺术图像，是图像的一次"祛魅"，图像由此同功利性、仪式性分道扬镳，走向了审美的自由世界。美学图像的出现是人类文明的巨大进步，它标志着人类从主客不分的混沌状态逐渐转向理性精神。神学图像为人类的处境提供了虚幻的认知，它把自身作为通灵的工具和手段，引导人走入图像之后的神灵世界。

---

① ［法］雷吉斯·德布雷：《图像的生与死：西方观图史》，黄迅余、黄建华译，华东师范大学出版社 2014 年版，第 17 页。

② ［法］雷吉斯·德布雷：《图像的生与死：西方观图史》，黄迅余、黄建华译，华东师范大学出版社 2014 年版，第 17 页。

③ ［法］雷吉斯·德布雷：《图像的生与死：西方观图史》，黄迅余、黄建华译，华东师范大学出版社 2014 年版，第 200 页。

神学图像成为神灵的影子,人们无法直接观看到神灵,只有用心去构通(想一想闭着眼睛祷告的情景)。美学图像则消解了这一幻象,它的目的不是令人敬畏和信服,而是如康德所说,它不涉及与人自身的利害关系(敬畏)、不涉及概念(信服)而让人愉悦。美学图像是人文主义取代神学而得来的,"这是一种解放,所以说艺术不是人类作为物种的特征,而是文明的特征"①。

图像作为艺术,有存在者的真理的自行置入,因而它是意义圆融、完满的,这也正是艺术图像的魅力所在。然而,艺术图像在脱离了神灵,脱离了直接的功利追求,完成祛魅后,却又在走向自身的过程中形成了"复魅"。纯手工的性质和专业化的创作使其格外稀缺,普通百姓难以有观看的机会,更谈不上拥有。艺术图像与人们的生活拉开了距离,这使得图像重新具有了崇拜价值。在讯息、知识和思想观念交由书籍、报刊及印刷在纸张上的文字主宰的境况下,艺术图像变得孤芳难赏。

在印刷文化时代,交流功能(不论是具有深度的思想交流还是生活中的日常交流)都由语言文字承担,图像似乎只能作为自为的、小圈子的艺术而存在。随着电子传媒时代的到来,新的媒介技术手段的不断进步,图像的发展迎来新的机遇。照相机、摄像机、智能手机、各类数码化影像产品以及电影、电视、互联网的问世和迅速发展、普及,给人们带来无限丰富的图像世界。一度阳春白雪、曲高和寡的图像重新承担起广泛的社会功能,视频、图片、电子数据为司法提供了可靠的证据,所谓"眼见为实";借助于医学图像,无论是医生还是患者都可以对身体有更直观的了解,疾患处一目了然;各种新闻报道采取图片或现场直播的形式,拉近了人们与事实的距离,使人们获得更真切的感知。图像再次与人们发生了亲密的联系,人们信赖图像,图像就是事实。图像的美学特性也得到进一步发展,电影、电视作为

---

① [法]雷吉斯·德布雷:《图像的生与死:西方观图史》,黄迅余、黄建华译,华东师范大学出版社2014年版,第200页。

新的艺术（更应该称之为审美文化）形式和传播媒介，使人们可以自由自在地欣赏到精彩的故事、优美的舞蹈、恢弘的音乐会；互联网如同神奇的宝库，海量的图片、视频让人目不暇接，而线上艺术展览更可以足不出户就能饱览名画佳作；虚拟的网络游戏则直接使人进入另外一个瑰丽、奇幻的世界，可以纵横驰骋、追逐梦想，享受别样的人生。在这个视觉文化主导的时代，图像已成为与人们工作、生活全面融合的组成部分，图像构成了人们的日常生活世界，整个社会以及文化的各个层面都已彻底的图像化。这就是第三个阶段，也就是今天的图像，我们称之为"技术"图像。

摄像、电影、电视、网络游戏、短视频等等这些审美文化领域的技术图像，其表征方式、审美姿态、价值取向与此前社会的图像相比显然已发生巨大的变化。远古时期的"神学"图像承担着实用的功能，显示的是人对未知力量、对神灵的敬畏；传统社会的"美学"图像实用性弱化，图像成为自为、自由的艺术，以审美的方式体悟世界；而当代电子传媒技术促生的图像重新建立起与生活的紧密联系，图像成为现实世界的真实表征，甚至比现实更为"真实"。电子复制技术使图像进入千家万户，宣告了审美文化普泛化时代的到来。图像由神学转向人文进而发展到技术占据主导，由高高在上的崇拜对象回落为日常生活世界的有机组成部分，观看方式由有距离的静观转变为沉浸式的体验。

当代社会图像的复兴蕴含着重大的审美转向，世俗化作为不可逆的潮流席卷一切，必然会在审美文化方面加以反映和体现，而图像正是其重要表征。有理论家指出："视觉文化的难题不在于强调视觉性的重要，而是在于怎么用一种文化框架来解释视觉的历史。"[1] 作为人类的创造物，电子传媒审美文化无疑是一种"文化"，是当代的图像文化。我们所要做的，就是立足于图像自身，对这一高度技术性的文

---

[1] ［美］尼古拉斯·米尔佐夫：《视觉文化导论》，倪伟译，江苏人民出版社2006年版，第27页。

化形式进行深入的分析，客观地作出阐释。在我们看来，"真实"问题是作为图像文化的电子传媒审美文化绕不开的、最基本的问题①。下面的探讨将据此而展开。

(二) 当代图像的悖论

1. 真实的表征

当今图像的真实性显然与电子媒介技术密切相关。

首先，借助于电子媒介技术，当代图像表现的深度和广度大大拓展。今天我们对世界的观看方式，与此前的社会都不同——无论是远古社会还是传统社会——我们的观看是借助于现代电子技术而不是仅凭眼睛本身的能力或者想象观看。麦克卢汉曾讲，媒介是人的延伸。无疑，今天的电子媒介极大地延伸了我们的各种感觉器官。过去我们凭借肉眼无法看到的各种细微、隐蔽的部分，而今借助电子技术可以足够清晰地察看，世界如其本然地展现在我们的眼前。本雅明曾谈到技术的这种巨大作用："在照相摄影中，技术复制可以突出那些由肉眼不能看见但镜头可以捕捉的原作部分，而且镜头可以挑选其拍摄角度；此外，照相摄影还可以通过放大或慢摄等方法摄下那些肉眼未能看见的形象。"② 世界通过视觉技术被呈现为图像，它比我们自己用眼睛看到的世界更全面、更深入、更"真实"。凭借视觉媒介技术，人们对世界的理解和把握达到了前所未有的程度。

马丁·海德格尔（Martin Heidegger）同样敏锐地意识到技术在当今时代的突出意义。在对视觉经验技术化的思考中，海德格尔提出"现代世界图像"的概念。他指出："从本质上看来，世界图像并非意

---

① 当然，电子传媒审美文化不只存在"真实"的问题，还存在着诸如政治意识形态、商业意识形态等问题。这些问题我们后面的章节再详加阐释。重要的一点是，这些问题都建立在"真实"的前提之下，各种意识形态的传达离不开"真实"的图像。图像是这些意识形态的阵地，图像越"真实"，它们就越自然，越容易发挥作用。

② [德] 瓦尔特·本雅明：《机械复制时代的艺术作品》，王才勇译，中国城市出版社2002年版，第85页。

指一幅关于世界的图像,而是指世界被把握为图像了……世界图像并非从一个以前的中世纪的世界图像演变为一个现代的世界图像;而不如说,根本上世界成为图像,这样一回事情标志着现代之本质。"[①] 世界图像是人对世界的表象方式,图像并不是指某个摹本,而是意指对事物的彻底掌握,使事物摆到人的面前。借助于现代技术,人作为表象者、作为主体牢牢地把握、掌控外界事物,一切事物都成了可见、可摆置的对象。视觉媒介技术的进步和发达,使世界愈加清晰地呈现在人们的眼前。海德格尔把世界图像视为"现代之本质",以与此前的社会区别开来。世界成为图像,体现着诸神退位的现代社会人的主体性的高扬,技术对作为对象的世界的胜利。

其次,电子媒介技术制作的图像突破和超越了传统审美文化的时间和空间表征。时间和空间是人们生活的基本维度,在时间—空间中,人们展开自己的生命之路。升职、跳槽、搬迁,从家到商场、电影院、公司、学校,人们总是不停地流动、行走。在米歇尔·德·塞托(Michel de Certeau)看来,城市里的脚步是数不胜数的个性的集合,脚步是对空间的加工,步行者"创造了间断性,或者通过在空间'语言'的能指中进行挑选,或者通过变动它们的实际使用方式。他将某些地点遗忘或者弃之不顾,却用其他另一些地点组织起'罕见的'、'偶然的'或者不合法的空间'表达方式'"[②]。每一个处于流动时间中的个体都有其独特的空间"表达方式",这种"步行的修辞学"形成一个个暗喻的和不连续的故事,铺展开芸芸众生的画卷。就如布尔迪厄指出的,正是通过"身体与空间和时间有结构的组织之间的辩证关系,才确定了平常的实践与表达"[③]。而且不只是人们自己,日出日落、闪

[①] [德] 海德格尔:《林中路》,孙周兴译,商务印书馆2015年版,第98页。

[②] [法] 米歇尔·德·塞托:《日常生活实践·实践的艺术》,方琳琳、黄春柳译,南京大学出版社2009年版,第175—176页。

[③] [美] 戴维·哈维:《后现代的状况:对文化变迁之缘起的探究》,阎嘉译,商务印书馆2013年版,第270页。

烁的霓虹灯、呼啸而过的火车、微风中轻轻摇曳的花朵，世界上每一种东西都有它存在的时间和场所。表现事物，讲述他（它）们的故事，就不能不涉及时间和空间的问题。只有表现出事物的时间—空间存在，才称得上是真实的表征。

传统的审美文化，无论是文字表征还是图像表征的审美文化，都没有完整、自然地传达出事物的这种时间—空间存在性。文字表征的史诗、悲剧、小说等时间艺术按照时间的流动来叙述故事，要讲清事情的来龙去脉，按亚里士多德（Aristotle）的看法，应该有头、有身、有尾，有一定的长度，形成一个完整的故事。而绘画作为空间艺术，则是用颜料、纸张、画布等物质材料（这些材料本身也是整幅作品的有机组成部分），描摹人物形体，呈现整个故事中的某一个画面、某一个瞬间。应该说，文字性（时间）审美文化和图像性（空间）审美文化各有其侧重。莱辛（G. E. Lessing）在《拉奥孔》中对二者进行了细致的区分。莱辛分析说："绘画由于所用的符号或摹仿媒介只能在空间中配合，就必然要完全抛开时间，所以持续的动作，正因为它是持续的，就不能成为绘画的题材。"[①] 绘画以空间中的颜色、形体为符号，适合表现在空间中并列的动作或单纯的物体。而诗则不然，诗是运用在时间中持续的声音和语言，表现在时间中持续的事物。诗也能表现出"画面"，但这个"画面"其实指的是诗的生动性，是一种想象，而并非是真正的画面。这样看来，文字性审美文化和图像性审美文化都有各自的局限性。那么，诗和画有没有可能表现事物的时间—空间性呢？要做到这点，莱辛认为，诗只能"通过动作，用暗示的方式去描绘物体"，而绘画"只能运用动作中的某一顷刻，所以就要选择最富于孕育性的那一顷刻，使得前前后后都可以从这一顷刻中得到最清楚的理解"[②]。也就是说，借助暗示和想象，时间性审美文化如

---

① ［德］莱辛：《拉奥孔》，朱光潜译，人民文学出版社 2000 年版，第 82 页。
② ［德］莱辛：《拉奥孔》，朱光潜译，人民文学出版社 2000 年版，第 83 页。

诗，可以具有空间性；而空间性审美文化如绘画，也能够体现时间性。

但很显然，这样做无论对创作还是对接受都提出了较高的要求。文字或图像要实现对事物的时间—空间表征，从而"真实"地表现事物，确实具有很大的难度。而19世纪末，电影的发明改变了这一状况。从本质上讲，投影到银幕上的依然是一幅幅静止的图片。这些图片以足够快的速度（目前技术的标准是每秒24帧）连续放映，由于人眼的视觉暂留效果，一幅图像会在人眼中停留0.1秒左右，因而对于人眼来说这些连续映现的图片就成为运动的、"活"的画面。电影的这一技术特点使其成为动态的视觉艺术，既能表现线性流动的故事，又能呈现具体的形体，兼具时间性和空间性。电影的出现是一项创举，相对于抽象的文字和静止的图片，电影的动态图像更适合"复制"现实世界，真实、自然地摹写现实世界，使现实世界在银幕上栩栩如生地呈现出来。我们可以真切地感受到银幕上人们的生活世界，这种感受是无距离的，我们的观看视角与摄影机的视角完全一致："我们仿佛站在画面里观看一切东西，影片里的人物就像在我们周围。他们无需乎告诉我们他们的感受，因为我们看到的东西也就是他们所看到的，他们怎么看，我们也怎么看。"[①] 观众与图像世界亲密无间的"合一"效果正是当代"技术"图像的魅力和吸引力所在。随着3D、5D以及更多虚拟技术的发展，观众在观看电影时有了更加身临其境的真实感，不由自主地卷入电影中去，成为图像世界的参与者，而不是一个旁观者。"技术"图像，包括电影、电视和网络游戏等，重现了现实世界的时间—空间存在，从而有力地改写了图像与世界的关系。运动的、活生生的图像成为当代社会中的重要景观，实现了图像在当代的复兴。

2. 仿像的超真实

图像是人类把握世界的重要方式。如前文所分析的，图像自产生之日起就不断变化。"人，曾经装备不足，依赖神秘的力量，不堪其

---

① ［匈］巴拉兹·贝拉：《电影美学》，何力译，中国电影出版社2003年版，第37页。

重负，惟其如此，便有了'巫术'。随后，取决于我们的东西跟不取决于我们的东西至少一样多的时候，便有了'艺术'。而当我们对空间、时间和身体有足够的影响力，不再惧怕它们的超验性的时候，当我们可以随意玩弄自己的观感而不必为'世界背后之物'担心的时候，'视像'便开始出现。"[1] 由巫术到艺术再到视像，图像的这一发展过程伴随着科技理性的进步，以及由此带来的对未知性世界的恐惧的逐渐消除，这意味着世界不断"去蔽"，走向"澄明"。探求世界之真、摹写世界之真是人类历史悠久的追求和夙愿，人类艺术史上影响深远的再现说和写实主义都是这一内在动力的反映，为此人类付出了孜孜不倦的努力。而当科技理性发展到今天，人类终于有能力真实、精确地复制现实世界，用海德格尔的话说，就是将世界把握为图像。然而，悖论的是，在世界不断被真实地表征的同时，一种非真实的倾向也越来越明显。真实由客观性转变为主观性，真实被非真实掩盖甚至取代，非真实成为真正的"真实"，这即是波德里亚所说的"仿像"（simulacra）。

波德里亚认为，今天的社会已被仿像完全占据。仿像是没有原始范本的仿本，不依据任何现实，是可以无限复制的形象，这与真实及其唯一性对立，因而本质上是非真实的。但仿像的非真实并非是对真实的否定，相反，借助于现代电子传媒技术，仿像极力追求真实效果，甚至比真实更为真实，因而仿像更是一种超真实（hyperreal）。波德里亚把图像与真实的关系划分为四个递续的阶段，即：它是对某个基本真实的反映；它掩盖和扭曲了某个基本真实；它掩盖了某个基本真实的缺场；它与任何真实都没有联系，它是其自身的纯粹仿像。[2] 可以看到，经过这四个阶段，图像逐渐远离真实，或者说图像自身转变为

---

[1] ［法］雷吉斯·德布雷：《图像的生与死：西方观图史》，黄迅余、黄建华译，华东师范大学出版社 2014 年版，第 20—21 页。

[2] Mark Poster ed., *Jean Baudrillard: Selected Writings*, Stanford: Stanford University Press, 1988, p. 170.

真实，成为一个自我指涉的符号——仿像。仿像除了自身之外，在现实中没有任何指涉的对象或可依据的基础，仿像自身就是依据，具有独立的逻辑。一个很常见的例子，比如我们日常生活中的照相。照相本来是对真实的复制和反映，然而随着数码技术的发展，相片变得越来越非真实。人脸上的瑕疵可以去除，身材变得苗条，皮肤变得白皙。总之，照片会把人呈现得无比"完美"。而这种完美其实掩盖、扭曲了真实的人的形象，进而掩盖了真实的人的缺场，最终，照片取代了真实的人，成为一个"仿像"。波德里亚强调说："从掩盖某物的符号到掩盖什么也没有的符号的过渡，标志着一个决定性的转折点。前者隐含着一种真理和隐秘的神学（意识形态观念仍然属于这种神学）。后者则开始了一个仿像和仿真的时代，这里已经没有认识自我的上帝，也没有区分正确与错误、真实与它的人为复活的最终裁决，因为所有一切都已经死亡并提前复活。"[①] 真实的表征被仿真的逻辑取代，原物或实体不再具有意义，仿像接管了真实。这在逻辑上主要展现为如下两个层面：

  首先，仿像与真实的界限模糊不清。当代的电影、电视、网络游戏等正在大规模地制造仿像，仿像构造着人们新的经验结构。习惯了电子游戏中的暴力、打斗乃至血腥场面，很多人对现实中暴力的敏感度大大降低，甚至故意模仿游戏中的动作、情节体验快感，感受游戏中的激情，以致闯下大祸，甚至酿出惨案。美国杀戮心理学研究专家戴维·格罗斯曼（David Grossman）认为，电子游戏与犯罪有紧密的联系，暴力游戏是"大规模谋杀的模拟器"。正因为电子游戏的仿真性，20世纪90年代，美国军方开始尝试将动作射击游戏用于军事训练。而发生于1991年的海湾战争，对人们来说简直成了电脑游戏："屏幕变成轰炸机俯瞰目标的角度，瞄准镜的十字线锁定某个建筑物，

[①] Mark Poster ed., *Jean Baudrillard: Selected Writings*, Stanford: Stanford University Press, 1988, pp. 170–171.

最后以电视屏幕的一闪结束。又是一个记忆错觉：模拟飞行的电脑游戏与伊拉克的空战简直就是一回事。"① 真实的战争与游戏（仿像）体验奇特地融为一体。不独是电子游戏，电影、电视同样如此，人们很难确定自己的所见是现实所赐，还是频道的礼物②。退一步讲，即使人们清楚地知道这些电子影像是非真实的，但长期的耳濡目染，不可避免地造成真实与仿像的混淆。实际生活中，这样的例子非常多见。比如扮演过容嬷嬷的李明启，后来出去买菜经常被小贩们拒绝，甚至有一次她还被摊主用鸡蛋扔。仿像与真实的混淆还延伸到对饰演领袖、英雄的演员的崇拜，对接地气的"小人物"的亲近，等等。甚至电视剧里的医生被当作真正的医生，比如扮演威尔比医生的罗伯特·杨曾收到上千封求医问药的信件，后来他直接出现在广告中，向人们推荐起脱咖啡因的咖啡。另一位成功地扮演过律师培里·曼森和侦探艾伦塞德的雷蒙德·布尔在20世纪五六十年代收到数千封寻求法律咨询和侦破帮助的信函。③ 真实被当作仿像，而仿像又被当成真实，在不知不觉中仿像完成了对真实的置换。就如我们生活中无处不在的电视广告，波德里亚曾把广告称为我们这个时代最出色的大众媒介，就说服效果的广泛性而言，或许广告也算得上是最出色的仿像。在实际生活中，人们的购买行为往往不由自主地接受广告的指引，选择广告中的"可靠"产品，仿像在人们的无意识中已变为可以依赖的真实。

其次，仿像生产、制造现实，现实按照仿像来建构。艾尔雅维茨在《图像时代》中谈到美国一个叫"Truth or Consequences"（"真相或结果"，一般音译为"特鲁斯"或"康西昆西斯"）的小镇，这本是一个普普通通的小镇，它原来的名字叫"Hot Springs"（"温泉"）。改名

---

① ［美］马克·波斯特：《第二媒介时代》，范静哗译，南京大学出版社2001年版，第229页。
② ［德］沃尔夫冈·韦尔施：《重构美学》，陆扬、张岩冰译，上海译文出版社2002年版，第116页。
③ ［美］道格拉斯·凯尔纳、斯蒂文·贝斯特：《后现代理论：批判性的质疑》，张志斌译，中央编译出版社2011年版，第132页。

的原因是一台全美国人人皆知的电视节目："Truth or Consequences"，这个节目在这个小镇录制，从而使这个名不见经传的小镇一下子全国闻名，成为新墨西哥州最酷的小镇。无数的人因为这个名字专门绕道来小镇参观、旅游，促进了当地旅游业的迅速发展。可以看到，正是电视仿像生产出了这个小镇今天的现实，小镇的路标和地图上、明信片上的名字不停地唤起人们对它的起源的回忆。犹如获得新生的特鲁斯小镇与其说是现实的，不如说是由仿像建构的产物。现实处于仿像的统治之下，臣服于仿像的逻辑。仿像塑造现实，现实只有经过掩盖、扭曲等加工、处理，变得不再是事实上的现实，才能"真实"存在。而与之相反，那些没有成为仿像的现实事物，似乎根本就"不存在"——没有人知道这些事物。仿像犹如上帝，决定了现实的生和死。正因为仿像有如此强大的力量，现实才会自觉地按照仿像的逻辑来框架自己。韦尔施把现实划分为日常现实和传媒现实，他所说的传媒现实也就是仿像。韦尔施讲到，日常现实"正在适应快速切割、图像化和高节奏系列化的需要……这对现实本身的安排产生了影响。今天，许多真实事件从一开始出场就着眼于传媒表达的可能性"[1]。现实的自然性正在消失，现实需要人为地"出场"，需要成为可见的仿像。因而冈特·安德斯宣称，"开始有电视，为了电视出现了世界。"[2] 真实与仿像颠倒了，在今天，向人们敞开的不再是真实的现实，而是本质上非真实的仿像。而这些仿像，比如电影、肥皂剧、广告……又生产、改变着人们的审美趣味、饮食习惯乃至一切现实生活方式，整个社会已经仿像化。

以上我们对电影、电视节目、网络游戏等存在着的真实性悖论进行了阐发。真实性的悖论是当代图像的突出特点，图像既极度"真

---

[1] ［德］沃尔夫冈·韦尔施：《重构美学》，陆扬、张岩冰译，上海译文出版社2002年版，第250页。

[2] 参见［德］沃尔夫冈·韦尔施《重构美学》，陆扬、张岩冰译，上海译文出版社2002年版，第250页。

实"、超真实，又实质上非真实。当代图像并非依据现实进行客观的再现，而是制造现实，充满着想象和美学幻境。波德里亚描述道："今天，真实和想象混淆在相同的操作全体性中，到处都有美学的魅力：这是特技、剪辑、剧本、现实在模式光线下过度暴露的阈下知觉（某种第六感）——不再是一个生产空间，而是一条阅读带，编码解码带，符号磁带……一种无意的戏拟，一种策略性仿真，一种不可判定的游戏笼罩着一切事物，与此相联系的是一种美学的快乐，即阅读和游戏规则的快乐本身。"[1] 仿像构成富有魅力的美学现实，比真实的现实本身更生动、更有吸引力，引起人们无限的幻想和想象。在仿像中，真实与虚构、想象的矛盾消失了，"非现实不再是梦想或幻觉的非现实，不再是彼岸或此岸的非现实，而是真实与自身的奇妙相似性的非现实"[2]。仿像不是现实，却相似于现实，亦真亦幻。人们既轻易地代入其中，又体验到较现实更为精彩的世界，从而不由自主地沉迷于这一超真实的、熟悉而又新奇的美学文本、符号世界中。如我们所看到的，仿像——当代图像虽然并不适合于表达深刻的思想、复杂的心理，但其生动、鲜活、逼真的形象更容易使人获得直观的感知，满足人们感官的享受以及内心深处无意识的欲望，这与当代世俗化的追求相契合。从内在精神到外部表征，当代的文化图景由此而得以构建。

---

[1] ［法］让·波德里亚：《象征交换与死亡》，车槿山译，译林出版社2012年版，第100页。
[2] ［法］让·波德里亚：《象征交换与死亡》，车槿山译，译林出版社2012年版，第96页。

第二章　电子传媒审美文化与人的生存境况

美国学者道格拉斯·凯尔纳（Douglas Kellner）曾指出："我相信将媒体文化置于其产生和接受的原初环境中进行分析，有助于阐明文化的产品、其潜在的效应和作用及其在更为广泛的社会—政治情境下的概貌和潮流。"[1] 英国哲学家、美学家科林伍德（R. G. Collingwood）也说过，艺术在它的历史过程中经历的种种变化，并不是独立的艺术生活用它自己的辩证法开始它自己新的形式的表现，而是整个精神生活的表现——"没有艺术的历史，只有人类的历史。"[2] 艺术最终是关乎人的。电子传媒审美文化的种种表现，与当代社会人的生存境况存在密切的联系。电子传媒审美文化生成于人的具体的生存境况，同时又表征甚至影响、塑构着人的生存方式及其体验。

第一节　高速社会与电子传媒审美文化

电子传媒技术的发展已使人们置身于一个讲求速度和效率的社会。

---

[1] ［美］道格拉斯·凯尔纳：《媒体文化——介于现代与后现代之间的文化研究、认同性与政治》，丁宁译，商务印书馆2013年版，第15页。

[2] ［英］罗宾·乔治·科林伍德：《艺术哲学新论》，卢晓华译，工人出版社1988年版，第99页。

传统的那种静止的、缓慢的生活方式沦为历史，高速度、快节奏成为这个时代的徽章。这当然不仅仅是指那种由轮子的革命——比如汽车、火车以及飞机所带来的明显可见的空间距离的迅速超越，也就是说原子状态的加速，更是指由于信息高速公路等带来的无形的比特的迅速传递和爆炸式增长。事实上，后者更能代表今天的现实。同时，社会的高速运转也必然意味着人们的生活的加速，人们的生活越来越陷入忙碌之中。另外，这种生活的快速变化也使人们无法把捉到整体的时间，人们由此而产生一种碎片式的体验。一切都不确定、都处于急剧变动中，人们耽于现时，时间发生了断裂。当代的这一社会境况，必然对人们的生活、思维以及文化形态、价值观念等产生深刻的影响。

一 信息爆炸

一个显而易见的事实是，当代社会除了那条铺着沥青、响着发动机的轰鸣声的高速公路，还有一条网状延伸、寂无声息的高速公路，这就是由卫星、光纤等铺设的信息高速公路。在这条信息高速公路上，信息正在以光的速度传送。按人们日常生活中的基本网速每秒 100MB 计算，大概每秒钟可传输 650 多万个汉字——而一份 20 个版面的《人民日报》有 14 万个左右的汉字。这就是说，在 1 秒钟内，就能传输给人们一个半月的《人民日报》这样多的汉字量。如此高速的信息公路使人们接触到的信息越来越呈现几何数递增的趋势。据英国学者詹姆斯·马丁（James Martin）测算，19 世纪的时候，世界知识总量是每 50 年增长 1 倍，20 世纪前半叶是每 10 年增长 1 倍，到了 70 年代是每 5 年增长 1 倍，80 年代以来几乎是每 3 年增长 1 倍。而到了 21 世纪，信息量更是惊人的增长。Statista 的统计表明，2020 年全球数据总量已达到 50.5 万亿 GB。人们遭遇到前所未有的丰富的信息，社会正处于一种"信息爆炸"的状态。正如《金融时报》（*Financial Times*）编辑理查德·汤姆金斯（Richard Tomkins）说的，几个世纪以前，人类积累的几乎所有知识都可以装进几个哲学家的大脑中。而现在，这些大脑休想容纳下一天中所产生的信息中的小小的一部分。说人们现在正置身于信息的海洋，恐怕一点也不夸张。

信息的迅速传递和爆炸式增长，使人们一下子都成为信息富人。人们即使足不出户，也照样可以知晓世界每一个角落所发生的事情。从这个意义上讲，当代社会的高速运动是不同于传统社会包括工业革命以来社会形态的运动形式的。工厂里轰鸣的机器的高速运转使人眼花缭乱，公路上飞驰的汽车使人大叹速度的神奇。20世纪初的未来主义正是震惊于这一新的运动速度而表现出对机器、速度的极大热情，各种机器、汽车、市内有轨电车和火车无一不纳入其作品视野。景物的变换更移，空间的穿梭交替，这一切都是那么的令人目眩神摇。运动与静止表现出绝对的二元性区分。但是，在当代，信息的高速运动却"沉静"得多。人们看不见比特在运动，然而它已经倏然而至；人们由原子构成的身躯仍静止在原地，实际上却早已跨越了无限的空间。麦克卢汉曾经指出，在当代社会，存在着一个自相矛盾的奇特现象："游动迁徙的人，在社会生活中是静滞不动的。相反，静坐少动的专业人士却是动态的、爆炸性的、进步的。"[1] 这对今天的信息传递以及为信息所包围的人来说，无疑是最恰当的描述。人们一动不动地坐在电脑或者是电视前面，查看着或者接收着无声无息却高速传递的信息。在寂静、静止的空间里，生动地汇集、交流着来自世界各地的丰富的信息。从意大利贝利尼博物馆的藏品展到上海的中西民间音乐交流会，从特朗普被"抄家"到中国女排迎战亚洲杯决赛，从汽车交易到股市涨落，从饮食起居到旅游购物……铺天盖地的信息超越了时间的间隔和空间的距离，以比特的形式高速地在光纤中传输着，将人们带向想去的任何地方。这更是一种令人"惊颤"的体验。

---

[1] ［加］马歇尔·麦克卢汉：《理解媒介——论人的延伸》，何道宽译，商务印书馆2000年版，第71页。

信息的爆炸使人们与社会的联结空前紧密，它满足着人们对这个社会具有的知情权，甚至是无所不包、无微不至的知情权。然而，如此"海量"的信息也不可避免地淹没了人们渺小的身躯。以互联网的发展来看，2021年2月，中国互联网络信息中心（CNNIC）发布第47次《中国互联网络发展状况统计报告》，《报告》显示，截至2020年12月，中国网站的网页数量已经达到3155亿个，与2019年同期相比增加5.9%。而3155亿个网页意味着什么呢？我们可以稍微做一下计算，如果每个网页上的信息需要一分钟的浏览时间，那么3155亿网页就相当于让一个人不吃不喝不休息一直不停地阅读600266年！面对如此巨量，并仍在迅速增长的信息，人们恐怕真得心生衰弱无力之感。人们需要在这个混沌的信息空间挑选对自己有用的信息，排除那些芜杂的、没用的甚至是虚假的信息。而且前一个信息还没接收、消化完，后一个信息又接踵而至。网页天天更新，信息淘汰每时每刻都在发生。庄子的感叹："吾生也有涯，而知也无涯"（《庄子·养生主》）在当代变成地地道道的现实。

这种高速的运转、无休无止的信息更迭对人们的心理和行为必然产生重要的影响。

首先，信息的大量繁殖、膨胀和爆炸使人们无力仔细甄别每个信息的有效度。各种混乱的、彼此矛盾的表述充斥着网络和电视，往往让人无所适从。这个厂家宣传它的产品是"消费者信得过品牌"，那个厂家则言之凿凿："我们的产品获得省优、部优称号。"同类产品铆足了劲，在宣传信息上大做文章。"盖中盖""盖天力""巨能钙""葡萄糖酸钙"，广告词各领风骚。但这众多的"钙"产品到底哪个更有效？不要说消费者搞不清楚，恐怕厂家也迷糊。而频繁使用的诸如"科学（或研究）发现""实验（或数据）证明"，以及"最新技术、最先进制法"等既无法证实又无法证伪的信息，更让人们摸不着边际。这么多的信息如同展开的一场场没有主持人、且永无休止的辩论赛，"公说公有理，婆说婆有理"。于是便出现了一种奇怪的现象，"似乎是我们得到的信息越多,我们就越难做到消息灵通。作出决策成为难事,而且我们的世界也使我们更加糊涂。心理学家称这种状况为'信息超载'。这个巧妙的临床术话背后是'熵定律'。发出的信息越多,我们可吸收、保留和利用的信息就越少。"① 人们生活在这种混乱的、喧嚣的信息漩涡中,咀嚼、感受着信息的膨胀带来的焦虑。人们的行动突然之间变得不再自由,在信息海洋所掀起的巨浪里,失去了方向。

其次,信息的高速传输使人们接受和处理信息的方式也在发生变化。美国未来学家阿尔温·托夫勒(Alvin Toffler)曾把个人的生活比作一条流通着许多"情境"的大渠道。托夫勒所说的"情境"主要包括:物品,即由天然或人造物体构成的物质背景;场合,即行动发生的舞台或地点;角色,即人;社会组织系统的场所以及概念和信息的来龙去脉。② 托夫勒的"情境"实际上就是各种信息的组合,而这些信息或者说情境有一个独特尺度,那就是持续时间的长短。在当代,我们看到,由于变化的加速缩短了情境的持续时间,也就是说,每个情境都是匆匆地通过心灵的渠道,这样,在一定的时间里,人们内心里流经的情境越来越多。这使得人们的生活结构复杂化,不停地面临成倍增加的抉择,同时,人们也很难对某个情境进行持续而平静的关注。很显然,当代这种瞬息万变、川流不息的信息"情境"深刻地改变着人们的心理态度。任何信息都是速朽的、短暂的,后面的信息不停地推拥着前面的信息,轻易地抹去前者的痕迹。面对令人目不暇接的信息,人们越来越需要加速处理,迅速地、粗略地浏览。人们没有时间,也没有耐心对这些蜂拥而至的信息仔细地体悟。短暂取代了永恒,浮光掠影、浅尝辄止的"看"代替了深入细致的"读"。在当代,以电影、电视等为代表的电子传媒审美文化提供的正是这种信息"情

---

① [美]杰里米·里夫金、特德·霍华德:《熵:一种新的世界观》,吕明、袁舟译,上海译文出版社1987年版,第155页。
② [美]阿尔温·托夫勒:《未来的冲击》,孟广均等译,中国对外翻译出版公司1985年版,第30—31页。

境"。高速的、一往无前的图像流挟裹着信息"情境"时刻不停地流过人们的内心世界，人们根本无力进行慢慢品味。手捧一卷书浅吟慢诵的信息接受方式被装进历史的文档封存起来，倏然而至，又倏忽而去的信息"情境"使人们只能"看"一下而已——于是，人们尽管看了很多电影、电视，刷了很多视频，然而到最后，却什么也没记住，如同刚刚做了一个漫长又杂乱的梦。

二 时间都去哪儿了

多年前，歌手陈红的一首《常回家看看》曾让电视机前的无数观众感动不已：找点时间，找点空闲，领着孩子常回家看看。带上笑容，带上祝愿，陪同爱人常回家看看……这首歌曲迅速在大街小巷传唱，一时之间，无论是在拥挤的公交车上，还是在繁忙的城市街头，《常回家看看》的歌声都经久回荡。这首歌的流行显然是由于它与当代人的生存状态及其体验之间存在着一种情感上的深层呼应，从而引发人们的强烈共鸣。"家"是一个温馨的港湾，谁不想回家看看自己的父母，感受那浓浓的人间真情。可是——人们有时间吗？

毫无疑问，在电子传媒时代，人们的联系空前便捷，信息的流通空前迅速。然而，当代人却似乎并没有感到轻松和悠闲，不仅如此，随着生活节奏的加快，人们反而更忙碌了。周围的一切发展得是那么迅速，人们根本没有时间做一下停留——人们耽误不起时间。于是，当代人总是处于对自己进行不停地督促的状态——快点起床，快点（甚至是胡乱地）吃早餐，快点挤公交车。总之，要快点做一切事情，人们的生活中由此而充满着赶路意识。这种"快"显然源于对现实迅速变化的应答和相应的时间的紧张、急促感，人们总是感觉时间不够用，需要拼命地挤时间，以便跟上生活的节奏。

麦克卢汉曾指出，人们发现可以把时间固定在两点之间以后，一种重要的文化变迁就发生了。从视觉的、抽象的和统一的单位的运用中，我们产生了把时间当作期间（duration）的感觉。"我们将时间切分为统一的、可以视象化的单位，由此产生了我们对期间的感觉，产生了我们对两件事情之间延误时间时不耐烦的感觉。这种不耐烦的感觉，或时间是期间的感觉，在没有文字的文化中是闻所未闻的。"① 时间成为一种可视的存在，传统社会中那种模糊的时间观念让位于精确的时间计算。而在电子传媒时代，这种时间意识显然更为突出。时间就是生命，时间就是金钱，时间就是事业成功的保证。在这种充分放大了的时间的催逼中，人们的生活始终充满着焦虑、紧张和忙碌。陶渊明式的"采菊东篱下，悠然见南山"的闲适在今天早已难觅踪影，滴答作响的手表犹如一种宗教式的绝对命令，时刻督促着人们，人们无处可逃，只有拼命忙碌。海德格尔曾把人的这种一味忙碌的生存状态称为"企业活动"。"当企业活动在方法中不再基于常新的筹划之实行而保持开放，而只是抛弃这种给定的筹划，甚至也不再证实它自己的不断累积的结果以及对结果的清算，而是一味地追逐这种结果和计算，这时候，企业活动就成为'一味忙碌'了。"② 这种一味的忙碌，使人们陷入对外在世界无休无止的追逐中，渐渐疏远了那些更为根本的、深刻的、具有意蕴的东西。人们很难再像传统社会那样，进行沉思默想和心灵体悟。老子曾给我们描绘出这样一幅"道"的图景："'道'之为物，惟恍惟惚。惚兮恍兮，其中有象；恍兮惚兮，其中有物。窈兮冥兮，其中有精；其精甚真，其中有信。"（《老子·二十一章》）对于这种恍恍惚惚的"道"，如何认知？老子提出，应"致虚极，守静笃"，"涤除玄鉴"。然而，这一切在当代恐怕已经是一个奢望——这不仅是由于今天，人们悬想的目标十分具体、讲求实用，更重要的是生活的高速运转已使人们没有了这样的时间和精力。

  现代生活的快速运转和紧张的时间节奏使人们产生深深的疲劳。

---

  ① ［加］马歇尔·麦克卢汉：《理解媒介——论人的延伸》，何道宽译，商务印书馆2000年版，第187页。

  ② ［德］海德格尔：《林中路》，孙周兴译，商务印书馆2015年版，第107—108页。

转瞬即逝的商机要求着人们时刻思想高度敏锐、神经紧绷；新闻要连夜赶稿，争取早发、快发；人们睡梦中被叮铃的电话唤醒已是常事——于是，周末的休息成了泡影。在这种紧张、忙碌的生活中，越来越多的人开始感到疲劳。这种疲劳不仅仅是身体的疲劳，更是一种心理的疲劳、精神深处的疲劳。波德里亚曾深入地阐发过这一问题，他指出，当代正在产生一种世界性的疲劳。这种疲劳甚至与肌肉及体能的疲劳毫不相干，它并非源自体力的消耗。"疲劳至少意味着一件事情（和暴力及非暴力一样的揭示功能）：即这个自以为且自视为总是朝着取消努力、朝着解决紧张、朝着更多的简单和自主而持续前进的社会，事实上是一个充满了应激、紧张、兴奋的社会，其中满足的总体结算暴露出一个越来越大的赤字，其中个体与集体的平衡恰恰随着用以实现它的技术条件的增加而越来越遭到损害。"[①] 在电子传媒时代，社会的高速运转使人们的生存压力越来越大，各种有形无形的竞争越来越激烈、尖锐。"高枕"不可能"无忧"，静止不动就意味着死亡。人们必须抓紧时间，必须最快地拥有最新、最准确的信息，才能成为这个时代的胜利者。那些赶不上时代前进的步伐的人要么被边缘化，要么被淘汰。在这种高强度的条件下，人们必然疲惫不堪。从这个意义上讲，电子传媒时代的社会更像是一个没有硝烟的战场。人们只有努力向前，绝没有退缩的余地。因此，我们不难理解，今天充斥荧幕的是周星驰式的"无厘头"搞笑，足以让历史学家昏厥的"戏说"，刀光剑影、飞来飞去的打斗……这一切都不需要人们劳神费力地思考，其表浅化的形象之下并无他物。这对于处于紧张的时间节奏和巨大的生存压力下的人们来说，无疑是能够得以短暂放松的最"合适"的形式。就此而言，当代的电影、电视恰恰形成了对紧张生活的一种深层暗喻和积极抚慰。

[①] [法]让·波德里亚：《消费社会》，刘成富、全志钢译，南京大学出版社2000年版，第208页。

三 "现在"的凸显

在电子传媒时代，社会的高速运转也在人们的内心中引发了另一个方面的重大变化。心理分析家埃里克·埃里克森曾经指出："在我们现在的社会中，事物发展的必然归宿，就是变化的速度将一直增加，直到人和各种机构所无法适应的极限。"① 事实上，当代社会时间的转瞬即逝、事物的高速运转已经在猛烈地冲击着人们的承载极限，在这种快速的时间流动中，人们发现，自己再也无法将时间把握为一个整体。人们来不及回味过去，迅即而来的时间之流已将过去打入海底；人们也无法思索未来，社会的快速变化已经使一切不再确定。在这种情况下，当代人的生存出现了时间的断裂：一切都变成一种当下的存在、现时的存在。

在现实社会里，任何人都无可避免地生活在时间中，就如海德格尔常说的，时间构成了人的实体或存在。时间的本性是整体性的、连续性的，它展现为一个不停地由过去经由现在流向未来的绵延过程。这一时间的绵延之流是有机的、不可割裂的，任何一个时间"点"都有着前此的痕迹和后来的流涌的交汇。奥古斯丁（Aurelius Augustine）曾在这个意义上对时间作出过分析。奥古斯丁认为，哪怕是一个不可再分的点，也不可能全然属于现在。"设想一个小得不能再分割的时间，仅仅这一点能称为现在，但也迅速地从将来飞向过去，没有瞬息伸展。一有伸展，便分出了过去和将来：现在是没有丝毫长度的。"② 这就是说，作为整体性的时间，任何一个时间点都不是孤立的，"过去""现在"和"将来"这三者紧相交融，成为一个有机的整体。20世纪的法国哲学家柏格森（Henri Bergson）则更进一步明确指出，真

---

① 参见［美］阿尔温·托夫勒《未来的冲击》，孟广均等译，中国对外翻译出版公司1985年版，第32页。

② ［古罗马］奥古斯丁：《忏悔录》，周士良译，商务印书馆1963年版，第244页。

正的时间就是一种不可分割的变化流，是一种纯粹的绵延。"我们的绵延并不只是一个瞬间替代另一个瞬间；倘若如此，那除了当前之外，就什么都不会存在了——过去不会延长到现实中，既没有演进，也没有具体的绵延。绵延是过去的持续进展，它逐步地吞噬（gnaw）着未来，而当它前进时，其自身也在膨胀。"① 在这种时间的绵延中，过去包容在现在里，并且向未来持续地涌进。整个时间就这样连续地、不间断地向前发展。时间的这种整体性、连续性维护着人的存在的完满性。过去、现在、未来的时间序列肯定了人自身的呈现过程。在基于过去，并向着未来的筹划中，人的"现在"有了丰厚的意蕴，生命具有了深度和价值。人们在无尽的时间的绵延中，成为一个无限丰富的、全面的存在。

然而，在电子传媒时代，正如我们看到的，这种连续的时间序列断裂了。在坍塌了的时间中，"现在"高高耸起，它抛离了过去和将来，成为一个孤立的时间点，一个不再完整的时间碎片。人们在这个孤零零的时间点上，既没有历史的记忆，也没有未来的企望，人们唯一能够拥有的就是这种不断变幻的现在。抓住现在，乐享现在，成为当代人在今天的生存现实中的重要心态。

杰姆逊（Fredric Jameson）曾说："过去意识既表现在历史中，也表现在个人身上，在历史那里就是传统，在个人身上就表现为记忆……在后现代主义中，关于过去的这种深度感消失了，我们只存在于现时，没有历史；历史只是一堆文本、档案，记录的是个确已不存在的事件或时代，留下的只是一些纸、文件袋。"② 杰姆逊所说的"后现代主义"正体现了今天的时代精神。在电子传媒一统天下，速度和时间已经成为炙手的关键词的情况下，历史成为早已没有人去打理的、

---

① ［法］昂利·柏格森：《创造进化论》，肖聿译，华夏出版社2000年版，第10页。
② ［美］弗·杰姆逊：《后现代主义与文化理论——杰姆逊教授讲演录》，唐小兵译，陕西师范大学出版社1986年版，第186—187页。

蛛网交织的陈年老屋。那一页页泛黄的书页上的记载对于今天的人们来说，既不合用，又乏味、陈旧。而且，在电子瞬间流动、不停穿梭的空间中，人们已经无法、无力也不愿再进入历史。古希腊哲学家赫拉克利特（Heraclitus）的名言"人不能两次踏入同一条河流"在当代已绝不仅仅是一个哲学命题，而成为人的生存现实。在一个高速运转的社会里，历史是来不及翻阅的，它注定要被封存和遭到淘汰。实际上，"过去"这个词本身已经颇有意味地表明，它只能属于"不再存在"。我们看到，当代的人们不再把捉历史，不再回忆过去，人们在消除了历史的"现在"中感到了巨大的轻松和欢悦。在震耳欲聋的迪斯科舞厅里，人们摇摆狂舞，过去的记忆从这里逃逸而出。时间似乎永久地停在现在，旋转摇曳的灯光、迷离斑驳的色彩充分释放着现在的巨大魅力。

同样，在这个高速运转的社会里，人们对未来也失去思考、把握的能力。"现在"在与过去割断联系后，与未来也发生了断裂。周围事物的巨大变动使人们越来越感觉到自己的渺小和无力，那一切曾经以为是稳固的、从来如此的事物可能一夜之间就会面目全非。当代社会处于急剧变动、不可确定的状态中。一切都不再是已知的，而是未知的，精确变成了模糊，悖论取代了明晰。面对瞬息万变的社会，人们越来越处于哈耶克（Friedrich Hayek）所说的"不可避免的无知"中。社会发展的这种不可捉摸使人们无法为自己制定一个固定不变的未来目标，于是，人们不再去追寻未来，"现在""当下"成为人们最倾心的时刻。在无数的"现在"的叠加中，那些遥远的、模糊不清的事物统统被放逐到意识的边缘。人们热衷于短、直、快，满足于当下的轰轰烈烈。谁也没法去预知未来，于是干脆不再去关心未来。

不难看出，剥离了过去和将来的"现在"是面对快速变化的现实社会的一种消极性应答。从时间序列中抽取出来的"现在"因其与过去和将来的割裂而变得越来越空乏。置身于"现在"这一孤立的时间碎片中，人们不仅失去了整体性的时间认知，更重要的是也失去了认知自身的可能。也就是说，在失去了时间的连续性后，人们自身甚至也成了一种碎片，整体的自我遭到了割裂、颠覆。人们无法知道自己从哪里来，到哪里去。杰姆逊曾把这一特点称为"吸毒带来的快感"，或者说是"精神分裂"①。精神分裂者没有时间的连续性的概念，他们只生活在现时中，没有记忆，也没有未来，因而无法确认自己的身份。这是一种令人不安的体验。然而，在当代社会，人们并没有因为这种独特的体验而感到沮丧，不企望天长地久，只要求活在当下，精彩每一天。当代人是如此欢欣鼓舞地驻守在"现在"，沉浸在难以言喻的、高度欣快喜悦的感觉中。

时间性的断裂和"现在"的凸显使事物失去内在的联系，成为孤立的碎片，这在当代电子传媒审美文化中表现得越来越明显。MTV令人眼花缭乱的画面拼合根本没有任何内在的叙事逻辑，任意跳转。一集又一集连续不断的室内剧、肥皂剧更像是一个个生活片段的拼接、堆砌。各种综艺节目俊男靓女纷纷登场，闯关、竞技、花式畅玩。沉浸在这种没有时间感的影像符号中，人们抛却了生存的压力和沉重，感受到极大的快乐和满足。正如有的学者所分析的："一切大众传播的符号生产，都只能是一个又一个直截了当而又同其他符号体系没有联系的孤立事件，只有这样的孤立事件，才可能最充分地集中大众的全部感官机能来热烈地做出反应，从中获取当下满足。在这个意义上，大众传播所强化的大众感性消费活动，无疑是对于时间连续性和整体性的某种有力拆解——在感性的平面展开中，人的生存实践停止了它在时间过程中的延续运动，而集中为一个局部、一个此在之点上的具体占有。"②

---

① ［美］弗·杰姆逊：《后现代主义与文化理论——杰姆逊教授讲演录》，唐小兵译，陕西师范大学出版社1986年版，第207页。

② 王德胜：《欲望的机器》，《文史哲》1998年第1期。

第二节　大众社会与电子传媒审美文化

在电子传媒时代，人们置身于其中的社会就人类类型、社会关系、社会形态等来说，已与传统社会极为不同，人们正生活在一个大众社会的时代。美国学者梅尔文·德弗勒（Melvin DeFleur）和桑德拉·鲍尔－洛基奇（Sandra Ball-Rokeach）指出，大众社会的概念不等于就数量多而论的大型社会。世界上许多社会有着巨大数目的人口，然而就其社会组织而言仍然是传统的社会。大众社会指的是个人与周围社会秩序的关系。这种关系的基本特征是：个人处于心理上与他人隔绝的疏离状态；在人们的相互交往中非亲身性（impersonality）盛行；个人比较自由，不受非正式社会义务的束缚。① 德弗勒和鲍尔－洛基奇的这一看法与另外两位美国学者布鲁姆和塞尔兹尼克是一致的。他们曾概要地指出，现代社会是一个由大众组成的社会，其意义是出现了大量隔绝孤立的个人，人们以各种各样的专业方式相互依赖，但缺少中心统一的价值观和目的。② 无疑，这些学者的论述为我们把握今天所处的社会境况以及人们的"大众化"的生存方式提供了重要的参照。

一　个性的丧失

在当代社会，大众绝不是一个陌生的字眼。大众并不是一种表示社会身份的概念，按照雷蒙·威廉斯（Raymond Williams）的看法，大众是一个集体意象。大众往往是其他人，我们不知道，也不可能知

---

① ［美］梅尔文·德弗勒、桑德拉·鲍尔－洛基奇：《大众传播学诸论》，杜力平译，新华出版社 1990 年版，第 178 页。

② 参见［美］梅尔文·德弗勒、桑德拉·鲍尔－洛基奇《大众传播学诸论》，杜力平译，新华出版社 1990 年版，第 178—179 页。

道的其他人。然而在我们这种社会中，我们一直都看到其他人，看到无数形形色色的其他人；我们的身体就站在他们身边。他们就在这里，我们就和他们在一起。对于其他人来说，我们也是大众，大众就是其他人。① 而本雅明则干脆把大众表述为"他们并不为阶级或任何集团而生存；不妨说，他们仅仅是街道上的人，无定形的过往的人群"②。根据这些表述，不管是"我们"还是"其他人"或者是"过往的人群"，都可以视为大众。可以说，大众是成分非常庞杂的一个概念，它包括各个社会阶层和各类人口。

　　这熙熙攘攘的大众已经与过去社会中的人在生活方式和文化心理上有了很大的不同。美国社会学家大卫·理斯曼（David Riesman）曾在其名著《孤独的人群》中对此作过精彩的分析。理斯曼认为，人类历史上有三种社会形式，即"人口高增长潜力时期"社会、"人口过渡增长时期"社会和今天的"初期人口减少时期"社会。或者按照经济发展阶段来分，即是传统社会（包括古代社会、封建社会等）、市场资本主义社会和今天所处的通讯、信息、服务高度发达的社会。理斯曼认为，在每一个社会里都有相应的权威，体现在人们的行为、价值观和动机上。因而在这三种不同的社会里，人们接受着不同的"导向"方式。在第一个社会阶段，个人要求学会去理解和选择持续了几个世纪之久的传统行为模式，其生活的重要关系受到周密而严格的礼仪的控制。在这一社会里，人们的性格结构与社会体制高度一致，理斯曼称之为"传统导向型"社会。在第二个社会阶段，随着人口流动的增加、资本的迅速积累以及帝国主义的扩张等，人们的性格发生了很大的变化。传统社会的服从性已不再适应新的形势，这就要求人们具有更大的创造性和行为的个性化。这一社会的人们对自己的生活有

---

① ［英］雷蒙德·威廉斯：《文化与社会》，吴松江、张文定译，北京大学出版社 1991 年版，第 378 页。
② ［德］本雅明：《发达资本主义时代的抒情诗人》，张旭东、魏文生译，生活·读书·新知三联书店 1989 年版，第 136 页。

了控制意识，他们相信自己的判断和能力，不再接受外在权威的导向，或者说已经将权威内在化了，理斯曼称之为"内在导向型"社会。而到了今天，理斯曼认为，社会已经成为"他人导向型"。物质产品的富余和闲暇的出现，使"内在导向型人的吃苦耐劳精神和进取心已经不太必要了。他人而非物质环境，已渐渐成为问题之所在"[1]。在这一社会里，人们敏感于他人对自己的期望和态度，希望博得他人的赞同、认可，并求助于他人来指导自己追求和解释人生经验。理斯曼总结说："所有他人导向性格的人的共同点是，他们均把同龄人视为个人导向的来源，这些同龄人无论是自己直接认识的或通过朋友和大众传媒间接认识的。……他人导向性格的人所追求的目标随着导向的不同而改变，只有追求过程本身和密切关注他人举止的过程终其一生不变。"[2]

在当代这样一个大众的社会或者说是"他人导向"的社会里，人们越来越接受他人影响的必然结果就是自我个性的丧失、与他人的趋同。任何人都不容许自己与他人有差别。作为个体，人们努力追求与他人保持一致，只有这样人们才会感到安全和坦然。而一旦人们发现自己与他人不一样，存在巨大差异，就会陷入不安和焦虑中。这个"他人"不是哪一个具体的人，不是任何确定的人。人们依赖于他人，盲从于他人，他人成为衡量一切的标准。他人如何说，我就如何说，他人怎么做，我就怎么做，他人喜爱什么，我就喜爱什么……一切都不需要自我思考，不用自我决定，只要紧随他人即可。正是在这个意义上，有学者指出："大众不能孤立地或主要地理解成'劳动阶级'。大众是平均的人。在这方面，纯粹数量的东西——大量的人——可以被转换成一种量的决定因素：它也就变成一种共同的社会特质，即彼此没有差别的人，却又在他自己身上重复出现的种属类型。……通俗

---

[1] ［美］大卫·理斯曼等：《孤独的人群》，王崑、朱虹译，南京大学出版社2002年版，第17页。
[2] ［美］大卫·理斯曼等：《孤独的人群》，王崑、朱虹译，南京大学出版社2002年版，第20页。

地说，大众的一般形成意味着，在那些个体中构成大众的欲望、思想和生活方式是别无二致的。"① 大众是"平均的人"，是与他人"别无二致"的人，在大众这个群体中，一切个人的标志统统消弭了。法国社会心理学家古斯塔夫·勒庞（Gustave Le Bon）因此指出："聚集成群的人，他们的感情和思想全都转到同一个方向，他们自觉的个性消失了，形成了一种集体心理。"②

我们看到，在当代社会中，这种他人导向性、从众心理已经越来越突出。当代社会无处不在的电子媒介为人们接触到广阔的世界提供了前所未有的便利，收音机、电影、电视还有因特网组成强大的信息网络，人们从来没有像今天这样置身于如此丰富的信息的包围中。麦克卢汉早就指出，媒介是人的延伸，城市和衣服是皮肤的延伸，轮子是脚的延伸，而当代的电子媒介则是人体的中枢神经系统的延伸。人们无法离开自己的神经系统，因而也无法离开今天这些功能越来越强大的电子媒介。事实上，今天的电子媒介已经有力地融入了人们的生活中，成为人们生活世界的本体性的组成部分。这些电子媒介越来越牢牢地控制着人们的信息的来源，它们喋喋不休地告诉人们：日常饮食该怎样进行营养搭配，家庭居室该如何装修，家具应摆放在什么位置，今年冬天正流行什么款式的大衣，假期要到什么地方去休闲……于是，人们越来越自觉地开始在自己的生活世界里重复这些电子媒介的内容，大量接受、模仿那些可复制的形象。我们看到，在今天这个由电子媒介主导的社会里，人们的生活方式正在迅速地趋同，彼此间的差异越来越小。曾经举办过多年，火遍全国的"超级女声"，依靠电子媒介的巨大传播效应，引发人们对"超女"形象的竞相效仿。甚至各家发廊纷纷推出"超女"发型，那种黑框小眼镜更是一夜之间架

---

① José Ortega y Gasset, "The Coming of the Masses", in Bernard Rosenberg and David Manning White (eds), *Mass Culture: The Popular Arts in America*, New York: The Free Press, 1957, p. 42.
② [法] 古斯塔夫·勒庞：《乌合之众：大众心理研究》，冯克利译，中央编译出版社2004年版，第11—12页。

上众多淑女的鼻梁。电子媒介作为最高效的"大众"媒介,在今天这个大众社会里,无可争辩地发挥着"他人"的强大导向作用。人们在效仿中寻求着快乐,在从众中获得着满足。正如阿诺德·豪塞尔(Arnold Hauser)所说的:"个人对于公共行为方式不可避免的——假定在很大程度上是无心和无意识的——适应性,使人们倾向于群体的思想方式,并且通过报纸、无线电、电影院、广告牌,实际上是通过眼睛所看到的,耳朵所听到的一切东西,使得这种倾向不断地强化。"①他人的行为就是自己的行为,群体的生活就是自己的生活。自己并不掌握真理,只有他人才是真理,群体才是真理。人们在这种"大众化"的生存方式中,自我的个性永远地失去了,这无疑正是弗洛姆(Erich Fromm)所说的"自由的逃避"。从这个意义上讲,在电子传媒时代,他人也许真的成了让"自我"消失的"地狱"。

二 交往的淡漠

一个显而易见的事实是,大众社会中人们彼此间行为的趋同、类似并没有将人们紧紧地联系起来。这是一个关系松散的、人们互不了解的社会。大众社会的特征就是:单调、平淡、庸俗、失去人性,以及在富裕生活中所产生的诱惑和孤独感。② 人际交往的贫乏、淡漠以及由之而来的不可避免的孤独正在成为当代人的生存现实。

毋庸置疑,人活着,就不可避免地要与他人发生关系,也就是说,存在着交往。交往是一个人生存于世的基本生命活动,只有通过交往,一个人才能成为严格意义上的社会的人。人的基本特质和社会属性只有在社会交往中才能形成。哈贝马斯曾对交往行为的重要性作了明确而简洁的说明,他指出:"从相互理解的角度来看,交往行为是用来

---

① [美] 阿诺德·豪塞尔:《艺术史的哲学》,陈超南、刘天华译,中国社会科学出版社1992年版,第327页。
② [美] 贝迪阿·纳思·瓦尔马:《现代化问题探索》,周忠德、严炬新译,知识出版社1983年版,第38页。

传播和更新文化知识的；从协调行动的角度来看，交往行为起着社会整体化和创造团结互助的功能；最后，从社会化的角度来看，交往行为是为了造成个人的独有的特征和本质。"① 然而，在今天，人们的这种交往却变得越来越少，人们之间的关系越来越淡漠。无论是在熙熙攘攘的大型商场还是在人山人海的游乐场所，无论是到外地出差还是在街头散步，人们到处都会遇到大量的"他们"。可是，对人们来说，这些"他们"只是自己生命中的过客而已，是与自己毫无干系的陌生人。人们对"他们"不会有任何记忆，正如"他们"对自己也没有任何记忆一样。人们一年一年地生活着，竟日忙碌地追逐着个人的幸福和享受。在这个物质越来越丰盛的时代里，人们却陷入前所未有的精神匮乏中。正如波德里亚所分析的，与原始社会相比，当代人却生活在贫困中："原始社会特有的集体性的'缺乏远见'和'浪费'是实际的丰盛符号。而我们惟有丰盛符号。在一台巨大的生产机器下，我们捕获着贫困与不足的符号。但萨林斯说，贫困不在于财富的量少，也不在于简单地理解为目的与手段之间的关系：归根结蒂，它是一种人与人之间的关系。确立原始社会的人的信心的，以及促使他们在饥饿之中体验丰盛的，最终是社会关系的透明度和互补性。……丰盛不是建立在财富之中的，而是建立在人与人之间的具体交流之中的。它是无限的，因为交流圈没有边际。"②

交往的淡漠成为当代人的标志性特征。我们看到，在楼群里，人们住得越来越近，然而心灵的距离却越来越远，人们甚至连只有一墙之隔的邻居是谁都搞不清楚，"天涯若比邻"已悄然被置换为"比邻若天涯"。端坐在电视机前、畅游于网络的海洋的当代人，浑然忘却了周围还存在一个无限广阔的人的世界。电视、因特网无形中为人们

---

① 艾四林：《哈贝马斯论"交往行为"》，载湖北大学哲学研究所《德国哲学论丛》编委会《德国哲学论丛1995》，中国人民大学出版社1996年版，第73—74页。

② [法] 让·波德里亚：《消费社会》，刘成富、全志钢译，南京大学出版社2000年版，第56页。

营造了一个私密的、独立于生活世界之外的空间，一个人们不喜欢被他人打扰的空间。而随着人们待在这一空间里的时间的增多，人们同他人之间的交往势必减少。据调查，在美国，大约有 3/4 的人不认识周围的邻居，原因之一是，人们与家中的电视和电脑结伴，忽略了与邻居的交往。人们宁可百无聊赖地看那些胡编乱造、漏洞百出的电视剧，借以打发自己的空闲时间，也不肯到邻居家哪怕坐上几分钟。情感的交流在当代几乎成为一种奢侈。即使是在一个家庭内，像过去时代那种全家人坐在一起，同看一台电视的情形也在迅速减少。美国尼尔森媒体研究公司早在 2006 年的调查表明，美国平均每个家庭拥有 2.73 台电视机和 2.55 名家庭成员，电视机的拥有量已超过家庭成员的数量。这样，每个人都可以在自己的房间里安安静静地看自己喜爱的节目，而不必像过去那样争抢电视频道。然而，不可避免地，家庭成员之间在看电视时的那种随时的交流、沟通也因之而失去。

在一个大众的社会里，交往的淡漠不仅表现在上面所说的交往数量的减少，更表现为交往深度的缺失。在当代，人们的交往越来越不同于哈贝马斯所说的那种为了达成相互之间的理解、彼此信任和团结互助而进行的交往。人们在交往中更重视的是功利的目的或者说是实用性，这实际上是把交往等同于一种"工具—目的合理性"行为。一切都纳入功利的计算中，人们之间不再是主体与主体的关系，而是主体（自我）与客体（他人）之间的关系，他人成为满足自己的利益需要的工具或者说是手段，从而扭曲了交往行动。人们的交往越来越快捷而"高效"，没有人肯把时间浪费在"无效"的情感交流上，实用主义的"兑现价值"成了人们展开交往的目的所在。这样，人们的交往必然是无深度的、平面的交往。失去了心灵的对话，中断了人与人之间那些更为根本的、深层次的联系，最终，"人情味"在当代越来越淡。同时，电子媒介对人们的生活的广泛介入使人们的交往更多地是借助电子媒介进行，传统社会的面对面交流变为今天面对媒介的交流。这些迅捷的交流方式突破了吉登斯（Anthony Giddens）所说的那种"本地生活在场的有效性"，使人们完全可以不必见到对方就能够实现交往。然而，这毕竟是一种躯体缺席的交往，"非亲身性"（impersonality）的交往。无论是打电话、发短信，还是通过因特网进行 E-mail 交流，都无法具有在现实中见面的丰富性、生动性。冷冰冰的话筒或者显示器代替不了人的在场，逢年过节，寄一个电子贺卡，或者电话拜年，确实省却不少精力和路费，但人与人之间的交往也因此"省却"了深度而流于程式化、平淡化。

当代这种交往的淡漠、关系的疏远使人们越来越感到一种深切的孤独。每个人都需要别人的关心，需要友谊，需要别人的支持和合作。然而，每个人又无法、不愿与别人进行深度交往，或者只肯进行与自己切身利益密切相关的交往——这里既有紧张的生存压力使人无暇交往，又有对交往本身的疑虑，人们已习惯于将自己严密地包裹起来，而对外人抱有警惕的审视。在这种情况下，正像波德里亚所指出的，"人际关系的丧失"就成为"我们社会的基本事实"[1]，人们陷入孤独的境地。而这种孤独更使人们只能与电视为伴，"作为封闭（Verborgenheit）的日常生活，没有世界的幻影，没有参与世界的不在场证明，是令人难以忍受的。它需要这种超越所产生的一些形象和符号。我们已经发现，它的宁静需要对现实与历史产生一种头晕目眩的感觉"[2]。抛开人与人之间的现实交往之后，躲进电视里的恩恩怨怨、儿女情长或者黑白道厮杀中，人们忘却了孤独，或者说，习惯了孤独。

三　社会的监视

在一个大众的社会里，人们之间处于一种松散的聚合状态。较之

---

[1] ［法］让·波德里亚：《消费社会》，刘成富、全志钢译，南京大学出版社 2000 年版，第 181 页。

[2] ［法］让·波德里亚：《消费社会》，刘成富、全志钢译，南京大学出版社 2000 年版，第 13 页。

传统社会，这种大众化的生存境况使人们似乎在某种意义上获得了更多的自由。人们不再受历史的传统、规范、礼仪的束缚，以及那些"非正式社会义务的束缚"（德弗勒和鲍尔－洛基奇语），也不在感情等方面互相依赖，更不要求在信仰、价值观方面的统一。大众社会里的每个人都可以自由地从事自己的各种活动。然而，人们真的就是一个"自由之身"吗？

当代社会实际上已经悄然无声地展开对人们的严密监视。2006 年11 月 2 日，国际隐私会议在英国伦敦开幕。在会前，英国信息专员署主管查德·托马斯（Richard Thomas）发布了一份名为"监视社会"的报告，托马斯指出，当代社会已经进入一个"监视社会"。"我们正面对一个监视的社会，不只是街头的摄像机，从技术上说我们的一举一动都受到监视。"① 这一报告揭示，在当代社会，充斥着花样繁多的监视手段，其中包括系统化追踪和记录公民旅行状况和使用公共设施行为、自动使用闭路电视监控系统、分析公众购物习惯和金融交易，还有监控电话、电子邮件和办公场所使用因特网的情况，等等。在这种无时不在、无处不在的监视之下，人们不再是一个自由的人，而成为马克·波斯特所说的"超级全景监狱"规范化监视的"监狱居民"。

波斯特的"超级全景监狱"概念显然来自杰里米·边沁（Jeremy Bentham）早在 18 世纪末提出的"全景监狱"（panopticon）。"全景监狱"源自希腊文，语意为"无所不见的地方"。法国思想家米歇尔·福柯（Michel Foucault）在其著作《规训与惩罚》中，曾对边沁所提出的这一"全景监狱"做过详细的介绍。全景监狱的形式是：四周是一个环形建筑，中心是一座瞭望塔。瞭望塔有一圈大窗户，对着环形建筑。环形建筑被分成许多小囚室，每个囚室都贯穿建筑物的横切面。

---

① 傅云威：《英国人隐私无处藏身》，http://qjwb.thehour.cn/html/2006－11/03/content_1264455.htm。

各囚室都有两个窗户，一个对着里面，与塔的窗户相对，另一个对着外面，能使光亮从囚室的一端照到另一端。然后，所需要做的就是在中心瞭望塔安排一名监督者，在每个囚室里关进一个囚犯。① 在福柯看来，这种全景监狱是一种分解观看/被观看二元统一体的机制。在环形边缘，人只能彻底地被观看，但不能观看；而在中心瞭望塔，人能观看一切，但不会被观看到。这是一种权力不对称、不平衡和有差异的机制。福柯在另一个场合曾说："权力可以通过一个简单的事实来得以实施，即在一种集体的、匿名的凝视中，人们被看见，事物得到了解。一种权力形式，如果它主要由'看法'构成，那么，它就不能容忍黑暗区域的存在。"② 在这里，全景监狱中的光显然是意味深长的。光线越亮，可见性和透明性就越强。当人们生活在这种特有的光亮中，也就是说，处于毫无遮掩的境地时，也就处于时刻被监视和控制的状态。

受"全景监狱"理论的启发，波斯特认为，如今，电子媒介技术的发展使人们置身于一个更加严密并且执行起来更加容易的监视体系之下，波斯特称之为"超级全景监狱"。波斯特指出，像今天，电话电缆和电线线路细针密缕地纵横交叉、覆盖着我们的世界，它们是超级全景监狱的极端手段，把我们的行动转化为监视的外延话语，把我们的私人行为转化成公开布告，把我们的个人言行转化成一种集体语言。③ 可以看到，这一电子媒介构筑的超级全景监狱不同于传统的监狱，它并不是把人们关在任何具体的、凝固的建筑中，而是把整个社会变成一个巨大无比的，甚至是跨越时空的监狱。人们只要在其中生活，换句话说，人们只要活着，就无可逃避地被监视着。

---

① ［法］米歇尔·福柯：《规训与惩罚》，刘北成、杨远婴译，生活·读书·新知三联书店2003年版，第224页。

② ［法］米歇尔·福柯：《权力的眼睛——福柯访谈录》，严锋译，上海人民出版社1997年版，第157页。

③ ［美］马克·波斯特：《第二媒介时代》，范静哗译，南京大学出版社2001年版，第122页。

在城市街头，那些闭路电视的监视镜头随处可见——这些监视系统会如影随形地"跟踪"着人们，详尽无遗地记录下人们一天中的每一个活动细节。如在监控摄像头数量占全世界 20% 的英国，各大街小巷安装了 600 万个摄像头，按照人口平均的话，大约是每 11 个人 1 个。每一个人在一天之中可能会被拍摄超过 300 次。这些闭路电视拍摄到的照片会储放到官方建立的全国性的数据库中。与此同时，我们看到，随着人们的生活越来越走向电子化、信息化，人们的相关方面的信息也越来越详细地被构建并保存起来。从最基本的上网来看，每个人都可以在自己的居室中自由、随意地上网"冲浪"。然而，人们点击观看的每一条新闻、每一个广告、每一段视频都会在网上留下痕迹，Web 服务器会根据这些记录下的痕迹——一段小小的 Cookie 信息——了解人们的浏览习惯、兴趣和爱好，比如经常访问什么站点，在站点中浏览什么内容，等等。如果要通过网络购买某件商品，则更要填写上详细、真实的通讯地址、联系电话、姓名以及电子邮箱。自然，这些信息会送达商业公司，商业公司根据这些信息建立起日渐庞大的消费者数据库，但也可能在人们完全不知情的情况下，将这些信息出售给其他商家。而在其他方面，人们的行为同样也处处留下数字化信息的痕迹。一次医疗刷卡、从图书馆借书、在公用电话亭打电话、用信用卡支付餐费……这些行为都会详细地记录在电脑数据库中，形成对人们的越来越详尽的"肖像"描绘。按照波斯特所说，这些数据库就是一个超级全景监狱。它像监狱一样，连续不断地在暗中有系统地运作着，收集个人资料并组合成个人传略。这些数据库可以便捷地在不同的电脑间传输："数据库的信息瞬息之间就可以流过全球范围的赛博空间，对人们实施监控。数据库无需任何狱卒的眼睛就能'审查'我们，而且它们的审查比任何人都更加准确、更加彻底。超级全景监狱的一个主要影响是使公共与私人之间的区分失去了效力，由于这种区分依赖的是个人空间的不可见性、对国家和公共机构的不透明性。然而，这些特性被数据库抹除了，因为无论一个人在何处做何事，总会留下痕迹,都会转化成可供电脑利用的信息。"①

在这种电子化的全景监视中,人们的生活完全没有了秘密、没有了隐私,人们无限透明。人们的身体虽然依旧"自由"地行动,但却像是在一个无限大的演播室里的现场直播,荧幕内外有无数双陌生的眼睛在无声无息地注视着。这无疑是一种可怕的、令人恐惧的感觉。②

然而,更令人恐惧的是,面对这一生存境况,人们却发现自己无力抗争。人们就像古希腊悲剧中的俄狄浦斯,无论如何努力,也摆脱不了太阳神的预示——在信息科技和网际网络的巨网中,人们注定要在无穷无尽的监视下生活。人们名义上的自由越来越被监视的目光所剥夺,"裸露"正在成为当代人的生活状态。事实上,在西方一些国家,已经筹划在街头安装拥有透视功能的 X 光摄影机系统——人们只能如同剥光了衣服一样行走在大街上。

在电子媒介技术、信息科学技术高度发达的大众社会,人们的自由却如同天边的地平线一样遥不可及,这确实是一种历史的悖论。人们曾经拥有的强烈的自我感和主体意识消散了。生活在具有无形的围墙的监狱中,人们再无任何权利可言。人们只不过是晃动的可疑的身影,或者是电脑中一堆枯燥乏味的统计数字。丹尼尔·贝尔曾经指出:"现代人最深刻的本质,它那为现代思辨所揭示的灵魂深处的奥秘,是那种超越自身,无限发展的精神。……在现代人的千年盛世说(chiliasm)的背后,隐藏着自我无限精神的狂妄自大。因此,现代人的傲慢就表现在拒不承认有限性,坚持不断的扩张;现代世界也就为

---

① [美] 马克·波斯特:《第二媒介时代》,范静哗译,南京大学出版社 2001 年版,第 98 页。
② 电影《楚门的世界》最恰当不过地展示了当代人的这一生存境遇。影片中的楚门从出生的那一刻,就被搬上了电视荧屏。此后 30 年间的每一天,安置在小镇上不同角落的 5000 部摄影机,24 小时不停运转,记录着楚门的一举一动,并同时向全球直播。这部超长的真人秀节目吸引了全球 17 亿人关注的目光——而这一切楚门毫不知情。楚门就像一条鱼缸里的鱼一样透明地、没有自由、没有隐私地生活着。

自己规定了一种永远超越的命运——超越道德，超越悲剧，超越文化。"① 然而，在当今这个张网以待的社会里，人们的超越之路似乎尤显得漫长而遥远。

第三节　消费社会与电子传媒审美文化

消费是一个自古以来就存在的事实。人要生存下去，要吃、喝、住、穿，就必须消费足够的物质生活资料。在人类社会发展的第一个阶段——生产为主导的社会里，物品的匮乏是人们面临的首要问题，因而奉行的是勤勉劳动、禁欲苦行的文化价值观。随着人类社会技术的进步、生产方式的变革，物品逐渐丰裕，自20世纪二三十年代的美国开始，五六十年代扩展到西欧、日本，很多国家或地区进入消费为主导的社会。

不同于生产社会，在消费社会里，一切都围绕消费而运作，生产的目的就是大规模地制造消费。因而生产不仅是物质产品的生产，更是对消费者的生产。通过铺天盖地的媒体引导和广告宣传，商业集团与大众媒体尤其是电子媒体、广告合谋不断制造各种"热点"和"卖点"，诱导大众的消费需求，从而刺激产品的再生产。人们秉持的价值观念也相应发生了改变，不止于满足基本的物质生活需求，乐享生活成为人生哲学。

可以说，今天的社会，消费已成为一种无所不包的超级意识形态。甚至不仅是物品，一切事物都被纳入消费的领域。比如电视节目、明星、女性的外表以及一些博人眼球的社会新闻，都会成为事实上的消费品，运作着强大的商业逻辑。就物品本身而言，物质匮乏问题的解

---

① ［美］丹尼尔·贝尔：《资本主义文化矛盾》，赵一凡等译，生活·读书·新知三联书店1989年版，第96页。

决使人们不再过多关注物品的实际用途或者说使用价值，而开始追求物品的符号价值。物品已不再仅仅是物品，而变成象征身份、财富、地位的符号，符号价值的消费成为社会成员之间相互关系的基础和纽带，这构成消费社会的重要景观。

一 "用完即扔"

不难发现，在消费社会，人与物的关系变得越来越短暂，用完即扔成为普遍性的社会现象。美国未来学家托夫勒认为："我们正进入一个制造短期产品的时代，这些产品是根据权宜之计制造，又为短期需要服务的。……我们面临着由用完就扔的产品，临时性的建筑物，活动的模式化产品，出租物品，以及为几乎立即要消亡而设计的商品组成的大洪流。"[①] 在火车上，洗手池旁都放着一个极大的垃圾袋。里面扔满一次性筷子、一次性刀叉、一次性纸碗，还有一次性的包装外壳、一次性牙刷，等等。当然，不用说，这个用来装垃圾的塑料袋本身也是一次性的，用完即扔。火车垃圾袋几乎是今天我们这个社会"用完即扔"现象的高度缩影，显示着消费时代物品的使用周期正变得越来越短。再看看我们手中的圆珠笔、中性笔，也是一次性的，笔芯里的墨水用完就可以扔掉换新的。曾经在我们学习、工作中广泛使用的钢笔，现在日常场所中越来越难觅踪影。很少再有人用钢笔写字，钢笔更多地转变为一件用于送人的体面礼物或具有收藏价值的工艺品。从作为单纯性书写工具这一层面来讲，在消费社会，耐久性的钢笔败给了一次性的圆珠笔、中性笔。

不只是这些日用小物品，即使一些具有品牌效应的物品，如服装，在消费过后也往往免不了被扔掉。不是因为坏了，而是因为过时了。人们越来越奉行一次性消费的"真理"，临时性的、短暂性的关系取

---

① [美] 阿尔温·托夫勒：《未来的冲击》，孟广均等译，中国对外翻译出版公司1985年版，第68页。

代了固定的、长久的关系。一切都像走马灯似的迅速更换，物品甚至等不到耗尽其使用价值便遭到了遗弃。生产时代的生活观念"新三年，旧三年，缝缝补补又三年"，与消费时代格格不入，"短暂性"已经融入人们的内心意识中。就如那句著名的广告语，"不在乎天长地久，只在乎曾经拥有"。这一唯美、浪漫的广告语正体现出消费时代对短暂性、片断性的推崇。

短周期性不仅包括物品的使用，事实上，人与周围世界的关系都已变成这种"用完即扔"。姚文放曾对此作出精彩的分析，他指出，当代世界的高速变化，使人与物的关系日趋短暂、日趋松弛，从而普遍养成了一种"用完即扔"的习惯和风气。"人们越来越频繁地迁居、调动、改行、旅行、出国，在生活中应聘与辞聘、签约与解约、结交与断交、牵手与分手变得越来越随便了，这都是'用完即扔'的心态使然。搬迁可以看成'用完'旧居就将其'扔掉'，改行可以看成'用完'不合适的职业就将其'扔掉'，调动是将原先的工作环境'扔掉'，离婚是将以往的婚姻关系'扔掉'，如此等。"[①] 在用完即扔的社会潮流中，没有什么是能够长久保持和拥有的，也不需要长期拥有。像各种迅速冲上热搜，几天后又默无声息的新闻话题，都成了用完即扔的消费品，没有人会只去关注一个话题。旧话题很快被"扔掉"，由新的话题、新的谈资所取代。人与外界事物之间已形成一种快餐化的短暂关系。

当代的电影、电视、网络文化，也处处充满着用完即扔的气息。认同于消费社会的商业逻辑，当今的电影、电视可谓是"小鲜肉"当道。即使"小鲜肉"演技欠缺磨炼，剧情俗套，但他们作为流量明星，其庞大的粉丝群亦是为影视拉足了人气和热度，赚足了票房和收视率。这些电影、电视剧，如同我们进电影院前买的那一大盒爆米花，闻起来香喷喷，但咀嚼之后，却什么也没留下。电影越来越成为一次

---

① 姚文放：《作为快餐文化的当代审美文化》，《学习与探索》1996 年第 2 期。

性的消费品，很少有电影值得观众再去买票观看一次。近些年网络上火爆的短视频更是如此，15秒的视频实在难以拍出有深度的故事，只图演的高兴，看的开心，大家轻松一乐，看完就忘，用完即扔。可以说，在消费社会，不管是物质的消费还是文化的消费，甚至人与人之间的关系，都深深地打上用完即扔的烙印。

消费时代的用完即扔，显然与社会生活的快节奏有直接的关系。网上曾流出一个新疆乌鲁木齐女孩狂奔上班的视频。视频中女孩大甩着包，大跨步，一路狂奔。这名狂奔女孩大概是当今上班一族的真实写照。由于生活节奏的加快，很多人没有足够时间"精致"。中午短暂的休息时间仅够匆匆吃一顿便饭。因而一次性物品、快餐化食品赢得了人们的喜爱。买来就吃，用完即扔，不需要刷洗，不需要额外打理，也不占用空间。像2017年海底捞拿出5000万进军方便火锅就是瞄准了这一市场行情。方便火锅，关键在于"方便"，携带方便、无需烹煮，只要一瓶矿泉水和15分钟的等待时间即可食用。生活的快节奏促成了简单、快捷、用完即扔的消费习惯，同样，用完即扔反过来又进一步加快了生活的节奏。在不断的舍弃、更换中，与不同的事物进行着流动性的联系，生活加速向前发展。

更重要的是，技术的进步带来永久性经济学的失效。新技术的不断出现和运用，使产品更迭速度大大加快。从2007年第一代iPhone手机发布，到2020年已发展到了iPhone12，平均每年发布一款新iPhone手机。无疑，每一代iPhone都比上一代有新的亮点，从手机外观、屏幕到内存、处理器，性能不断提升。产品的更迭从客观方面讲，反映的是技术不断进步，不断改进上一代产品存在的瑕疵。因而每次新款iPhone的问世总会引发换机狂潮。但问题是，旧款的手机性能上是否已经完全落后、在生活中无法使用了？显然，这个问题不在生产厂商的关心范围内，生产厂商考虑的是怎样不断激发消费者新的购买欲望，不断卖出更多的产品。因此，如波德里亚所分析的："今天，生产的东西，并不是根据其使用价值或其可能的使用时间而存在，而是恰恰相反——根据其死亡。死亡的加速势必引起价格上涨速度的加快。"①一件产品并不是只有完全耗尽使用价值才被扔弃,那时间太久了,厂商要维持运作,挣得利润,必须不断卖出产品,这意味着旧产品必须"死亡"。"生产秩序的存在,是以这种所有商品的灭绝、永久性的预有安排的'自杀'为代价的。这项活动是建立在技术'破坏'或以时尚的幌子蓄意使之陈旧的基础之上的。广告耗费巨资实现了这一奇迹。其唯一的目的不是增加而是去除商品的使用价值,去除它的时间价值,使它屈从于时尚价值并加速更新。"② 在过去,商品销售是根据其自然损坏的时间,而在消费社会,则是根据厂商在生产之初就已人为制定好的商品"应该的灭绝时间"。这就是消费社会短暂性经济学的秘密。生产厂商联合大众媒体,通过预先造势、新品发布会、广告投放,精心打造着新产品的神话,推动着一轮轮的消费浪潮,缔造出用完即扔、不断更新的消费帝国。

　　用完即扔的消费方式也是人们的消费观念发生了巨大变化的体现。随着生活富足程度的提高,克勤克俭的消费方式、生活习惯慢慢发生改变,代之以用完即扔的生活方式。陈旧的衣服、磨损且过时的鞋子、笨重的旧电动车以及孩子多年前的玩具,这些东西放在家里既占地方,又显得杂乱,扔掉成了最好的处理方式。而从另一方面看,不断地扔掉,甚至是浪费掉,正是消费社会的典型特征。扔掉或浪费掉的前提是占有超过必需品的"多余",因而看起来不必要的消费支出、一些多余的"白花钱"在当下成了一部分人展现自身价值、地位,获得优越感的途径。普通人尽管还没有能力进行同样的消费支出,但毫无疑问,长此以往,浪费性的、用完即扔的消费方式会影响人们的消费观念。因而波德里亚指出,这种豪华的浪费被大众传媒推到前台,进一

---

　　① [法]让·波德里亚:《消费社会》,刘成富、全志钢译,南京大学出版社2000年版,第29页。

　　② [法]让·波德里亚:《消费社会》,刘成富、全志钢译,南京大学出版社2000年版,第29页。

步促进了一种直接纳入经济过程的更为根本、更为系统的浪费。这恰恰印证了在消费社会，"商品只有在破坏中才显得过多，而且在消失中才证明财富"①。

用完即扔的消费方式是消费社会必然会出现的现象。用完即扔节省了人们的时间，使个人有了更多的自由和闲暇，从而更充分享受生活的幸福。物品的不断更新迭代，也给人们的生活质量带来极大的提高。与此同时，用完即扔改变了人对周围世界的认知以及价值判断。传统社会注重的是稳固、恒久等价值观念，更倾向于追求流传后世的久远，追求文化经典的打造。它如同阿尔卑斯山谷中的标语告诉世人，"慢慢走，欣赏啊！"而在充满短暂性、易变性、权宜性的当今时代，人们更多追求短期效果、短期利益，关心的是短暂的当下，一切永恒的、稳固的事物都难以再成为信仰。正因如此，当今的电影、电视以及各类视频，虽然数量暴涨，几乎令人目不暇接，但真正能称为经典的却不多。大多敛一遍票房，吸引一波眼球后，迅速归于沉寂。

二 物的诱惑

以网络为媒介，数字电子时代的到来深刻地改变了社会的组织结构，建立起全新的社会秩序，米切尔（Willam J. Mitchell）称这种新的社会形式为"伊托邦"（e-topia）。以互联网络为特征的伊托邦标志着"由家庭、工作场所、日常供应以及服务资源之间的关系——是将城市连结在一起的必不可少的纽带——所构成的基本网络，现在已经以一种崭新的、非传统的形式出现了"②。

作为消费社会的典型象征，超级市场自 1930 年在美国开设第一家以来，在世界各国都已成为人流往来不绝的繁华之地，有些著名的超

---

① ［法］让·波德里亚：《消费社会》，刘成富、全志钢译，南京大学出版社 2000 年版，第 30 页。
② ［美］威廉·J. 米切尔：《伊托邦：数字时代的城市生活》，吴启迪等译，上海科技教育出版社 2005 年版，第 7—8 页。

级购物中心甚至发展为旅游胜地。而如今，借助电子化商务、全球互联，新型的超级市场——网上商城强势崛起。令人眼花缭乱的商品在网络空间中全天候的展示，不需要出门，人们随时随地就能光顾，通过浏览和点击完成对商品的购买。人们的消费方式以及消费之"物"与人之间的关系发生了根本性转变。

网络商城带给人们空前的便利，也带来了空前的网购狂潮。2020年6月，我国网络购物用户规模已达7.49亿，占网民整体的79.7%。仅跟2019年同期相比，网购用户暴增1.1亿。[①] 那么，如此旺盛的消费需求和欲望究竟是如何产生的？

无疑，在消费社会，商品的堆积、丰盛已成为令人印象深刻的特征，并由此与人的幸福联系在一起。如波德里亚指出的，幸福成了"可测之物"，幸福"必须是物、符号、'舒适'能够测得出来的福利"[②]。获得这些物（商品），也就意味着获得了幸福。人们对网购表现出的巨大热情，其实，就是对"物"的热情。网购需求早已超出对商品的客观功能的需求，换句话说，购买什么商品可能并不重要（很多购买行为是发生在网上商城闲逛的时候），重要的是"购买"，是生活中始终被物环绕的幸福感、满足感、充实感。因而不仅限于满足需要的物，大量的多余之物、非必需之物的购买、囤积就成了幸福指数的重要表征。"消费社会的实质不在于消费，不在于物品按照使用价值的利用，不在于交换价值表现出来的形式性，而在于物可以超量使用（囤积、挥霍），因为消费社会提供了生产的无限可能性以及由此而来的物品的无限丰富性。消费社会里，物品（商品）的品牌性固然具有不可低估的商业价值，具有实现商业利益的最重要的消费引导功能，但是，对于消费者来说，物品数量和品牌的叠加才是真

[①] 中国互联网络信息中心：第46次《中国互联网络发展状况统计报告》，http://www.cnnic.net.cn/n4/2022/0401/c88-1124.html。

[②] [法]让·波德里亚：《消费社会》，刘成富、全志钢译，南京大学出版社2000年版，第34页。

正意义上的'消费'。"① 这是消费社会出现的新的商品拜物教，对物品数量的崇拜，它在庞大的物品数量和幸福的生活之间画上了等号。很多人会购买成百双鞋子、成百顶帽子、成百条丝巾，甚至心血来潮还会买下很多稀奇古怪的小玩意。这些物品足够用上几十年——有的甚至根本用不到，但在网上商城继续闲逛时，一旦发现新的心仪物品，又会忍不住再次出手购买。购买和占有成为一种无尽的冲动和幸福、快乐的源泉。关于幸福的追求变成物的占有，这印证了西莉亚·卢瑞（Celia Lury）的观点，当代社会"根深蒂固地相信有即意味着是（迪特默）；此信仰与'占有物品者就有特权'的倾向息息相关。而这种特权思想的出现和发展又与个人主义和大众消费社会的兴起有关。它们被认为是引导人们以拥有物的多少来评价自己和他人。事实上，多数人把财产视为自身价值的一个方面，把财产的失去看成对个人利益的侵犯和自身价值的降低。在这种社会背景下，财产已经成了个人素质、情感和利益的重要标志"②。

把物当作幸福、快乐的源泉，导致对物不断的追逐。网购的快乐是短暂的，它在浏览商品、点击下单、等快递上门、拆包装验货中完成一轮快乐的购物之旅。而要想拥有持续的快乐，就只有继续购物。如此周而复始，形成一个不断伸延的链条。对此，古希腊哲学家德谟克利特（Democritus）的见解依然是有效的："对同一些东西的欲望继续不断地向他们袭来，而当他们得到他们所要的东西时，他们所尝到的快乐很快就过去了。除了瞬息即逝的快乐之外，这一切之中丝毫没有什么好东西，因为总是重新又感觉到有需要未满足。"③ 快乐之所以短暂，是因为总是感觉"有需要未满足"，还有更多、更新的物品

---

① 戴阿宝：《从物欲症到物控症：网购背后的病理逻辑》，载陶东风、周宪主编《文化研究》第 36 辑，社会科学文献出版社 2019 年版，第 9 页。
② [英] 西莉亚·卢瑞：《消费文化》，张萍译，南京大学出版社 2003 年版，第 6—7 页。
③ 北京大学哲学系外国哲学史教研室编译：《古希腊罗马哲学》，商务印书馆 1982 年版，第 118 页。

"等待"着去占有。由此而产生不断的购物冲动，甚至沉溺其中无法自拔，成为网购狂。这些网购狂、网购成瘾者"通过重复性购买活动不断增加商品消费的总量，通过大量占有商品来获得自我成就感，他们固然对网购商品有着特殊的偏好，但这种购买活动的本质是通过'占有'商品来获得心理上的补偿。他们通过丰裕的商品来证明自身的'实力'，并表明他们是消费社会的胜利者"[1]。

进一步来看，购物带来快乐，产生幸福感，这同时也是缓解压力、填补空虚甚至逃避现实的方式——这与审美活动具有着相通性。美国剧作家阿瑟·米勒（Arthur Miller）1985 年出版的剧本《代价》第一幕中有这样一段话："许多年以前，一个人如果难受，不知如何是好，他也许上教堂，也许闹革命，诸如此类。今天，你如果难受，不知所措，怎么解脱呢？去消费！"[2] 在现代社会，消费已超过宗教、政治，成为主要的社会活动。不难看到，随着生产力的发展和生产效率的提高，现代社会的物品固然越来越丰富，然而人们的生活压力也越来越大。人们一早起床，准备早餐，送孩子上学，或者伺候老人。然后急急忙忙去上班，单位有一大堆事务要处理。晚上下班还要买菜、洗衣服、辅导孩子作业，一天下来筋疲力尽。除了这些繁琐的日常事务，还有工作中的不顺心、人际关系上的不愉快、感情方面的不如意、个人形象上的不自信，这一切时常左右着人们的情绪。因而打开购物网站，看看收藏的宝贝是不是降价了，浏览一下最近又出了什么新品，然后点击下单，对自己进行一番犒赏和慰藉，无疑是最简单、有效的调节心情的方式——这导致很多人因此而痴迷于网购。毕竟买点新东西，使自己感觉良好，比实实在在地改变自己所处的境况要容易得多。同时，与逛街购物相比，把劳累了一天的身体窝进沙发，刷刷购物 App，身体和心情同时放松，显然更为舒适、自在。这就出现了一方

---

[1] 蒋建国：《网购成瘾：商品幻象与循环型自恋》，《探索与争鸣》2020 年第 3 期。
[2] 参见高丙中《居住在文化空间里》，中山大学出版社 1999 年版，第 7 页。

面为生活而奔波操劳、努力打拼,另一方面又狂热网购,把购物当作最大的爱好和消遣方式。奔波、勤奋与享受、放纵奇特地连结在了一起,这或许已成为消费社会的文化矛盾。心理学家罗纳德·法贝博士认为,疯狂购物往往是在追求更高的尊重和认可度:"购物可以提供一种逃避到幻想里的途径,在这种幻想里,人们被当成大人物,得到尊重。一些人指出,占有和使用信用卡让他们觉得拥有了力量;另一些人发现,销售人员对自己的关注,以及豪华商店里的人知道自己的名字,能让他们产生一种傲慢感和地位感。"[①] 购物形成暂时的"避难所",各种专属服务、VIP 服务,使人们沐浴在温暖的关怀中,身心愉悦,大大抵消了生活中的挫折感、焦虑感、孤独感等负面情绪。尤其是在这个网购世界,人们手握鼠标,如同执掌重权,巡视着无比广阔的、美轮美奂的商品帝国。这一刻,生活变得如此顺心、美好。

在前消费社会,物质贫乏,社会鼓励禁欲、克己、勤奋、忍耐,强调天职,马克斯·韦伯称之为新教伦理。新教伦理作为一种理性资本主义精神,推动了现代资本主义经济的发展。而在当代,社会鼓励的是消费、享乐,"成就模式依然存在,但它有了新的含义,即强调地位和趣尚。文化不再与如何工作,如何取得成就有关,它关心的是如何花钱、如何享乐"[②]。其结果就是,"娱乐道德观"(fun morality)代替了干涉冲动的"行善道德观"(goodness morality)。在这个过程中,除了物质财富的积累引发文化价值观念的转变以外,电子技术手段的发展更是起到推波助澜的作用。在电子技术构建的网络伊托邦中,人们享受到了前所未有的便捷。开车去超级市场甚至已经不再必要,互联网本身就是全球性的超级购物中心。每个人坐在家中,动动手指就能买到自己想要的商品。而且不止于此,在人们浏览商品的同时,

---

[①] 参见[美]约翰·格拉夫等《流行性物欲症》,闾佳译,中国人民大学出版社 2006 年版,第 122 页。

[②] [美]丹尼尔·贝尔:《资本主义文化矛盾》,赵一凡等译,生活·读书·新知三联书店 1989 年版,第 118 页。

网站还"体贴入微"——个性化推荐栏"猜你喜欢""相似商品"引导你不费吹灰之力找到其他自己喜欢的商品。空间的障碍被克服，这同时也意味着时间的减少，省却了费心费力费时之苦，这对于陷入"时间荒"的当代人来说无疑是最具有诱惑力的。同时，现代支付手段也使购物过程畅快无比。无论是网购还是线下支付，现在已很少见到现金的踪影。支付码一扫，商品到手。商品的交换价值不再以直观的货币的形式呈现，而代之以物—码交换，人们仿佛并没有失去什么，反而获得了物品，这使得购物愈加没有了心理负担，购物的快感大大增强。与之相关的还有信用卡支付、分期付款，这些策略性的支付方式无疑都深深影响了人们的消费行为，塑造了新的生活观念。丹尼尔·贝尔指出，继世俗法制的压制、实用主义和科技理性的发难后，分期付款、信用消费等享乐主义观念最终彻底粉碎了宗教冲动力所代表的道德伦理基础，将社会从传统的清教徒式"先劳后享"引向超支购买、及时行乐的糜费心理。①

技术手段完成"后勤"保障后，对消费者要引诱成功，还要凭借商品自身的诱惑力。与现实商城不同的是，网上商城展示是物品的图像——确切地说是关于物品的美学图像。图像不是物品，而是物品的"仿真"（simulation），是一种技术化的"仿真"，是充满想象的"超真实"（hyperreal），因而更加具有令人痴迷的梦幻色彩。网上商城打造出令人震撼的视觉审美盛宴，网上商品比实物更耀眼、更光彩夺目。光线聚焦下的商品如同非凡、神奇的艺术品，绚丽的色彩、惊艳的外形、暖心的细节，360度全方位展示。另外再配以专业化的产品特征、质量的数据说明，这一切如此完美，毫无缺陷，令人相信，它就是你梦寐以求的。图片中的模特，就是你穿上这件衣服的样子；那部流光溢彩的手机，显然是最有范、最具性价比的手机。这就是图像的魔力，

---

① ［美］丹尼尔·贝尔：《资本主义文化矛盾》，赵一凡等译，生活·读书·新知三联书店1989年版，第14页。

它比实物更容易使人产生审美的想象与幻觉，诱发出人们的购买欲望。波德里亚曾对客体的诱惑性作过精彩的分析，他指出："如果我们从诱惑的角度来看，那么一切就都颠倒过来了——不再是主体来欲求，却是转而由客体来引诱。一切都由客体出发并回归于它，正如一切都始于诱惑而非欲望。主体古老的特权被推翻了。因为主体过于脆弱并且只能发出欲望，而客体，即使在欲望缺席的情况下仍然十分自如。客体的诱惑通过欲望的缺席而发生，它可以仅仅借由欲望的效果来发挥作用，它激发或解除、鼓动或欺哄欲望……"① 这非常恰当地解释了忍不住买买买的"剁手党"的购物行为。物的诱惑比人的欲望更主动，只要点开店铺，物的诱惑便开始了。它在不知不觉中将人俘获，为人制造欲望、强化欲望。表面上是人在主动购物，实际上却是物品诱惑着人去购物。

　　在各种打折、满减、限时优惠中，物的诱惑进一步加强。商家的促销手段层出不穷，极尽所能地诱发人的购买欲。"销售本身直接与节俭习惯相冲突，它强调挥霍；销售活动也反对禁欲主义，它鼓励讲排场、比阔气。"② "限时秒杀""冰点价格""一年一次"成为开启幸福大门的咒语，指引着人们狂热地把知名的、不知名的，想买的、不想买的统统塞进了购物车。这是一种集体性的、充满仪式感的迷狂——不过并非是朝向神灵、灵魂返回自身的迷狂，而是朝向物、灵魂抽离的迷狂。正如戴阿宝指出的，"它不是人的狂欢，而是物的狂欢；它不是主体占有欲望的胜利，而是客体深度诱惑的胜利"③。

　　不断发生的购物冲动显示了人的欲望的无限性。欲望总是"对别

---

① ［法］让·波德里亚：《致命的策略》，刘翔、戴阿宝译，南京大学出版社2015年版，第160页。
② ［美］丹尼尔·贝尔：《资本主义文化矛盾》，赵一凡等译，生活·读书·新知三联书店1989年版，第117页。
③ 戴阿宝：《从物欲症到物控症：网购背后的病理逻辑》，载陶东风、周宪主编《文化研究》第36辑，社会科学文献出版社2019年版，第25页。

的东西的欲望",欲望不可能去欲望已经拥有的东西。人无法占有所有的物,所以欲望永远不可能得到满足。欲望一旦被激发,就像不知疲倦的永动机,人不再满足于"是其所是",而是不停地"不是其所是",从而逐渐迷失自我。

毋庸置疑,追求幸福是每个人合理的权利。德谟克利特早就指出,必要的物质享受和感官满足是最基本的,也是很正常的,"一生没有宴饮,就像一条长路没有旅店一样"①。但这种对物质性快乐的追求应建立在节制的基础上,节制能增加快乐,节制自己的欲望是获得幸福的有效途径。"人们通过享乐上的有节制和生活的宁静淡泊,才得到愉快。"②"当人过度时,最适意的东西也变成了最不适意的东西。"③德谟克利特强调有节制的享乐才能得到幸福,幸福就是灵魂的安宁:"幸福不在于占有畜群,也不在于占有黄金,它的居处是在我们的灵魂之中。"④ 物质匮乏不是幸福,过量的消费、对物的过度追求同样也无法幸福。因为在无节制的购买、消费中,在无止境的欲求中,人们焦虑、紧张、患得患失,丧失了内心的宁静。

康德曾经说过:"大自然要使人类完完全全由其自己本身就创造出来超乎其动物生存的机械安排之上的一切东西,而且除了其自己本身不假手于本能并仅凭自己的理性所获得的幸福或美满而外,就不再分享任何其他的幸福或美满。"⑤ 康德认为,理性是人之为人的根本,大自然"把理性和以理性为基础的意志自由赋给了人类",人的活动

---

① 北京大学哲学系外国哲学史教研室编译:《古希腊罗马哲学》,商务印书馆1982年版,第118页。

② 北京大学哲学系外国哲学史教研室编译:《古希腊罗马哲学》,商务印书馆1982年版,第115页。

③ 北京大学哲学系外国哲学史教研室编译:《古希腊罗马哲学》,商务印书馆1982年版,第118页。

④ 北京大学哲学系外国哲学史教研室编译:《古希腊罗马哲学》,商务印书馆1982年版,第113页。

⑤ [德]康德:《历史理性批判文集》,何兆武译,商务印书馆1990年版,第4页。

不是由本能引导，而是由理性引导，幸福只能凭借人的理性而得以创造。反观当代社会的消费行为，尤其是在商家和大众媒体的诱导下异常活跃的网购，人们的理性身处险境。虚假的需要替代了人的真正需要，确切地说，人们很难分清哪些是自己的真正需要，哪些是虚假的需要。商家和大众媒体早已设定好人们的欲望和需求，人们自以为自主进行的购买和消费，其实从一开始就落入算计之中。正因如此，拉康（Jacques Lacan）强调，不要屈服于自己的欲望。这个"自己的欲望"其实就是大他者的欲望，商家、购物平台、广告媒体乃至整个商业运作系统都是大他者。在这些大他者借各种花里胡哨的减价、折扣、限时抢购、秒杀而发出的欲望叙事中，人们失去理性的思考和判断能力，心甘情愿地欲望着大他者的欲望。

三　符号的神话

对物的追求并不是实现人的幸福的充分条件。但问题是，现代大工业的发展和生产能力的提升使物的生产进入丰裕时代，社会经济系统的正常、持续运作需要人们对物的消费，物的消费只有跟上生产的速度，才能保证生产秩序的再生产。这就产生了物的生产与消费之间的矛盾。不过，解决这个问题看起来并不困难，消费社会已制造出足够迷人的"神话"，不断为消费者制造出对物的消费需求。这些消费需求最终转化为消费者"自身"的需求，从而推动着经济机器隆隆运转。

这个"神话"就是物—符号的神话。

物成为其自身，凭借的是它客观的能够满足人特定的物质需要的使用价值、功能价值。而消费社会的神奇之处在于，物已经不再仅仅是具有使用价值的物，而是变成具有多重意义指向，体现消费者不同的品位、习惯、社会地位及生活水准的文化符号，物的生产成为投射人的深层欲望的符号的生产。由物的使用价值向物的符号价值的消费转变，正是当代消费的特质。根据马斯洛（Abraham Maslow）的需要层次理论，人的需要可划分为五个层次，像金字塔一样从低到高梯式排列，依次为生理的需要、安全的需要、归属和爱的需要、尊重的需要、自我实现的需要。就物品的消费意义而言，生理的需要、安全的需要与物的使用价值、功能价值关系密切，而后三种更高层次的需要指向的则是物的符号价值。显然，这些更高层次的需要只有在物品丰裕的社会才能得到真正的满足。

在物质匮乏的时代，人们面临的是如何填饱肚子、如何安身立命的问题。而在当代社会，人们的基本生存需求已得到充分满足，必然转向追求更高层次的需要，物的符号价值随之凸显（或者被大规模赋予），并成为物的消费的最大动力。消费不再仅仅是一种基本的经济行为，而是与人的地位、名望、品位、个性等越来越紧密联系在一起，物的消费具有了获得社会认同、实现自身价值及美好愿望等诸多社会性和精神性意义。波德里亚在《物的体系》中指出："消费既不是一种物质性的实践，也不是一种'丰盛'的现象学。它既不能依据我们吃的食物、我们穿的衣服以及驾驶的汽车来界定，也不能依据形象与信息的视觉与声音实体来界定，而是通过把所有这些东西组成意义实体来界定的。消费是在具有某种程度连贯性的话语中所呈现的所有物品和信息的真实总体性，因此，有意义的消费是一种符号操控的系统化行为。"[1] 波德里亚敏锐地意识到当代社会消费的独特性，消费并不是对物的消费，而是一种符号操控，是意义系统的建构。他进一步阐述说："为了成为消费的对象，物必须成为符号……正是通过这种方式，它变成'个性化'的，并进入所属的系列：它之被消费，绝不在于其物质性，而是在于其差别性。"[2] 物成为符号，才能显示出物的"个性化""差别性"，从而具备了满足认同、尊重等高层次消费需求的可能。

---

[1] Mark Poster ed., *Jean Baudrillard: Selected Writings*, Stanford: Stanford University Press, 1988, pp. 21 – 22.

[2] Mark Poster ed., *Jean Baudrillard: Selected Writings*, Stanford: Stanford University Press, 1988, p. 22.

符号是事物的概念（所指）和其音响形象（能指）的联结所产生的整体①，这个联结就其本身来说是任意的、不可论证的。比如"姐妹"这个所指与作为其能指的发音 sister 没有任何内在的关系，在不同的国家和地区它完全可以有另外的发音。索绪尔（Ferdinand de Saussure）强调说："它（能指）是不可论证的，即对现实中跟它没有任何自然联系的所指来说是任意的。"②一只长着尾巴、四条腿、毛茸茸的小动物为什么叫作"猫"，这是不可论证的。但人创造符号是为了能够相互交流和理解，因而一旦经"语言集体"确立起事物的概念和音响形象之间的关联，符号便固定下来，并表现于现实中（而不仅仅是心理上、头脑里）符号与其指涉物约定俗成的对应关系。比如一说起"玫瑰"，我们自然知道它的指涉物是什么，这便是我们同世界和周围事物打交道的方式。

而进入消费社会，情况发生了改变。物与符号的联结重新变得松动和任意，由此而构建出新的符号系统。罗兰·巴特（Roland Barthes）在《神话修辞术》一书中探讨了一系列的"物"，如肥皂粉、洗涤剂、玩具、葡萄酒、牛奶、牛排、油炸土豆，等等。在巴特看来，物对人来说永远是一种符号，葡萄酒是优雅的符号，牛排是生命力乃至法兰西民族性、爱国情感的符号。物因此并不沉默，"世上每一物都可从封闭而缄默的存在转变为适合社会自由利用的言说状态"，这种言说和信息表达方式，巴特称之为"神话"。一切都可以是神话，"凡归属于言语表达方式（discours）的一切就都是神话"。③ 神话意味着物的重新言说，物的再度符号化。这一神话的展开因此呈现为一个二级的符号系统，如下图④：

---

① ［瑞士］索绪尔：《普通语言学教程》，高名凯译，商务印书馆1999年版，第102页。
② ［瑞士］索绪尔：《普通语言学教程》，高名凯译，商务印书馆1999年版，第104页。
③ ［法］罗兰·巴特：《神话修辞术/批评与真实》，屠友祥、温晋仪译，上海人民出版社2009年版，第169页。
④ ［法］罗兰·巴特：《神话修辞术/批评与真实》，屠友祥、温晋仪译，上海人民出版社2009年版，第175页。

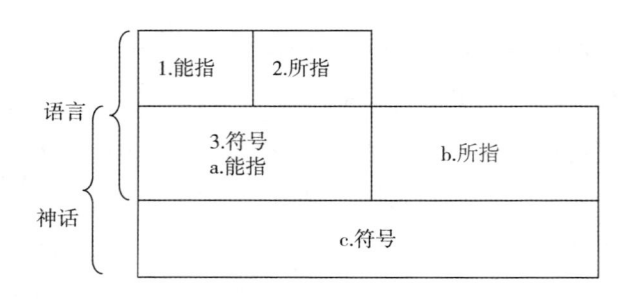

```
       ┌  ┌─────────┬─────────┐
       │  │ 1.能指  │ 2.所指  │
  语言 ┤  ├─────────┴──┬──────┴──────┐
       │  │  3.符号    │             │
       │  │  a.能指    │   b.所指    │
  神话 ┤  ├────────────┴─────────────┤
       └  │          c.符号          │
          └──────────────────────────┘
```

在这个二级符号系统里，每一级系统都是由能指和所指构成，而第一级系统里的能指和所指的联结所形成的符号整体成为第二级系统的能指，神话就发生在由第一级系统向第二级系统的转化中。在第一级系统里，能指和所指形成的符号本来具有稳固、充实的"意义"（sens），而在第二级言说方式也就是神话的言说方式中，它成为空洞贫瘠的"形式"（forme）。"神话的能指以含混的方式呈现出来：它既是意义又是形式，就意义而言，它是充实的，就形式而言，它是空洞的。"①这一形式的空洞具有了用新的意指作用来填实的可能，在这一过程中，第一级系统里的符号的本来意义被神话的所指概念扭曲，就如弗洛伊德认为的行为的潜在意义扭曲了其显在意义一样。巴特强调说："严格说来，概念扭曲了意义，但并不消除意义，有一个词可以表达这种矛盾：概念使意义异化了。"② 由此，不同于第一级系统的新的意指发生了，物形成为新的符号。比如可口可乐只是一种碳酸饮料，最大的作用是解渴、提神，这是它的本来属性和意义。但进入神话的程序后，经过重新意指，其本来意义被扭曲和改变，在不同的场景中，可口可乐成为友谊的使者，或者是家人的幸福相伴以及挡不住的青春活力。显然，神话对意义的扭曲带有极大的任意性，"蕴含于神话中的信息

---

① ［法］罗兰·巴特：《神话修辞术/批评与真实》，屠友祥、温晋仪译，上海人民出版社2009年版，第178页。
② ［法］罗兰·巴特：《神话修辞术/批评与真实》，屠友祥、温晋仪译，上海人民出版社2009年版，第183页。

实际上是一种含混的信息，由随物赋形且毫无边界限定的联想构成。必须特意强调概念的这种开放特性；这绝不是抽象而纯化的本质；这是一种没有固定形态、变化无常、含糊不清的凝结"①。神话并不遵从物的自然逻辑，而是出于一定的需要和目的，是"一种主体意志的发挥"，因而由同一个物可以构建出不同的神话，意指成不同的符号。这就是为什么我们在平常生活中见到在物之上无数堆叠着的符号。而同一个符号也完全自由地与不同的物相指涉，符号与物的稳固关系消失了。如迈克·费瑟斯通（Mike Featherstone）指出的，通过"创建新商品与众不同的纷呈并置和排列，从而有效地改变对商品的命名。平凡与日常的消费品，与奢侈、奇异、美、浪漫日益联系在一起，而它们原来的用途或功能则越来越难以解码出来"②。

在消费社会，物成为新的符号，构建出新的意义，显然是为了更进一步满足人们的内心需要和欲望，从而促进消费。但单独的一个物品其实无法体现任何符号价值，它不具有自足性。在这里，我们需要再一次回到索绪尔的符号学理论。索绪尔指出，物的价值由两个因素构成：一是交换到一定数量的不同的东西；二是与类似的物的相比。"同样，一个词可以跟某种不同的东西即观念交换；也可以跟某种同性质的东西即另一个词相比。因此，我们只看到词能跟某个概念'交换'，即看到它具有某种意义，还不能确定它的价值；我们还必须把它跟类似的价值，跟其他可能与它相对立的词比较。"③ 也就是说，要确定一个物—符号的价值，必须借助于在它之外的东西，把它放在一个系统里，物的价值的差异性和类似性依靠与他物之间的关系来体现。在装修豪华、富丽堂皇的大型购物商场里，到处散发着奢华、精致、

---

① ［法］罗兰·巴特：《神话修辞术/批评与真实》，屠友祥、温晋仪译，上海人民出版社2009年版，第180页。

② ［英］迈克·费瑟斯通：《消费文化与后现代主义》，刘精明译，译林出版社2000年版，第124页。

③ ［瑞士］索绪尔：《普通语言学教程》，高名凯译，商务印书馆1999年版，第161页。

诱人的气息。显然，这里的一件轻薄有型、舒适时尚的品牌羽绒服，其符号价值远远高于路边店或者是地摊上的一件厚棉袄。即使它的保暖效果不一定比得过一件棉袄，也会有人争相前去购买。购物商场（显然也成为神话化的符号）和品牌羽绒服构成高高在上的消费类别，俯视着路边摊和厚棉袄。购物商场、橱窗、生产的商家和商标给商品"强加着一种一致的集体观念，好似一条链子、一个几乎无法分离的整体，它们不再是一串简单的商品，而是一串意义，因为它们相互暗示着更复杂的高档商品，并使消费者产生一系列更为复杂的动机"①。

  麦克卢汉有句名言：媒介即人体的延伸。从这一意义上讲，服装乃至所有消费之物都是人体的延伸，人们可以通过服装等物展现自身的形象，所以有功成名就、衣锦还乡之说，也有平常百姓、一介布衣之说。物的区分性及类同性因而形成对人的自我的建构，个人的身份、阶层、地位、品位等由物而得以彰显。坐在星巴克里悠闲地品着咖啡大多不是仅仅为了解渴，氤氲的咖啡香气和惬意的氛围以及有意无意的暗示"这是美国文化"，构成了对自身的一种肯定。物成为一种有辨识度的符号，就如费瑟斯通所说："一个人的身体、服饰、谈吐、闲暇时间的安排、饮食的偏好、家居、汽车、假日的选择等，都是他自己的或者说消费者的品味个性与风格的认知指标。"② 根据这些物—符号，人们就可以"对它们的主人予以解读或进行等级、类型的划分"③。

  因而，从表面上看，消费是人对物的消费，但根本上讲，消费体

---

  ① ［法］让·波德里亚：《消费社会》，刘成富、全志钢译，南京大学出版社2000年版，第4页。
  ② ［英］迈克·费瑟斯通：《消费文化与后现代主义》，刘精明译，译林出版社2000年版，第121页。
  ③ ［英］迈克·费瑟斯通：《消费文化与后现代主义》，刘精明译，译林出版社2000年版，第126页。

现出的却是人的自我评价、自我定位以及与他人、与所处世界的社会性关系。这一切都是源于物作为符号的区分性的编码规则，占有不同的物—符号彰显着消费者不同的社会身份和等级差别。波德里亚反复强调："表面上以物品和享受为轴心和导向的消费行为实际上指向的是其他完全不同的目标：即对欲望进行曲折隐喻式表达的目标、通过区别符号来生产价值社会编码的目标。"[1] 消费指向人的深层欲望——更高层次的需求，它不是一种孤立的行为，一旦进行消费，"人们就进入了一个全面的编码价值生产交换系统中，在那里，所有的消费者都不由自主地互相牵连"[2]。消费的逻辑就是一种符号操控，其人为的编码秩序最终映射和形成的是消费者彼此之间的关系。

至此，可以清晰地看到，消费社会存在的物—符号—人的消费系统中，符号成为关键的一环，人与物通过符号的中介而联结。对物—符号的占有和消费使人们形成了身份、阶层等的相互区分和认同，这正是物—符号的价值所在。当然，对消费者来说，区分与认同并非截然分开，而是紧密缠绕。与他人、他群的区分是为了进行自我的认同、我群的认同；而认同于"我们"则又形成相对于"他们"的区分。

在生活中存在一个很奇特的现象，就是越贵的东西反而卖得越好。有时人们似乎特别钟情于昂贵的东西，除去昂贵的东西（交换价值）可能确实具有更好的品质（使用价值）外，恐怕更重要的则是凡勃伦所称的"炫耀性消费"——"我购买它只是因为它贵"。凡勃伦（Thorstein Veblen）发现，有钱人消费的物品都是经过挑选的，是特殊化的，他们把消费贵重物品看作博取"荣誉"的手段："使用这些更加精美的物品既然是富裕的证明，这种消费行为就成为光荣的行为；

---

[1] ［法］让·波德里亚：《消费社会》，刘成富、全志钢译，南京大学出版社2000年版，第69页。

[2] ［法］让·波德里亚：《消费社会》，刘成富、全志钢译，南京大学出版社2000年版，第70页。

相反地，不能按照适当数量和适当的品质来进行消费，意味着屈服和卑贱。"① 有钱人挥霍性地购买昂贵的物品在很大程度上是为了获得心理上的满足，标明自己优越的社会地位和不凡的身份，以此与其他地位"卑贱"的消费者进行区分。这是一种符号的政治经济学，显示出经济力量与社会特权、文化/符号的复杂交织。波德里亚指出，物和符号不仅作为对不同意义的区分，按顺序排列于密码之中，而且作为法定的价值排列于社会等级之中。因而消费在法定的价值（涉及其他社会含义：知识、权力、文化等）分配中，就具有了其特殊的分量。② 购买豪华跑车，收藏古董、字画，这些消费行为都不是一般消费者能做到的，"我买什么则我是什么"，消费由此成为一种等级体系的生产，成为区分社会阶层、进行身份定位的重要标志。

而从另一方面看，这种区分其实也是一种认同，对自身所属团体的认同。每个人都不是孤立的存在，总要处在一定的社会关系中，属于这个或那个团体。在同一个团体里，人们"共同拥有同样的编码、分享那些使您与另外某个团体有所不同的那些同样的符号。正是与另一个团体的差异造成了团体成员们之间（有别于类同）的相同"③。同一个团体的人拥有相似的生活方式、价值追求，尽管作为一个真实个体每个人都有其独特性，但这并不重要——如同符号的单独存在并没有价值。重要的是他们属于同一个团体，而他们也自觉维护着所属团体的身份，不断消费符合团体身份的物品，以保证自己不被团体的成员疏远、排斥。融入一个团体中，才能满足自己"归属和爱的需要"，甚至更高层次的需要。消费社会的物—符号在区分不同团体的同时，

---

① [美]凡勃伦：《有闲阶级论——关于制度的经济研究》，蔡受百译，商务印书馆1964年版，第57页。

② [法]让·波德里亚：《消费社会》，刘成富、全志钢译，南京大学出版社2000年版，第48页。

③ [法]让·波德里亚：《消费社会》，刘成富、全志钢译，南京大学出版社2000年版，第88页。

保持了团体内部的一致性，增强了其内聚力，这正是消费社会的强大之处。一致性、认同性并不是外部强加的政治命令，而是通过将物转化为符号，唤起人们内心的欲望，借助于物—符号的消费而轻松形成一个个共同体。"消费就建立在符号/价值的交换模式之上，即在差异性交换的基础之上，同时也就是建立在有区别的物质载体，以及由此产生的潜在的共同体的基础之上。"①

认同也发生在不同团体、不同阶层之间。一般而言，这种认同是下层阶层对上层阶层的模仿和认同。作为上层阶层，他们有足够雄厚的经济力量以及政治和文化资本，尤其是在电子传媒时代，他们的一举一动通过媒体传播极容易为人们所熟悉，从而成为模仿、认同的范例。我们经常看到，晚会还没结束，某明星的一款大衣便上了热搜，很快在购物平台就能找到同款大衣。消费者即使暂时没有经济能力购买，也会收藏起来，或者直接刷信用卡，从而获得这一"地位性商品"（布尔迪厄语）。"热衷于向上攀爬的群体对消费和生活方式的修养采取了一种学习的态度。……他们通过自己的消费活动，来转换原来的身份，获得既得体又合法的标志。"②当然，这种身份的转换是象征性的，是下层阶层采取的通过物—符号的消费来实现对上层阶层风尚、品位的认同。"人们总是把物（从广义的角度）用来当作能够突出你的符号，或让你加入视为理想的团体，或参考一个地位更高的团体来摆脱本团体。"③而上层阶层也会不断更新自己的消费模式，以保持不同团体间的社会距离和差异，这是一种永远的越野追逐的符号游戏。

---

① ［法］让·鲍德里亚：《符号政治经济学批判》，夏莹译，南京大学出版社2009年版，第109页。
② ［英］迈克·费瑟斯通：《消费文化与后现代主义》，刘精明译，译林出版社2000年版，第27页。
③ ［法］让·波德里亚：《消费社会》，刘成富、全志钢译，南京大学出版社2000年版，第48页。

如前面所分析的，在物品丰裕的时代，物只有附着不同的符号、意义，呈现为不同的"形象"，才能在众多同质化程度越来越高的产品中脱颖而出。符号价值的开发已成为促进销售的重要策略。而在物成为神话化的符号的过程中，最为关键性的推动力量则是现代广告和影视等大众媒介审美文化。

　　广告是典型的神话修辞术。广告运用一系列修辞手段和叙事手法，巧妙地构建起物和意义之间的关联。"广告商都是神奇的操纵者：他们导演、虚构物品或事件。他们对其进行'重新诠释后才发货'——在此范围内，他们毫不客气地对其进行建构。"[1] 广告从不会拘囿于物品实用功能的简单解说，或者直接进行生硬的推销，而是朝向人内心永远的欲望和幻想：健康、美丽、浪漫、成功、幸福，等等。广告如同万花筒，不断把各种物像碎片与人类最美好的梦想、渴望绞合在一起，成为绚丽的景观，让人情不自禁被吸引。OLAY 化妆品与好莱坞影星凯蒂·赫尔姆斯本来并没有必然的联系，但当广告通过其独特的修辞术在两者间建构起叙事关联，OLAY 的神话就显现了：只要使用了 OLAY，你就会像凯蒂·赫尔姆斯一样"做最美的自己"。

　　从这个意义上讲，广告都是结构主义的文本，是圣洁如艺术般的符号意象与集体性的深层欲望的联结。这种联结在广告反复的叙事中一遍遍地得以强化，以至于消费者一见到某种商品，立即联想到它的象征意义，从而建立起对物的认同与崇拜。广告由此成为按编码规则"人工合成"的"真实"事件——可以视为一种超真实，它不需要原本作为参照，完全自我指涉。广告对自己的意指性叙事不做解释，它"既不让人去理解，也不让人去学习，而是让人去希望，在此意义上，它是一种预言性话语。它所说的并不代表先天的真相（物品使用价值的真相），由它表明的预言性符号所代表的现实推动人们在日后加以

---

[1] ［法］让·波德里亚：《消费社会》，刘成富、全志钢译，南京大学出版社 2000 年版，第 136—137 页。

证实"①。你梦想得到的一切终将实现，这就是广告带给人们的难以证伪的希望。

　　广告构建出物品的意义带有很强的人为性，无论广告的神话多么美妙、多么深入人心，它的本质还是一种对消费的劝导，其经济冲动力无从掩饰。而影视等审美文化对物的呈示则不同。电影、电视为观众带来的是生动、鲜活的世界，这一世界如同我们自身富有意义的真实的生活世界，既有家长里短也有惊奇和探险。就此而言，如果说广告是浪漫性的，那么电影、电视则是现实性的。如阿兰·巴迪欧（Alain Badiou）所说："电影在我们的视觉中仿佛生产了真实的近似物。……电影是一种完美的认同艺术。没有任何一种艺术可以产生如此强烈的认同力量。"② 我们仿佛亲身参与了影视里的世界，因为它是如此真实。在这个世界里，物并非像广告中那样刻意凸显，也未必是光彩照人，它就是身边之物。各种美食酒水、日用化妆品及必需的汽车，装饰或简约或时尚的房间以及繁忙的街头形形色色穿着的人们，随着叙事的展开自然地出现在相应的场景中。在广告中，人们是被说服，而在影视里，故事可能是虚假的，但物却是真实的，这是一种自觉的相信。电影、电视由此产生了范例效应，影视虽然不直接兜售物品（即使植入广告也必须融入剧情），但影视中出现的服装、首饰、小摆设、家具都成为范例，成为让人追捧的符号，拥有了神话属性，随着影视剧的大火而热卖，甚至很多时尚不是由广告而是由影视引领形成。可以看出，广告拉伸了人与物的距离，物被赋予了崇拜价值，而电影、电视则缩短了人和物的距离，令人更亲近物。但同广告一样，影视最终也是要实现其商业赢利的目的，二者都运用了物的符号策略。只不过影视中的物属于更完整的文化（符号）产业系统的一部分，而

---

　　① ［法］让·波德里亚：《消费社会》，刘成富、全志钢译，南京大学出版社2000年版，第138页。
　　② ［法］阿兰·巴迪欧：《论电影》，李洋、许珍译，华东师范大学出版社2020年版，第299页。

且其"不经意"式的顺带销售更令人易于接受，甚至主动欢迎。

由广告、影视等电子媒介审美文化打造的符号神话其本质是被资本逻辑操纵的欲望的镜像。而当符号完全为资本把持，必然产生符号价值的泡沫式膨胀，消费的过程"不再是劳动和超越的过程，而是吸收符号及被符号吸收的过程"①。显然，迷失于这一无尽的符号游戏，其结果只能是得到虚幻的泡影。

本章的高速社会、大众社会、消费社会分别从不同角度对当今社会形态或现象作出了界定，这三种社会形态存在着紧密的内在联系。技术的进步带来社会的高速运转和信息的加快更迭，人们身处其中，竟日忙碌。这必然导致人与人之间交往的匮乏，人际关系的淡漠。高强度的工作和疏离的人际关系使人陷入孤独和空虚，而物的消费恰好可以弥补这一空虚。正是面对这种生存境况，当代形态的审美文化应运而生。影视、网络视频等审美文化的快餐化、娱乐化、欲望化迎合了人的碎片化处境，慰藉着孤独的大众，并以不断激发的欲望使生存有了别样的"意义"。与此同时，电子传媒审美文化对社会生活的广泛和深度介入，又影响、塑构着人的生存。电子传媒审美文化消磨了人们的静心体悟和思考，人们更倾向于接受他人的导向，从而可能丧失自我，最终，理性有时为欲望所取代。电子传媒审美文化具有着复杂的运作机制，对其应进行辩证、全面的考察，从而作出合乎历史和逻辑的学理阐释。

---

① ［法］让·波德里亚：《消费社会》，刘成富、全志钢译，南京大学出版社2000年版，第225页。

第三章　电子传媒审美文化的自由机制

电子传媒审美文化作为一种图像化、世俗化的审美文化，已经广泛渗透进人们的日常生活之中。与传统审美文化精英的、自律的理路不同，它接近大众、迎合大众，具有非常突出的大众意识。审美文化的这一转变，使它更能满足人们的审美需求和对平等、自由的渴望。可以说，电子传媒审美文化正为人们营构出极大的自由空间。

第一节　生产内容的拓展

电子传媒审美文化的自由性首先表现在其内容方面的突破和扩展。在电子传媒审美文化中，先前被遮蔽的琐碎、平凡的日常生活得到了呈现，被排挤到冰山下的快乐欲求浮出了水面，大量的隐私性话题也开始走向公共空间。无疑，电子传媒审美文化对传统审美文化的这一突破，对人们的审美观念、生活方式、价值信仰都会产生重要而深远的影响。

一　日常生活的呈现

日常生活是人们最为熟悉和最为关切的内容。电子传媒审美文化要吸引人们，必然关注日常生活。"电视必须跟人们的实际生活相联系，包括现实生活和想像中的生活；如果在电视中看不到我们自己的生活、愿望及梦想，那么电视对我们来说就毫无意义可言。"① 面向生活成为电子传媒审美文化最鲜明的特色，琐碎的日常生活正在从其先前的被遮蔽中走出。

日常生活在传统的审美文化中是一种被动的，甚至被放逐的存在。日常生活是个体的基本生存世界，是个体最为原初、最为具体的生命活动，比如日常消费活动、日常交往活动等。这种粗放、琐碎的生活显然并不合乎精英的审美文化的审美理想和对宏大叙事的推崇。因此，日常生活的合法性一直被悬置着，无法在文化层面获得正面的表达。

在电子传媒时代，市场经济的发展使得人们的观念发生了转型。政治意识形态色彩淡隐，形而上的思考让位，久被压抑的个人意识觉醒了。对快乐的追求，对幸福的渴望，使得人们需要关注"自己的"生活。而电子媒体技术无疑为这种需要的满足提供了保证。从某种意义上讲，电子媒体本身就是大众性的，是大众生活的有机组成部分。美国学者切特罗姆在分析电影的诞生对美国人的影响时曾指出，由于电影奇妙地将技术、商业性娱乐、艺术和景观融为一体，因而导致了这种电子媒介与传统文化精英的格格不入，并对其造成极大的威胁。就如《民主的远景》中提出的，电影不是为了特定的阶层或客厅、课堂而设，而是为了认识现实生活，为了了解西部、工人、农民、木匠和工程师，为了探讨关于女人、中产阶级和劳动阶层的广阔领域。② 正因如此，电影广受底层社会民众的喜爱，电影创造了一种新型的文化——大众的文化。电影符合大众的口味，"对大众来说，看电影已成为社会生活的重要内容，成为一种体验和解释同代人或家庭的共同

---

① ［英］安德鲁·古德温、加里·惠内尔编著：《电视的真相》，魏礼庆、王丽丽译，中央编译出版社2001年版，第69页。
② ［美］丹尼尔·杰·切特罗姆：《传播媒介与美国人的思想——从莫尔斯到麦克卢汉》，曹静生、黄艾禾译，中国广播电视出版社1991年版，第32—39页。

价值观的新方法。"① 从电影中，人们可以看得到自己。电视同样如此。电视本身就是家庭日常生活的一部分，作为摆放在客厅或卧室的家用媒体，过于激烈或过于高深的内容并不适合家庭氛围。因此尼古拉斯·阿伯克龙比（Nicholas Abercrombie）说："电视内容虽然不是完全地却是大量地涉及家庭、住家及家庭生活。譬如，几乎所有的情景喜剧或肥皂剧都以家庭为背景来编排，而且这两种节目形式也往往都假想一个由父母、子女组成的特殊类型的家庭作背景。"②

可以说，到了电子传媒时代，普通大众才真正拥有自己的话语表达空间，人们的日常生活成为审美文化的焦点。众多"真实再现""正在进行"的电视节目，全力追踪、真实记录生活中的凡人琐事。纪实真人秀如《奇遇·人间角落》《很高兴认识你》纷纷将镜头对准普通人琐碎的生活故事。各种类型的谈话节目也把关注点放在与百姓生活切身相关的话题上。"讲述老百姓自己的故事"成为令人倍感亲切的、最富有感召力的话语。大量的影视作品致力于呈现社会中最为平常的生活琐事和凡俗情绪，像20世纪90年代的《秋菊打官司》《我的父亲母亲》《站直啰，别趴下》《甲方乙方》《没完没了》，一直到近年来的《三峡好人》《人在囧途》《亲爱的》《我不是药神》《送你一朵小红花》等一大批影片都是以社会日常生活为题材，展现的是普通平凡的琐事：谈恋爱、闹离婚、邻里纠纷、找寻妻儿、讨债、租房、买药以及挤公交、聊八卦、做生意，等等，一地鸡毛的琐碎生活。这些琐碎的日常生活大都是发生在我们身边的事情，同观众自身的日常生活体验紧密相关。它不再关注那些崇高的人生理想，不再追求宏伟、豪迈的人生目标，而是真真切切地展现着普通人的生活世界，那些渺小、平凡的苦恼与悲伤、欢喜与梦想。

---

① ［美］丹尼尔·杰·切特罗姆：《传播媒介与美国人的思想——从莫尔斯到麦克卢汉》，曹静生、黄艾禾译，中国广播电视出版社1991年版，第64页。

② ［英］尼古拉斯·阿伯克龙比：《电视与社会》，张永喜等译，南京大学出版社2001年版，第19页。

日常生活的凸现消解了传统所谓的崇高，那些不能承受之重已经无法在人的内心唤起真切的幸福感，老百姓需要的是与切身的现实利益密切相关的生活。"向往不可企及的崇高，追求伟大的英雄主义，已是过去的理想，在越来越关心现实生活，越来越讲求日常生活质量的潮流面前，生活的哲学就成为普遍的意识形态。"① 在这种关注日常生活的叙事逻辑的支配下，审美文化对伟人的叙事也发生了重大变化。在传统的叙事中，在公共场合出现的是关于伟人的一系列崇高叙事：坚毅的品质、远大的抱负、宏伟的事业，充满自信与豪情，他们的日常生活世界同样一直被隐匿着。在电子传媒时代，这种情形发生了深刻的改变。伟人作为普通人的一面大量地出现在荧幕上。《毛泽东在才溪》《周恩来的四个昼夜》《历史转折中的邓小平》等诸多影视作品，展现的都是伟人一个个普普通通的、"接地气"的人生故事。他们同样有深厚浓烈的情感，同样有身体的病痛和事业的挫折，同样有跟千千万万的普通大众相似的琐屑而平凡的日常生活。这种向日常生活、普通大众的还原，由"神"向人的复归，唤起人们更亲切的感知。同对崇高的消解一样，它体现着对当下世俗的、每个人都置身其中感性生活本身的关注。除了伟人的日常叙事，大量的真人秀节目像《爸爸去哪儿》《向往的生活》《中餐厅》等也都主打平民化，致力于展现明星作为普通人的日常生活。

在影视为人们提供的审美图景中，日常生活获得生动、明晰的呈现，而不再是混沌的一团。人情世态、生活百味在狭小的居室里上演着。人们通过这种对日常生活的观看，缓解了"生活"到哪里去了的焦虑，从而完成对自身生活的镜像式认知。人们与影像中的无数人物同喜同悲，共同生活在这平凡的世界中，从而体会到一种巨大的群体归属感，内心获得难以言喻的轻松和宁静。甚至在与影像中的人物的比较中，生活的艰辛变得不再那么令人难以忍受。普通人和伟人之间

---

① 周宪：《中国当代审美文化研究》，北京大学出版社1997年版，第312页。

也抹平了界限，宏大叙事不再是关注的中心，被远推到背景中去，淡到几乎无法察觉。

二 感性的解放
（一）娱乐合理化

电子传媒时代是一个娱乐至上的时代。娱乐合理化已经不再是一个要求和口号，而成为地地道道的现实。打开电视，铺天盖地的娱乐节目迎面而来，相声、小品、脱口秀、歌舞晚会，当然还有看不完的电视连续剧。作为综艺界现象级的"电视湘军"，更是把娱乐节目推向高潮。像开创国内选秀节目先河的《超级女声》曾火遍全国，引无数人为之疯狂。其他如《明星大侦探》《天天向上》《快乐大本营》《亲爱的客栈》以及2020年6月在芒果TV上线的《乘风破浪的姐姐》都在全国产生了巨大反响，各地电视台竞相效仿，形成娱乐大比拼。网络更是不遑多让，随着网络技术的普及，针对社会热点、流行现象，各种令人捧腹的PS恶搞体现着网民极强的娱乐精神。抖音、快手短视频中各种糗事、趣事随处可见，充满着欢乐。至于各大论坛、社区、社交平台上的表情包，更是不断花样翻新，搞笑、好玩。当今时代，人们被遮蔽已久的娱乐天性突破了种种障碍，汹涌而出。

在传统审美文化中，印刷媒介的先天限制使它不可能承载如此的娱乐功能，借助于文字的交流方式更容易产生的是理性的思考，而不是感性的沉醉。传统审美文化是一种"阅读"文化，价值的追寻、形而上的思考是它的突出特点。而长期以来生产的不发达造成的物质生活的匮乏，使人们也不可能对感性娱乐抱有更多的期待，"玩物丧志"成为亘古不变的真理。即使人们偶尔可以"放纵"、娱乐一下，那也是被当作劳动后的奖赏。柏拉图（Plato）在《法律篇》中说，精神怜悯人们生来如此苦难，而以劳作后休息的节日的形式来使人们消遣一下。而即使是这种消遣也不同于纯粹的"娱乐"，那时的节日，更多的是宗教性的。"节日"（holiday）一词即由holy（神圣的）和day

（日子）构成，意即"神圣的日子"。在这个日子里，人们可以不劳作，但要谋求灵魂的生存，接受来自神的信息。① 这样，娱乐、享受的欲望只能长期处于被贬黜的境地。

　　技术的进步和生产力的发展使社会的物质生活发生了很大的改变。"今天，在我们的周围，存在着一种由不断增长的物、服务和物质财富所构成的惊人的消费和丰盛现象。它构成了人类自然环境中的一种根本变化。恰当地说，富裕的人们不再像过去那样受到人的包围，而是受到物的包围。"② 物质生活的丰盛为人们的享乐提供了坚实的基础。超级购物中心遍布各大、小城市，里面摆满了各种各样的食品、服装、首饰等日常用品和奢侈品，琳琅满目。而且几乎所有的物品都以全套、成系列的形式出现，这对人们形成强大的暗示——全套的物往往意味着产品的高级、成熟以及服务的完备，人们"不会再从特别用途上去看这个物，而是从它的全部意义上去看全套的物。洗衣机、电冰箱、洗碗机等，除了各自作为器具之外，都含有另外一层意义"③。这就是享受、美好与快乐。除了丰盛的物品，几乎每个购物中心都提供了系统性、组合式的服务，像一个迷你型的城市，集购物、餐饮、休闲、娱乐于一体。漫步其中，即使什么东西不买，也会得到极大的享受。所有这些，再加上完全摆脱了季节和反常气候的空气调节系统，实在是当代人享乐的天堂。节俭的、清教徒式的消费方式被享乐主义的消费方式取代。

　　物质生活（包括组合式服务）的丰盛唤醒了人们久被劳动伦理压抑的享乐意识，享乐变得合法、合理，这意味着人自身的丰富性和完整性开始回归。人不仅是理性的个体，也是感性的个体。不仅需要理性地审

---

　　① 吴伯凡：《孤独的狂欢》，中国人民大学出版社1998年版，第148—150页。
　　② ［法］让·波德里亚：《消费社会》，刘成富、全志钢译，南京大学出版社2000年版，第1页。
　　③ ［法］让·波德里亚：《消费社会》，刘成富、全志钢译，南京大学出版社2000年版，第4页。

视这个世界，在一定的距离之外把握世界的恒常本质、意义，而且也需要置身于这个世界之中，与这个世界一起感性地游戏。马克思、恩格斯早就指出："并不需要多么敏锐的洞察力就可以看出……关于工业的重大意义，关于享乐的合理性等等学说，同共产主义和社会主义有着必然的联系。"① 享乐作为人性从神性下的解放，具有着值得肯定的进步意义。

在这种情况下，电子传媒审美文化为人们承担起娱乐的使命。电子传媒审美文化是一种视听文化，较之传统审美文化，它更注重感性。电子传媒审美文化不需要像文字媒介那样，必须再经过意识层面的选择、加工、组织，才能转换成相关的形象。它以逼真的影像、高保真的音响直接诉诸大众的视听感官，更容易激发起大众的情感激动，掀起无意识深处的波澜。在强烈的节拍、炫目的灯光、靓丽的身影的交织中，弗洛伊德意义上的快乐原则浮出了水面。这显然是另一种身心体验，另一种令人心醉神迷的生活世界。人们之所以喜欢在紧张的劳作之余或者闲暇时光坐进黑暗的电影院里，就是为了展开这另一个世界。在黑暗的氛围里，一切熟悉的日常生活之重都被大刀阔斧地删除了，人们成为匿名的存在者，不为他人所认识。生活中的一切伪装、面具都不再需要，人们安全地置身于黑暗中，紧盯着眼前的那道亮光，进入一个能自由地驰骋梦幻与欲望的新奇的世界。这时，不再像现实生活中那样，为了生计而奔波操劳，人们成为威风凛凛的英雄，成为有众多美女簇拥的浪漫公子。正如精神分析电影理论所指出的："电影更能够在实际上对梦和无意识的结构与逻辑进行再现或仿照。……我们将自己的无意识观念与幻觉——想像的场景或欲望的舞台组构在一起，而在这种舞台上，我们埋藏得最深的愿望被加以'戏剧化'或被'表演出来'。"② 在这种摆脱一切烦扰的观看中，人们享受着身心

---

① 《马克思恩格斯文集》第1卷，人民出版社2009年版，第334页。
② ［美］罗伯特·C. 艾伦编：《重组话语频道：电视与当代批评》，麦永雄、柏敬泽等译，中国社会科学出版社2000年版，第208页。

的彻底放松，获得极大的愉悦。

网络审美文化更是充分实现了人们的娱乐天性。像人们日常生活中广泛使用的表情包，以轻松、戏谑、滑稽、夸张的构图，释放着人们一直被循规蹈矩的日常秩序压制的快乐欲求。适用于不同场合的表情包，搞怪、逗笑、自嘲，引发人们的欢笑。表情包的创作素材几乎无所禁忌。从娱乐明星到普通大众，都能成为表情包的构成元素。表情包通过挪用、改造、拼贴、组合，洋溢着狂欢化的娱乐精神。

电子传媒审美文化为人们营造出一个自由的王国，正是从这个意义上说，审美文化带有了令人解放的性质。理性的规范、外在的约束都统统失去效力，"在娱乐时，人们只服从于自己毫无拘束地选择的规则，以达到自己预定的结果，没有任何强制或外界的义务来干扰个人的选择。"[1] 人们缓解了现实中的生存压力，重新感受到轻松。感性、享受、娱乐的需求在电子传媒时代终于有了表达、实现的空间。

（二）身体的觉醒

身体的觉醒是电子传媒时代的一大景观。它与这个时代的娱乐合理化有着内在的联系。从电视广告中展示迷人曲线的美女到拳击场上腾腾杀气的搏斗，从体育场上挥汗如雨的矫健身躯到酒吧里暧昧迷离的眼神，从 T 型舞台上的猫步模特到商店橱窗里风情万种的真人秀，再加上各种人体写真、人体彩绘、人体艺术图片，人类的视觉第一次遭遇到如此众多、无所不在的身体。

在传统审美文化中，当然也会遭遇到身体，但那种身体往往是被删减后的身体，感性内涵和自然属性早已掏空，它承载的更多的是价值理性、坚定的信仰和崇高的追求。身体实际上沦为一种"无欲的"甚至是"圣化的"、为特定目的代言的符号，不再是活生生的、有血有肉的躯体。这里既有传统文化的影响，也有政治、宗教权力的考量，更离不开经济发展水平的制约。中国传统文化强调"以礼修身"，女

---

[1] ［法］罗歇·苏：《休闲》，姜依群译，商务印书馆1996年版，第55页。

性坐莫动膝，立莫摇裙，身体被实行严格的规训。而缠足、束胸更是把女性的身体进一步遮蔽、扭曲，使之变得瘦窄、扁平，以此作为女性良好品格和教养的体现。如果说中国传统文化对身体的关注在于"礼"，西方强调的则是"理"。苏格拉底（Socrates）、柏拉图作为理性主义的开拓者，都对身体显露出敌意。苏格拉底认为，身体器官的在场会阻碍灵魂获得真理，因为身体向人们提供了无数的诱惑："身体用爱、欲望、恐惧，以及各种想象和大量的胡说，充斥我们，结果使得我们实际上根本没有任何机会进行思考。"[1] 宗教的发展更是将身体视为欲望和堕落的象征，身体和上帝是对立关系，"身体，尤其是性，是人接近上帝而必须克制的放肆本能"[2]。此外，传统社会的生产力发展水平也大大限制了身体的出场，人们只能维持基本的生存，满足温饱是首要问题，根本没有时间、精力和技术条件打扮身体。在多种因素形成的文化惯性下，身体陷于万劫不复的深渊。身体只能作为一种工具性的存在，在艰苦的改造自然环境的劳役中赎着自身的"原罪"。人们不会去刻意关注身体，更不会去把它当作目的去追求。人类文明本能地拒绝身体，拒绝着身体的快乐可能对社会的破坏。弗洛伊德曾深刻地探讨了文明的进程与身体本能的关系："最后一点，似乎也是最重要的，即我们不能忽视，文明在很大程度上是通过消除本能才得以确立，而且在很大程度上（通过抑制、压抑或其他手段）必须以强烈的本能不满足为前提。"[3] 这样，身体被埋没在地平线下，暗无天日。

　　身体的压抑和变形最终也必然导致"不满"。高度发展的物质生产力渐渐使身体摆脱工具性的存在形态，人们的思想、观念也相应发

---

[1] ［古希腊］柏拉图：《柏拉图全集》第 1 卷，王晓朝译，人民出版社 2002 年版，第 63 页。

[2] 汪民安、陈永国编：《后身体：文化、权力和生命政治学》，吉林人民出版社 2003 年版，第 5 页。

[3] ［奥］西格蒙德·弗洛伊德：《文明及其不满》，严志军、张沫译，浙江文艺出版社 2019 年版，第 47 页。

生了变化。人们开始以一种新奇、关爱的眼光重新打量身体。这不再是粗糙的、平庸的身体,而是充满生命力的、明亮的身体;不再是模糊的、符号化的身体,而是性别特征突出的、感性存在着的身体。我们看到,与身体相关的话语在当今正在爆炸性地增长:美白、去痘、瘦身、丰胸、隆鼻、按摩,等等,身体越来越享受着无微不至的关怀。与此相关,性感、迷人、饱满、妩媚、强健、阳刚,这些过去一直隐匿着的词汇,纷纷成为当今影视中最具诱惑力的符号。修长的大腿、性感的嘴唇、高耸的胸部往往以特写的形式直接地冲击着人们的视觉。身体正在成为快乐之源,成为人们关注的中心。对身体的关注甚至导致"身体工业"的出现和蓬勃发展。波德里亚指出,在经历一千年的清教传统后,身体尤其是女性身体在广告、时尚、大众文化中开始完全出场。"人们给它套上的卫生保健学、营养学、医疗学的光环,时时萦绕心头的对青春、美貌、阳刚/阴柔之气的追求,以及附带的护理、饮食制度、健身实践和包裹着它的快感神话——今天的一切都证明身体变成了救赎物品。"[①] 身体的美丽和保养正在取代传统灵魂的地位,成为宗教式的绝对命令。

当代所关注、所操心的身体显然不是那种被附着上众多价值符号的身体。毋宁说,这是更本原的身体,是现象学意义上的身体。在社会发展的过程中,由于受到特定的社会范畴和情境的制约和塑造,身体被规训,从而疏离了本来的身体,身体越来越沉重而衰老。于是,删除、剥离身体的附着意义,让身体回到身体,使身体成为信仰,就具有了特有的感召力。尼采(Friedrich Nietzsche)曾经大胆宣布"重估一切价值",重新肯定肉体:"根本的问题:要以肉体为出发点,并且以肉体为线索。肉体是更为丰富的现象,肉体可以仔细观察。肯定

[①] [法]让·波德里亚:《消费社会》,刘成富、全志钢译,南京大学出版社2000年版,第139页。

对肉体的信仰，胜于肯定对精神的信仰。"① 这种身体，显示出生命之火的剧烈冲动，趋向着力的意念。在它的面前，意义、理性等黯然失色，人的身体的感性内涵、生命本能得以高扬。身体开始毫无愧色地登上时代的舞台。

在歌舞明星的演出晚会、呐喊奔突的体育场以及万众狂欢的盛大节日里，身体无疑是最能激动人心的意象。歌手一上台，一句"你们还好吗？"可能瞬间就会掀起晚会的高潮。狂放的舞步，猛烈摇摆的身体，忘我投入的表情以及舞台上的即兴喊叫、跑动，将台下的观众带到如痴如狂的境地。挥舞的手臂、荧光棒交织成狂欢的海洋。兴奋的尖叫声、口哨声此起彼伏。台上唱的什么可能根本听不清楚，在强有力的音乐节拍中，歌手的身体动作已经能够有力地诠释一切。很难想象，如果歌手一动不动地站在台上，观众是否还能如此狂热，如此声嘶力竭地跟着台上一起忘情地高歌，甚至热泪盈眶。南帆曾经指出："不论这个世界出现了多少话语体系，躯体仍然是最有力的语言。语词只能与语词对话，躯体却能感动躯体，这是一个不变的真理。"② 在这里，有一种原始的生命情绪正在涌动。它携带着巨大的本能力量，冲破理性的压制，鼓荡在沸腾的人群中。在这些近乎野蛮的狂欢场景中，歌手、体育明星的身体成为极具感召力的原始的抒情符号，无论是现场的观众还是居室里沙发上的观众，都不由分说地被席卷而去。

身体在当代的大规模重新"发现"，显然离不开电子媒介技术的支持。摄像机为人们的视觉遭遇到身体提供了无限的可能。在现实生活中，身体遭受到陌生的眼光的直视往往被视为一种冒犯，是不合礼仪的。然而，电影、电视却打破了这种禁忌。摄像机直接为人们提供了活生生的身体形象，它通过下降和提升，通过分割和孤立处理以及

---

① ［德］尼采：《权力意志》，张念东、凌素心译，商务印书馆1991年版，第178页。
② 南帆：《叩访感觉》，东方出版中心1999年版，第261页。

慢镜头、回放、特写等技术手段，使身体全方位地展现在人们面前，人们不会因为对身体的持续凝视而受到非议。在这里，荧屏上的身体实际上构成了一种"镜像"。拉康早就指出，个体在其生命早期阶段建立的镜像，"功能在于建立起机体与它的实在之间的关系，或者如人们所说的，建立内在世界与外在世界之间的关系"[①]。这种镜像对身体的塑造作用贯穿于人生的始终。因而人们渴望观看身体，就不仅是潜意识中窥视欲的满足，而是具有着更为复杂的内涵。荧屏中的身体镜像参与营构了人们的身体，个体在自我的身体与荧屏中的身体的认同转化中，投射着自己的梦想、冲动与激情。

身体的觉醒使电子传媒审美文化更多地倾向于感性，但这不意味着审美文化就必然庸俗化。人类历史上，在对世俗伦理、说教性意识形态的斗争中，在对宗教繁琐、僵化的教条的反叛中，在对一体化的、严苛的政治环境的抗争中，身体往往是最具有批判性、攻击性、颠覆性的力量。正因如此，众多的理论家将身体纳入自己的视野。从尼采、福柯、巴特到巴赫金（Mikhail Bakhtin）、马尔库塞（Herbert Marcuse）、杰姆逊、伊格尔顿（Terry Eagleton）等，他们都意识到身体对理性主义、技术主义以及科层制度的颠覆价值，把身体与权力的反抗相联系，认为身体的快感是冲破压制的重要力量，是实现人类幸福的重要途径。而在女性主义者那里，身体更进一步承担着反抗社会上占统治地位的男权话语系统的重要功能。身体的觉醒、解放因而更是一个有意味的文化事件，它必然重构人们的文化心理，改变既定的文化结构，甚至社会秩序。

三 私人话语的公共化

私人话语的公共化在电子传媒时代已是司空见惯的事实。私人话语本是最具私密性的，是人们不愿为他人知悉的私密活动、私密信息

---

① ［法］拉康：《拉康选集》，褚孝泉译，上海三联书店 2001 年版，第 92—93 页。

以及内心隐秘的意识、感情、欲望等。这样一种话语与公共领域的要求是不相符的。按照哈贝马斯的观点，公共领域是一个介于国家和社会之间的领域，其设立目的是让民众有能力对公共领域本身和国家的诸项实践进行批判性的思考。公共领域的核心是舆论，是"公开利用理性"，对国家的政治、经济、文化问题进行讨论，最终达成一种价值共识。隐私性的、情感性的私人话语因而理所当然地被排除在公共领域之外。而且，诸如"内外有别""家丑不可外扬"等传统的伦理道德和价值观念的制约，也使得私人话语不希望在公共领域得以曝光。另外，传统时代技术条件的限制，使私人话语只能局限于特定的地域和空间，也即吉登斯所说的"本地生活在场的有效性"，私人话语很难得到大范围的传播。

然而，在电子传媒时代，私人话语彻底跨过了自己的界限，向着公共领域大举渗透。大量隐秘的私人话题进入公共空间，私人话语和公共话语的界限越来越趋于消失。就如有的学者指出的："现代社会的特点之一就是女性和男性、私人领域和公共领域的界限愈益趋于模糊，这在传媒领域表现得尤为明显。"[1] 各种谈性论爱的话题频繁出现在广播电台、电视等公共媒体上，性困惑、性焦虑、性疾病、同性恋、性伴侣选择、夫妻性生活等这些过去难以启齿的话题和体验，都可以在公共媒体上以某种方式出场。梅罗维茨（Joshua Meyrowitz）指出，电视的话题几乎无所不及，比如人工流产、脱衣舞男、变性手术等话题在电视的情景喜剧、脱口秀甚至新闻节目里随处可见，"电视的这种公开的和包容一切的特征使得原先不同的场景融合在一起用。在印刷媒介分割场景所塑造的社会中，人们可能会偷偷地讨论禁忌话题，但是有了电视后，'禁忌'的意义就消失了"[2]。随着网络这一媒介的

---

[1] 陆扬、王毅：《大众文化与传媒》，上海三联书店2000年版，第105页。
[2] ［美］约书亚·梅罗维茨：《消失的地域：电子媒介对社会行为的影响》，肖志军译，清华大学出版社2002年版，第86页。

兴起，用于发布私人话语的网络日记更是应运而生。许多网站开设了日记专页，专门的网络日记网站也纷纷出现，像"年轮网络日记本""生活日记网""暖念日记"，等等。过去深锁在私人隐秘空间中的内心独语成为人人可见、可以发表评论的大众文本。1998 年，北京青年报女记者安顿的一本《绝对隐私》热卖全国，其首创的"口述实录"文体一夜间在各大媒体上遍地开花。2005 年，这一作品进一步被改编成系列电视电影，使这种私人话语的表达获得了更大的公共空间。至于明星隐私的炒作和自我炒作在各种媒体上早已屡见不鲜，明星的婚恋情变、整容化妆、个人嗜好、幼年经历无不被纳入公共视野，成为人们津津乐道的题材，占据流量热榜。事实正如哈贝马斯所指出的，现代社会的"公共领域变成了发布私人生活故事的领域，不论是，所谓小人物的偶然的命运，或者，有计划地扶植起来的明星赢得了公共性；抑或是，与公共相关的发展和决策披上了私人的外衣，加以拟人化，直至无法辨认出来"①。

不可否认，私人话语的公共化会有商业因素参与其中。在一个"眼球经济"的时代，传统公共领域向着消费性公共领域转变，"在商业化的文化体制和文化工业作用下，只要人们有消费公众话题的需求，公众话题就会在经过大众化的包装制作以后，以一种文化消费品的面目推出。同样，只要大众有消费'隐私'的欲望，'隐私'也会在经过大众化的包装制作之后，以一种文化消费品的方式出现"②。此外，就现实情况而言，在众多的情感型节目中，由于当事人是在众目睽睽之下倾吐隐私，这种倾吐本身恐怕或多或少会顾忌自己的形象，因而失去私人话语的本来面目，甚至使私人情感流于浮泛化、虚假化，成为一种表演性仪式。但从另一个角度来看，在人类社会发展的进程中

---

① ［德］哈贝马斯：《公共领域的结构转型》，曹卫东、王晓珏等译，学林出版社 1999 年版，第 197 页。

② 陈立旭：《大众文化与公众私人话语界限的消融》，《中共浙江省委党校学报》2003 年第 5 期。

出现的私人话语的公共化显然有其重要的价值和意义。首先，它形成了对传统价值观念、道德规范的一种挑战。在传统话语体系中，私人话语是被压制的。按照法国哲学家福柯的看法，任何社会都存在话语的生产和流通法则，人们的一些日常认识实际上受到权力话语的规约。"权力的话语"是通过一系列的排斥规则而运作的，借助于各种严格的禁止，"权力的话语"决定了哪些话能说，哪些话不能说。不仅如此，即使是能说的话也得分由谁来说。哈贝马斯实际上已经发现，传统的公共话语体系是由文人雅士和拥有财富、地位的人把持着的，其他人则被排除在这种公共领域之外。这样，私人话语在当代的公共化，就从双重意义上颠覆了传统的话语权力：不仅是可以说，而且是谁都可以说，包括最底层的老百姓的私人话语也可以得到自由、充分的表达。安顿在谈《绝对隐私》时，她所记录的私人话语（隐私）"不过是现实生活中缺少公众话语权的那部分小人物很少讲出来的心事"①。公共领域因此而具有了某种民主性、平等性。

其次，现代社会紧张的生活节奏、复杂的人际关系和功利性的交往方式使人们的心灵越来越封闭，街头的擦肩而过和警惕的一瞥代替了传统社会的唠嗑、闲侃。在这种情况下，私人话语借助网络日记、博客等方式进入公共领域就有着更多积极的意义。在这个新的公共领域里，人们彼此互不相识，也没有见面的尴尬，因而不轻易示人的私密的话题成为可分享的对象。这种非在场性的亲密关系补偿着现实中的种种不足，抚慰着现代人孤独的心灵，在一个功利性的现实社会中建立起情感的共同体。"共同体是一个'温馨'的地方，一个温暖而又舒适的场所。它就像是一个家（roof），在它的下面，可以遮风避雨。"② 越来越多的午夜热线、心理诊所之类的节目的开播，无疑也正

---

① 蔡丽怡、柯晓颖：《口述实录电视剧〈绝对隐私〉国庆首上南方荧屏》，http://ent.sina.com.cn/v/m/2005 - 09 - 23/1113849009.html。

② ［英］齐格蒙特·鲍曼：《共同体》，欧阳景根译，江苏人民出版社2003年版，第2页。

起着这样一种心灵宣泄与关怀的作用。它耐心地倾听着人们的倾诉，给人提供生活的忠告和建议，为现代人疲惫的心灵建立起一片栖息地，这使公共领域具有了温馨、动人的人性光辉。

第二节　传播方式的突破

与口传时代、印刷时代相比，电子传媒审美文化在传播技术方面取得重大的进展。无论是传播广度还是传播深度，电子传媒审美文化都大大超越了传统审美文化。它突破了传统审美文化的封闭性，以开放、民主、平等的姿态渗入生活的每一个角落、从一定意义上讲，较之传统审美文化，电子传媒审美文化真正起到了启蒙和解放的作用。

一　从特权阶层到普通民众

在传统社会里，审美文化在很大程度上是和普通民众脱离的。以文字为审美文化的媒介和载体，无形中限制了审美文化的传播和接受范围。广大民众由于受教育程度较低，识字和读解能力都有很大的局限，这使他们被排除在审美文化的"场域"之外。与那些受教育程度较高的阶层与普通民众相比，无疑地拥有更多的文化资本，因而在审美文化"场"中占据着重要的地位。他们事实上成为审美文化的垄断者，依靠文化资本转化而来的权力，来为维护自己的精英地位服务。审美文化因而成为"区隔"的手段，只限于数量很少的特权者阶层，无法广泛流行和普及。

除了这种受教育程度不同带来的不平等，社会分工和专业化的发展也使普通民众日益与审美文化无缘。社会的发展不仅使审美文化从与其他领域整合不分的情况下分化出来，而且专业化色彩越来越重，需要专门的时间和技能训练才能掌握。周宪曾就此指出，随着审美文化的专业化进程，普通民众越来越成为旁观者，甚至连旁观的权利都没有。"这种文化分工化和专业化的倾向在现代愈演愈烈，几乎任何活动都需要经过专门的训练和教育……专业化所带来的问题不仅在于事实上剥夺了民众参与艺术创造的权利，而且还在于，由于专业化、学院派作风以及贵族主义的精英意识，使得艺术作品不能或很难为民众所接受。"① 审美文化复杂的技巧和表现形式使普通民众只能望而却步，最终成了"自恋的文化"。

审美文化不能为普通民众所广泛接受还有一方面的原因，就是审美文化本身的生产方式的局限性。传统的审美文化是一种手工业式的生产，创作速度较慢，创作周期相对来说较长，而发行量也是有限的。歌德创作世界名著《浮士德》前后历时六十年，托尔斯泰写作《复活》，仅修改就花掉十一年时间。这种漫长的创作和数量上的相应稀少，使普通民众的审美文化需求无法充分满足，审美文化成为一种有限的生产场。

随着社会生产力的发展，普通民众的受教育程度有了明显提高。据2005年《中国全民教育国家报告》显示，2000年以来，中国义务教育发展取得历史性进步，2004年，全国"两基"人口覆盖率由2000年的85%提高到93.6%。成人扫盲取得巨大成就，2001—2004年，全国共扫除文盲803万人，青壮年文盲率控制在4%左右。文字媒介对人们来说基本已不是阻碍接受审美文化的原因，这在客观上为人们能够接受审美文化提供了前提。随着文化资本的重新分配，文化特权正在被打破，审美文化开始逐步向民众靠拢，这一情况由于电子传媒技术的兴起和发展而越来越明显。因为审美文化的发展最终离不开技术的支持，技术正是审美文化的生产力要素。艺术社会学家阿诺德·豪塞尔曾说："自从十九世纪初以来，艺术和文化的民主化一直进行着。系列小说、马路剧院、平版画等都是导致出现电影、无线电和杂志的正常发展征兆，正是它们迎来了艺术的技术时代。就一方面而言，艺

---

① 周宪：《中国当代审美文化研究》，北京大学出版社1997年版，第153页。

术的技术特性无疑和艺术本身一样古老。每一种艺术表现都依靠某些过程，每一种艺术都和一种技术装置或者工具设备相联系，不管是画笔还是电影摄影机，版画刻针还是电动纺机。这种依靠对于艺术形式来说是非常重要的，是将思想内容转化为可感觉的形式这一过程所必不可少的。"① 电子传媒技术作为生产力取得极大发展的结果，它的出现使传统审美文化的手工业式的生产方式、技术方式让位给大批量的生产、复制，这对审美文化的进步和民主化起了巨大作用。过去由少数人所据有的文学艺术作品是一种特权的象征，广大的普通民众无法接近。德国美学家本雅明认为，这种艺术作品由于其生产方式而具有了一次性的、独特的、不可重复的特点，本雅明称这种特点为"光晕"。像唐代书法大师张旭，"每大醉，呼叫狂走，乃下笔，或以头濡墨而书，既醒自视，以为神，不可复得也"。② 这种即时即地性的书法作品作为具有光晕的艺术，显然不可能为广大民众所拥有，甚至连观赏的机会都很难得。

　　本雅明认为，收音机、留声机、电影等机械性复制技术——实际上主要就是电子媒介技术——的出现正在改变这种情况，艺术作品的膜拜价值日益让位给展示价值，普通大众接近审美文化作品已经不再困难。也就是说，艺术作品的光晕正在随着机械性复制技术的发展而散失。在本雅明看来，在机械复制时代，"复制技术把所复制的东西从传统领域中解脱了出来。由于它制作了许许多多的复制品，因而它就用众多的复制物取代了独一无二的存在；由于它使复制品能为接受者在其自身的环境中去加以欣赏，因而它就赋予了所复制的对象以现实的活力。这两方面的进程导致了传统的大动荡——作为人性的现代危机和革新对立面的传统大动荡，它们都与现代社会的群众运动密切

---

　　① ［美］阿诺德·豪塞尔：《艺术史的哲学》，陈超南、刘天华译，中国社会科学出版社1992年版，第321页。

　　② （宋）欧阳修、宋祁：《新唐书》第18册，中华书局1975年版，第5764页。

相联，其最强大的代理人就是电影"①。正是这种大批量的生产、标准化复制使审美文化从狭小的空间解放出来，不再为少部分人所把持，审美文化愈益民主化，走向了普通民众。

借助拍摄、录像等复制技术，人们不必再到原作的诞生地或收藏馆即可欣赏到拉斐尔的端庄平和的《西斯廷圣母》、鲁本斯的具有升腾越扬感的《强劫留西帕斯的女儿》、安格尔的讲求自然的形体美的《泉》。人们也无需到音乐厅或演出现场，在自己的居室里轻轻插入一张CD唱盘或DVD盘，即可欣赏到优美的旋律和音乐家的演奏。我们手拿遥控器面对电视，电视台节目的播出实际上就是一次次大规模的节目复制，它把同样的节目毫无差别地送到千家万户中。在电子传媒时代，复制技术带来的文化的平等和便捷是传统时代所无法想象的。现在信息高速公路每秒可传30亿比特，相当于每秒钟传输近2亿个汉字。像《巴黎圣母院》《悲惨世界》这些厚重的文学名著，瞬间即可完成下载。人们无需奔波于图书馆，便能拥有这些跟原版完全一样的文学作品。大批量的复制技术完成了艺术作品的祛魅，原作的权威性已经消失或大大缩小，原本和摹本的区别失去了意义。

电子媒介的大规模复制技术为人们带来前所未有的审美文化的丰富，人们不分阶层、性别甚至年龄，共同享有着审美文化的公共空间。审美文化不再高高在上，它走下殿堂，来到普通民众的日常生活之中。在这个意义上，本雅明认为："艺术作品的机械复制性改变了大众对艺术的关系。最落后的关系，例如对毕加索，激变成了最进步的关系，例如对卓别林。"② 新的媒介技术形式带来的审美文化终于能够和普通民众亲密无间。当然，应该承认，对作为原作的艺术珍品的审美欣赏有时是复制的艺术作品所不能替代的。网络上看到的《蒙娜丽莎》毕

---

① ［德］瓦尔特·本雅明：《机械复制时代的艺术作品》，王才勇译，中国城市出版社2002年版，第10—11页。
② ［德］瓦尔特·本雅明：《机械复制时代的艺术作品》，王才勇译，中国城市出版社2002年版，第114—115页。

竟不同于达·芬奇的原作，录音机里放出的《命运交响曲》给人的震撼恐怕与当时人们现场欣赏时的感觉也不尽相同。但正如郑惠生所认为的："从审美文化的整体发展策略来看，与其让'神圣'的美和艺术局限于高层次的文化圈范围内，倒不如借助标准化的复制技术，使其渗透扩散到一个社会的多个不同的文化圈。之所以如此是因为，只要普通老百姓的审美感官能够得到不断的熏陶，审美经验能够得到不断的丰富，那么，圣洁的'美'就会越来越有'用武之地'。从理想主义的角度来说，或许有一天——当多数人特别地富于自由创造力的时候，那高雅的、在目前被认为是难以企及的'美'，就极有可能在不失独特创造性的前提下以'批量化'的速度来进行生产进行消费。"[①] 从这个意义上看，电子媒介复制技术的运用无疑是审美文化发展史上的一大进步。

面对电子媒介复制技术的迅速发展，也有学者质疑，人们收听着相同的音乐，观看着相同的电影，为众多同样的文化产品所包围，这些批量制作的、速成式的审美文化，是否丧失了应有的独创性？在我们看来，如果仅就复制技术而言，这种忧虑是没必要的。审美文化产品没有独创性，并不是它被大批量复制的结果，而是因为"原本"本身不具有独创性。显而易见，像电影、摄影等审美文化产品，虽经复制却丝毫不会减少它们的固有特征。正如本雅明所指出的，复制会取消艺术品的即时即地性，但艺术品的复制品所处的状况却不会触及艺术品的存在。也就是说，复制品不会对原作的品质产生影响。我们在影院中看到的电影恐怕都是拷贝的，是复制品，但那些精美的画面、逼真的音效和扣人心弦的故事情节屡屡吸引住我们。而粗糙的、拙劣的影片即使首次发布，人们也会感到难以忍受以致逃离影院。因此，问题倒不在于是否是复制，关键是"原本"本身的艺术成就高低。当然，无可否认，电子传媒审美文化确实存在缺乏独创性的问题。在我

---

① 郑惠生：《论大众审美文化的特征》，《韩山师范学院学报》2000 年第 3 期。

们看来，这主要是生产的模式化所导致的结果，如内容的雷同和思路的俗套等，而这与复制技术并无必然的关联。

　　电子媒介技术不仅通过批量化复制保证了审美文化产品数量上的极大丰富，而且也使审美文化的编码日趋大众化、简易化，这是审美文化日益走向普通民众的又一重要动因。这种简易化的编码就是当代触目可见的图像符号。电子媒介不同于印刷媒介的根本之处在于，它是以图像符号的形式来传播审美信息的。传统的审美文化是一种由文字营构的世界，然而文字毕竟不同于世界，两者之间始终存在着理解上的距离，由文字向世界的转换需要诉诸想象和记忆的重构。因而文字是一种深度的编码，文字以概念和抽象的形式来界定着世界。对此，陈刚曾经指出："文字是一种'他性'的文化，这意味着，对人来说，文字能力是外在的和非本源性的。它是人类在一定的阶段与世界沟通的媒介，是人们用来澄清辨析自己的感觉并相互交流这种感觉的工具。它由世界中产生，附着于世界之上，但与世界不是同一的，而是对世界的一种说明。对文字的阅读必须暂时从世界中抽身出来，这种能力的习得和保持对大众来说常常是很费力的一件事。"[①] 而图像符号显然与之不同。图像符号直接诉诸人的视觉，无需像文字媒介那样再经过理解上的转换才能形成完整的形象。这样，图像符号就简易得多。它不再是对世界的抽象把握，而直接就是世界本身。任何人只要稍具简单的教育和基本的生活经验，即可看懂图像。一部文学色彩极浓的《红楼梦》，即使是专家学者也需要咀嚼再三。然而拍成电视剧后，连七八岁的小孩子照样都看得津津有味，说起宝玉挨打和抄检大观园等故事情节更是头头是道，毫不含糊。这在印刷时代恐怕是不能想象的。

　　电子传媒审美文化的简易编码使人们的审美变得空前的轻松。任何人只要用遥控器轻轻一按，马上就会进入无限丰富的审美世界。从古时的豪门恩怨到今日的都市风情，从塞外的风云到官场的角逐，一

[①] 陈刚：《大众文化与当代乌托邦》，作家出版社1996年版，第66页。

切都毫无遮掩地向所有的人敞开。图像世界缔造了一个平等的空间，这里没有"精装书"和"平装书"的区别，也没有"内部发行"和特供服务。经济地位、社会地位统统失去效力，任何人看到的都是相同的图像。正如梅罗维茨认为的，电视使以前被某些群体垄断的某些种类的信息为每一个人所自由地获得。与印刷品不同，印刷品根据解读专门化语言编码的不同能力，产生了不同等级的社会群体。而电视使用每一个人都能理解的简易编码，使不同社会地位的所有观众都能理解它的信息，从而打破了社会群体之间的界限，将人口中不同阶层结合为了一体，创造出了一个新的文化活动场所。① 如果说传统审美文化是一个上等阶层的、男人的、成年人的公共领域，那么，电子传媒审美文化则已经扩展成一个包括普通阶层、女人以及儿童的新的公共领域。图像编码的世界成为平等、开放的审美王国。

二 由本地生活到全球空间

电子传媒审美文化越来越使人们生活于一个全球性的空间中。英国社会学家吉登斯曾深刻地洞见了这一事实，他描述道："趣味、习性和信仰的共同体常常显得偏离了本土和民族的限制。散播文化的特质往往是标准的，它受到了大众广告和文化商品化的影响。从西服到牛仔服的服饰风格，音乐、电影的趣味甚或宗教都呈现出全球的特征。文化散播不再限于人们身体的移动，尽管这在以前是很重要的。"② 在电子媒介的广泛渗透、影响下，全球已迅速缩小为一个如同村落般的空间，人们的本地性的文化正在越来越受到来自异域的、他性的文化的影响。借用本雅明的话来说，这无疑引起了传统的大动荡。

---

① 参见［美］戴安娜·克兰《文化生产：媒体与都市艺术》，赵国新译，译林出版社2001年版，第4页。

② Anthony Giddens, *Beyond Left and Right: The Future of Radical Politics*, Cambridge: Polity Press, 1994, p. 81.

在传统社会里，人们的社会活动和文化生活始终是和特定的范围狭小的地域联系在一起的。这是因为在传统社会里，人们往往以血缘、地缘等传统关系为纽带，彼此联结在一起，进行有效的互助、合作，从而形成一个个相对封闭的地域共同体。这种孤立的小王国式的共同体有着强烈的共同成员感和共同归属感，它以土地的私人占有为基础、以共有的水利设施为补充，在共同体中形成了关于耕地和耕作的规则、用水规则等共同体规则，并在此基础上确立了生活规范。在共同体生活中，成员之间形成了共同的文化信仰，形成了超越个别利益、生命意义上的相互认同感。这种地域性的共同体具有自给自足的特点，不同共同体之间很少有往来，缺乏必要的地理流动性。而且，传统社会落后的交通条件在很大程度上也限制了人们的活动和交往。在这种情况下，不同地域共同体在长期的生产和生活中所形成的文化，包括审美文化产品必然带有相当程度的封闭性，显示出各自不同的"本地生活"的印记，相互间存在着巨大的差异。中国晚明之际，董其昌提出"山水画南北宗"论，把从唐代到元代的著名山水画家分为南北两大派系，就是看到了传统审美文化基于"本地生活在场的有效性"所形成的这种地域差别。

传统审美文化的地域性限制使人们无法接触到本地生活以外的"他域"的审美文化，人们只能生活在此时此地。如同吉登斯曾经指出的："在前现代时代，对多数人以及对日常生活的大多平常活动来说，时间和空间基本上通过地点联结在一起。"[①] 时间、空间和地点在传统社会里，是一个不可分割的整体，时间和空间都是具体地附着在地点上的。地点无可置疑地拥有着绝对的统治地位，地点之间的距离有效地阻隔着不同的审美文化相互交汇的可能。

随着社会的发展，自给自足的地域性共同体逐渐解体，地理流动

[①] [英]安东尼·吉登斯：《现代性与自我认同》，赵旭东等译，生活·读书·新知三联书店1998年版，第18页。

性逐渐加强。随着人口大量地涌向城市，现代社会逐渐改变了传统的那种以亲缘和血族关系为基础的居住方式，彼此之间毫无任何宗族性关系的人们开始错综复杂地交融在一起。这些来自不同地域的、携带着不同文化印记的人群打破了原来地域之间的封闭性，这就使广泛的文化交流具有了可能。

  同时，与传统社会那种落后的交通条件不同，当代社会不仅实现了轮子和道路的革命，而且其更明显的标志是电子传媒取得了迅速发展。电子传媒使信息得以在瞬息之间无限传播，光的速度一统天下，地点和地点之间的距离已经失去了意义。你可能觉得巴黎时装周离你很遥远，但事实上，它所传递的信息却通过设计师、模特、媒介人、生产商、广告人、经销商等一系列环节，不断地影响你。法国戛纳电影节红地毯上的灿烂星光，同时性地吸引着全世界的目光。不论你身在何处，通过电视、网络等诸多媒体，你如同在现场一样参与了评奖的具体过程，与众多明星一起分享成功的欢欣和喜悦。电子媒介所带来的远距作用，正在实现吉登斯所说的"时间和空间的虚空化"。时间虚空化、抽象化，脱离了具体地域的限制，成为一种全球化的标准时间。空间也逐渐从地域中分离出来，不再像传统社会那样，生活的空间维度都是受地域性的支配。"现代性的降临，通过对'缺场'（absence）的各种其他要素的孕育，日益把空间从地点分离了出来，从位置上看，远离了任何给定的面对面的互动情势。在现代性条件下，地点逐渐变得捉摸不定：即是说，场所完全被远离它们的社会影响所穿透并据其建构而成。建构场所的不单是在场发生的东西，场所的'可见形式'掩藏着那些远距关系，而正是这些关系决定着场所的性质。"[①] 在电子传媒时代，人们的本地生活虽然依然存在于特定的物理性的时间和空间中，但是，远距离事件的广泛渗透却已事实上改变了这个世界，局限于一隅的、与外界隔绝的情形已经消失。人们即使足

---

  ① ［英］安东尼·吉登斯：《现代性的后果》，田禾译，译林出版社2000年版，第16页。

不出户，只要打开电视，异域的山川名胜、习俗人情、生活场景也都会瞬间占据人们的居室，从而丰富了人们的生活世界，改变了传统囿于狭小的地域的文化局面。

而另一方面，借助于电子传媒，人们的地域性的本地生活也在迅速扩大影响。原来为某一生活群体所拥有的、带有独特标记的审美文化开始为更多区域的人们所共享。戴安娜·克兰（Diana Crane）在分析乡村音乐时曾经指出，这种具有地域性的亚文化产生于一种特殊的地理和社会体验，即美国南部和中西部的农村生活。随着传播范围的扩大，这种音乐就不再与这个群体及其体验密切相关，其受众已扩展到全国范围。① 在电子传媒的有力介入下，本地生活在场的有效性消失了，或者从另一个角度讲，这也正意味着本地生活的扩大，本地的实际上成了他域的、全球的。这显示出全球与本地的复杂关系。吉登斯认为，全球化是"世界范围内的社会关系的强化，这种关系以这样一种方式将彼此相距遥远的地域连接起来，即此地所发生的事件可能是由许多英里以外的异地事件而引起，反之亦然"②。这意味着，本地和全球相互影响，互为他者、互为异质、互相质询。全球的落地于本土，成为本地的；本地的走向世界，成为全球的。像南宁的国际民歌节即是明显一例。那些承载着当地民族的审美习惯和生活方式的民歌，借助卫星电视以及互联网络等现代化的平台，飞出南宁，走向世界，成为在物理意义上"不在场"的人们的共享文化。南宁国际民歌节也因此成为世界共同的盛典，不同民族之间展开的不仅仅是音乐的交流，更是文化和心灵的融通。

在电子传媒时代，地域性的超越使人们获得空前的自由。传统的印刷时代的局限正在消除，一个无限敞开的空间使无论何处的人

---

① [美] 戴安娜·克兰：《文化生产：媒体与都市艺术》，赵国新译，译林出版社2001年版，第144页。

② [英] 安东尼·吉登斯：《现代性的后果》，田禾译，译林出版社2000年版，第56—57页。

们都能平等、即时地享有来自世界各地的丰富多样的审美文化。电子传媒的瞬间性传播使世界成为一个有机的整体，按照麦克卢汉的说法，在这个世界里，书本文化所培植的个体化独立感，被人人都"深刻地牵涉到每一个他人"的感觉所取代。电子媒介的迅猛发展，使全球公民回到了一种共同的文化，这种共同的文化与口语社会的文化有许多相似之处。全球村已改变等级、统一和个体化的印刷制作文化，取而代之的是一种更可触知的同步文化。① 由本地生活向全球空间的转换，使不同地域的人们之间的联结更加紧密，人们共同生活在一起，理解、分享着彼此的审美文化、习俗经验。

第三节　大众参与的深入

传统审美文化是一种讲求静观和体悟的文化形态。原本性、稀缺性和距离感，这些特性使传统审美文化具有着本雅明所说的"光晕"。大众只能对其仰视、膜拜，而无从洞悉其奥妙。到了电子传媒时代，审美文化借助电子媒介技术的支持，得到了广泛、迅速的传播。在这个过程中，人们日益改变过去那种被动的存在状态，互动、参与成为电子传媒审美文化展现出来的最大特点。这是一种完全不同于传统时代的崭新的审美体验，交往的虚拟性和审美性成为日常现实，人人成为艺术家的时代已然降临。

一　虚拟的交往

在电子传媒时代，人们的生活世界的意义较传统社会发生了极大改变。它不仅是处于特定的、真实的时空下的柴米油盐、吃喝玩睡、

---

① ［英］尼克·史蒂文森：《认识媒介文化——社会理论与大众传播》，王文斌译，商务印书馆2001年版，第191页。

工作学习，不仅是跟办公室的同事一块办公，跟邻居在一起聊天。而且，在这个世界之外，还有另外一个意义上的生活世界，这个世界对人们而言更有着独特的魅力。它超越了第一种生活世界的种种局限，人们在这个世界里感到前所未有的自由。这个世界就是由网络构成的虚拟交往的世界。巴赫金在研究拉伯雷时发现，中世纪的人们实际上面对着两个世界，过着两种生活："一种是常规的、十分严肃而紧蹙眉头的生活，服从于严格的等级秩序的生活，充满了恐惧、教条、崇敬、虔诚的生活；另一种是狂欢广场式的自由自在的生活，充满了两重性的笑……充满了同一切人一切事的随意不拘的交往。"① 在我们看来，由网络这一电子媒介所构成的虚拟的交往世界在一定意义上正是巴赫金所说的第二种生活世界，这是一个没有任何等级秩序、无拘无束、自由自在、带有某种梦幻色彩的生活世界。这种借助网络建构起的虚拟交往的世界从根本上讲是一个审美交往的世界。按照德国学者韦尔施的看法，审美是一个多重语义因素的集合，其中之一就是指虚拟性，虚拟性是对现实的一种特定的审美把握。韦尔施进一步指出："正是在与现实世界的对立之中，审美世界肯定了虚拟世界的品质，肯定了现实的化解，肯定了对非现实的勾画和关注。"② 在电子传媒时代，人们借助网络进行虚拟的交往，每个人都可以自由地参与、任意地发言，虚拟的交往构成了电子传媒审美文化注重参与性的重要表现形态。

在电子传媒时代，大大小小的 BBS（电子公告牌系统）、虚拟社区、聊天平台正在把越来越多的人聚集到一起。像目前国内最大的互联网即时通讯——腾讯微信自 2011 年开始运营以来，截止到 2020 年 11 月，微信及 WeChat 的合并月活跃用户达 12.1 亿。每天有 10.9 亿

---

① ［苏］巴赫金：《陀思妥耶夫斯基诗学问题》，白春仁、顾亚铃译，生活·读书·新知三联书店 1988 年版，第 184 页。

② ［德］沃尔夫冈·韦尔施：《重构美学》，陆扬、张岩冰译，上海译文出版社 2002 年版，第 25 页。

用户打开微信，3.3 亿用户进行了视频通话，有 7.8 亿用户进入朋友圈。在现实的世界中，人们囿于地理位置的限制，往往无法直接接触。而如今，无论你身在何处，即使相隔万里之遥，都可以毫无障碍地加入虚拟社群中，与他人进行交往。这种虚拟的交往较之现实生活中的交往范围更加宽广，也更具有即时性。它在两方面产生着影响：一方面它是现实交往的延伸，另一方面又形成着对现实的超越。

　　虚拟的交往很大程度上是在延伸着现实的交往，弥补着现实交往的匮乏。现代社会生活的节奏明显加快，人们更多的是为工作而奔波、操劳，接触的人虽然越来越多，然而缺少时间和机会进行深入的交流。同时，现代城市住房的布局设计，也阻碍着人们的密切交往。人们日渐把自己锁在一个孤立的空间中。现实的境遇限制了人们的交往，然而，个人毕竟是社会存在物，个人的生成离不开社会群体。正是在与他人、社会的交往中，个人才能把自己确立为对象，进而生成人的精神活动和自我意识，成为完整和健全的人。离开他人和群体，人会感到孤独和空虚。弗洛姆曾言，人作为一个独立的、唯一的实体，是孤独的。"然而，他不能忍受孤独，他不能与他的同伴毫不相干。他的幸福有赖于他感到，他与他的同伴、与过去和未来之人团结一致、休戚相关。"[①] 而消除孤独，走向交往，有赖于人们之间的平等、友好、互相关心。萨特（Jean-Paul Sartre）宣称："在一个社会里人们都是兄弟，人同他的邻居的关系，首先是一种感情的、实际的关系；它必然要恢复这种天赋。因为就本源来说，这种感受性是人人共有的。当我看见一个人，我想，他和我自己同一渊源，他象我一样出自人类之母，如苏格拉底所说，大地之母，或者母亲……"[②] 人的本性需要交往，人们通过交往来寻求心灵的接近和理解。在传统交往途径受到阻隔后，

---

　　① ［美］埃·弗洛姆：《为自己的人》，孙依依译，生活·读书·新知三联书店 1988 年版，第 58 页。

　　② ［法］让-保罗·萨特：《存在主义是一种人道主义》，周煦良、汤永宽译，上海译文出版社 1988 年版，第 71 页。

借助网络进行的虚拟交往就合理地成为人们的现实交往的延伸。

在当前,网络上大量的虚拟社区纷纷涌现,像天涯社区、凯迪社区、网易社区等国内知名的虚拟社区,已经成为众多人经常光顾的场所。在虚拟社区里,人们互相交流工作、生活中的问题和经验,诉说着自己的苦闷或者喜悦。谁家的孩子病了,往往在社区里一发贴,立即有无数的人给出主意或者进行情感的安慰。虚拟社区已经成为人们的另一个家园,像凯迪社区的口号就是"虚拟的网络,漂泊的真情"。人们迷恋着这虚拟交往的世界,很多人并不是为了获得什么信息而进入社区,只是为了感受自己与众多的人共同生存、休戚与共的社群氛围。这就像《虚拟社区》的作者莱恩格尔德所说的:"我可以证明,我和其他数千万网虫们都知道我们所要寻找的东西并不仅仅是信息,而是立即就能进入另外一大批人正在形成的交往关系,这一发现让我们自己也感到吃惊。"① 在现实社区交往越来越淡漠的情况下,虚拟社区为人们提供了感情的慰藉。莱恩格尔德曾举例说,家住旧金山的凯瑟琳·约翰斯顿是当地电脑社区 WELL 的老用户,不幸身患绝症。WELL 上万用户中的许多人,在她生命垂危的日子里,通过电脑对她予以支持、安慰和提供建议,更有 20 多人到她家中轮流照顾她。"一个人不会孤单地死去",莱恩格尔德说,"这就具有了社区的意义"。② 虚拟世界和真实世界出现了交叉和叠合,虚拟的交往延伸了现实。而且,相对于现实交往中的功利性,虚拟的交往更多地带有无功利性——在虚拟社区里,成员间的信息提供是不计报酬的,也不存在根据对方是否对自己"有用"来决定如何交往的问题。从这一意义上讲,它正是一种自由、和谐、充满温情的审美交往。

电子传媒时代的虚拟交往当然不仅仅是对现实交往的延伸,它还

---

① 参见[美]马克·波斯特《第二媒介时代》,范静晔译,南京大学出版社 2001 年版,第 46 页。

② 参见胡泳《另类空间——网络胡话之一》,海洋出版社 1999 年版,第 99 页。

意味着对现实生活世界的重大突破和超越。在借助网络进行的虚拟交往中，人们不再是面对面的，因而任何人都能够以自己喜欢的某种方式出现在这一交往的新的公共领域。现实生活隐匿了，人们尽可以自由地说出自己想说的话，扮演自己想扮演的角色，以自己希望成为的人的面目出现。哈贝马斯对此作了深入的分析，称之为"戏剧行为"："行为者自己给了他的观众一个具体的形象和印象，为此，他把自己的主体性多少遮蔽起来一些，以达到一定的目的。"① 虚拟的交往就此而言形成了对现实中的种种不足的补充和超越。尼采在论述艺术时曾指出："艺术不只是自然现实的模仿，而且是对自然现实的一种形而上补充，是作为对自然现实的征服而置于其旁的。"② 在尼采看来，现实人生是不完善的，只有艺术才能实现对它的超越与拯救。在这个意义上，虚拟交往与艺术确有相通之处。人们在虚拟的空间中随意地玩着不同的角色游戏，甚至可以用几种不同的身份同时地出现在不同的聊天室里，这就大大突破了现实社会对自我身份的定格化，实现了心中潜隐的渴望和理想性的追求。这往往反转了现实中真实的社会关系和社会体验，就如费斯克所说的从宰制的力量下逃脱出来，从而体会到现实生活中不可能带来的巨大快感。一个人即使在现实生活中胆小、柔弱，在进入聊天室后，他可能完全是另外一种形象：豪爽、刚毅，甚至带有霸气。在虚拟交往中，任何人都可以自主决定自己以什么形象出现在网络中。波斯特在谈到这个问题时曾精辟地分析，在日常生活的交谈中，人们自己的身体、声音、性别等个人历史条件的许多标记必然会被呈现给交谈伙伴，由此引起诸多考虑，而通过电子媒介的远距交谈则完全可以不必顾及这些情况。电子交谈发烧友处于小说作者的位置上，"在书写过程中把自己当做小说角色创作，从诸如自己

---

① [德]尤尔根·哈贝马斯：《交往行为理论》第 1 卷，曹卫东译，上海人民出版社 2004 年版，第 84 页。

② [德]尼采：《悲剧的诞生》，周国平译，生活·读书·新知三联书店 1986 年版，第 105 页。

的感情、需要、观念、欲望、社会立场、政治观点、经济状况、家庭境况等整个人的角度，虚构自己。他们置身于文化之中，其痕迹只局限于这一事实：他们有能力以某种特定的语言进行书写，也许是无穷度的（infinite degree）书写"①。虚拟的交往给人们带来极大的自由，所有的人都可以重新设置自己的信息，通过键盘的敲击，自编自导自演一个全新的关于自我的剧本，从而满足着对现实超越性的内在要求。

在虚拟的交往中，人们隐匿在显示屏的外面，姓名仅仅是一个无法证实的符号，而身份也游移不定。于是各种禁忌不约而同地失去效力，人们更轻易地敞开了弗洛伊德意义上的本我。一个网络上的"美眉"可能会遭到大胆而直率的询问：我们能谈一谈性的快乐吗？没有了直接见面的尴尬和同陌生人谈话的局促不安，躯体的缺席反而为欲望营造出更大的奔泻空间。在传统的交往空间中，各种清规戒律对人们约束重重，人们只能按照"现实"原则行事。如今在网络的虚拟空间里，人们的真实身份已经无法查知，彼此都是网络上的一个个过客。网络的星状布局结构使每个人很难再一次在网络上遇到同一个人，因此这种虚拟的交往更容易使人无所顾忌。少了现实的沉重和责任，"快乐"原则成为行事的准则。"网络交谈既抹去了打电话时可以携带的声音，也删除了传统书信的个人笔迹可能会传达的某些信息，成就了一种无'迹'可寻的交流。"② 这就使网络的虚拟交谈给人们提供了比教堂的忏悔室小窗板更安全的心理屏障，本我可以放纵地出场，自我亦可以本色出演，网络交往已经彻底改变了传统意义的交往方式。

作为一种虚拟的交往，无论是 BBS 上的发帖还是聊天平台上的交谈，它们的共同特点是自由、平等、开放。人们可以随自己的意愿进行交往，也可以随时中止。社会地位、经济收入、教育水平、种族肤

---

① ［美］马克·波斯特：《信息方式——后结构主义与社会语境》，范静晔译，商务印书馆2000年版，第158页。

② 潘知常、林玮：《大众传媒与大众文化》，上海人民出版社2002年版，第467页。

色等现实生活中无法回避的问题都被悬置起来，传统的权力关系、社会秩序不再有效，甚至遭到了颠覆。在这种交往中，每一个人都是中心，都拥有话语权，或者说每个人既是听众又是故事的讲述者。网络交往展开的这一新的审美文化空间由此而成为大众集体参与的狂欢场所。

二　人人都是艺术家

早在1970年，托夫勒就提出人类社会的第三种经济形态是体验经济，体验提供的不再是产品，也不是服务，而是"快乐"，是一种自我实现的满足感。在电子传媒审美文化中，同样存在着这种快乐体验。电子传媒审美文化不再高高在上，每个人都可以担当审美文化的生产者、创造者和编辑。作者和读者之间失去了传统意义上的严格的界限，那种扎根于印刷时代的作者的权威逐渐凋落，电子传媒审美文化展现的是一种卡拉OK式的人人都能够参与的自由。这正如杜夫海纳（Mikel Dufrenne）所说的："今天的作品并不需要成为绝对权威或受人顶礼膜拜。它们把观众作为朋友。它们只是要求他象一位演员、一位乐师、一位在城市的建筑中漫游的人或一位加入大合唱的观众那样建立自己与艺术创造的联系。"[①]　"艺术邀请我们参加一个撤销了各种禁忌的盛会，但条件是这个盛会须由我们自己举办，而非别人为我们办的。"[②] 人们不再是被动地接受审美文化，审美文化传统的规则和体制被打破，审美文化成为与每个人紧密联系、人人都能在其中体验快乐的盛会。

（一）自由的书写

网络技术的兴起使人们的自由性和主动性得到了巨大的发挥。在

[①]　［法］杜夫海纳等：《当代艺术科学主潮》，刘应争译，安徽文艺出版社1991年版，第18页。

[②]　［法］杜夫海纳等：《当代艺术科学主潮》，刘应争译，安徽文艺出版社1991年版，第19页。

网络空间中,"没有人比其他人拥有更多的特权;无论 IBM 公司还是美国总统在电脑网络空间中都不比一个十几岁的少年有更多的优势。权力、阶级、阶层甚至地理位置在电脑网络空间中都毫无价值"①。网络空间的权力分散性为审美文化成为一种自由的书写提供了有力的保证。借助网络,每个人都可以轻松、自由地发表作品,甚至可以任意地续写乃至"篡改"他人的作品,这在网络文学的创作中尤其明显。作为网络审美文化的典型形态,网络文学从作者(生产者)到文本再到读者(接受者)全面地体现了电子传媒审美文化所具有的自由书写的特性。

在印刷时代,文学创作需要经过层层把关,例如经过编辑部的审稿、审查机构的检查,还要考虑印刷成本、社会经济收益,等等。从这个意义上讲,传统时代的文学以及其他类型的审美文化创作就不能不是一种限制性的创作,只有少数人才能以此为职业。而到了电子传媒时代,尤其是网络兴起以后,文学的创作、发表越来越简单。任何人只要会打字,然后把自己的作品贴到网上就可以传播到世界的每一个角落。印刷时代的种种限制在网络空间里失去了作用:"没有出版机构的编辑守门,不会遭遇难堪而又伤心的持续退稿,资金问题已经无足轻重,怀才不遇的郁闷荡然无存,所有为印刷作品设置的禁区对于网络技术无效。只要自己愿意,一个人可以即刻将所有作品送达公众视域。这样,许多遭受权威以及既定文学体制压抑和遮蔽的声音得到了出其不意的释放。"② 权威体制的消解使写作消除了专业和业余的区别,艺术不再是康德所说的只能是出自天才的创作,相反,在电子传媒时代,"人人都可以成为艺术家",充分享受着写作的自由和快乐。传统意义上的作家在这个新的写作空间中正遭遇到越来越多的尴

---

① 刘吉、金吾伦等:《千年警醒:信息化与知识经济》,社会科学文献出版社 1998 年版,第 269 页。

② 南帆:《双重视域——当代电子文化分析》,江苏人民出版社 2001 年版,第 251 页。

尬，那些网络写手以及众多的网民们甚至不认可传统作家的文学观——1999年10月由网易公司发起的网易网络文学奖邀请张抗抗、刘震云、刘心武、丛维熙等知名作家以及学者戴锦华、评论家白烨等担任评委受到网民们的质疑就是一例。而网易在该大赛的举办宣言上称自己是"中国网络文学的盟主"更是遭到网民们的揶揄和嘲讽。这是一个很有意味的事件，传统文学的清规戒律和"盟主"体制下的约束在网络文学风起云涌的发展中已经逐渐丧失它的领地。网络文学有意疏离着传统写作中的载道意识和沉重的社会责任感，就如网络写手宁财神所说的："以前我们哥几个曾经探讨过这个问题，就是说咱们是为了什么而写，最后得出结论：为了满足自己的表现欲而写、为写而写、为了练打字而写、为了骗取美眉的欢心而写，当然，最可心儿的目的，是为了那些个在网上度过的美丽而绵长的夜晚而写。"① 总而言之，一句话，网络写作就是为了个人自由地表达自身的情感，这就使网络文学更多地带有一种率性而为、不假雕饰的自然之色。人人都可以毫无拘束地写作，充分地实现我手写我心，从这一意义上讲，网络文学更贴近文学的原初形态："在心为志，发言为诗。情动于中而形于言，言之不足，故嗟叹之，嗟叹之不足，故永歌之，永歌之不足，不知手之舞之、足之蹈之也。"②

网络文学的创作不再受制于印刷时代的编辑和刊物的趣味，也不去刻意迎合大众的趣味，消除了功利性的计较和各种限制后，文学创作显示出了更大的自由度。网络文学的语言较之传统文学无疑要简洁、明快得多。网络上丰富的作品往往使人目不暇接，传统的细细品味、反复咀嚼的阅读方式只能欣赏到冰山的一角，人们唯有通过迅速的浏览来满足自己的审美需求。这就要求网络文学的语言不能冗长晦涩，而是应该一看就懂，这样一种语言风格更有利于人们的自由参与和相

---

① 杨新敏：《网络文学刍议》，《文学评论》2000年第5期。
② 李学勤主编：《十三经注疏·毛诗正义》（标点本），北京大学出版社1999年版，第6页。

互交流。而网络语言的速记性和图符化发展无疑进一步加强了这种简化的趋势。像"521"代表"我爱你","7456"代表"气死我了",而"别跟我玩儿那一套"一句话,居然可以用一个键盘符号组合成的":?"的象形图画表达出来。还有如大笑":)"、吐舌头"–P"、一束玫瑰">>……"等等,这种表达无疑使语言更加生动和直观,它突破了拘泥、呆板的语法和表达方式。

　　网络文学的超文本结构更显出与传统文学文本的迥异之处。罗兰·巴特曾大胆地宣称:作者死了。在巴特看来,作者是无法控制文本的,它们之间并不是父与子的关系,因而不可能也没有必要追寻文本背后作者的原意。"作者一经远离,试图'破译'一个文本也就完全无用了。赋予文本一位作者,便是强加给文本一种卡槽,这是上一个所指的能力,这是在关闭写作。"① 作者死了,读者才能诞生,才能不拘泥作品的原意,使文本由可读变为可写。这实际上意味着随着作者权威的死亡,读者已成为作者,可以自由地生产作品的意义。网络文学的超文本结构无疑充分地实现了巴特的这一理想。超文本建立了一种非线性的、可以用无限多的方式组合和传递信息的文本系统,其中每一个信息单位都具有极大的独立性,都可以通过传媒链接技术自由地跳转到其他文本系统,从而将读者带到更广阔的领域。读者在阅读的过程中,由于选择的链接路径不同,事件的发展也就按照不同的线索展开,这样,每次读者读到的就会是不同的文本,面对的是五花八门的结局,甚至根本就没有结局。如1996年美国作家马修·米勒在互联网上发表的超文本小说《旅程》,这本小说被设计成一幅美国地图,上面有纵横交错的公路和地名的标志。随着故事的展开,主人公将走遍整个美国,为两个不是自己子女的孩子寻找他们的母亲。这段旅程如何走,每个读者都可以有属于自己的独特方式。你可以用鼠标从地图上任意一个州的随便哪个图标点起,开启与众不同的故事。在

---

① [法]罗兰·巴特:《罗兰·巴特随笔选》,怀宇译,百花文艺出版社1995年版,第306页。

故事进程中，读者常常可以随时选择改变自己的行动方向，从而实际上也就改变着小说的"旅程"。在超文本小说的这种随机性的阅读中，作品文本的固定意义消失了，或者说本来就不存在固定的意义。文本实际上成为一个无底的空间，它不停地被点击打开的其他文本续写、补充、延宕，不停地被编织——就像巴特所提到的长丝袜的网眼编织那样无休无止且毫无中心。在这个意义上，作者及其原始文本充其量是故事的"引子"，具体的故事要靠读者自己去书写。传统文本的线性逻辑被拆解了，读者在这非线性或者说是多线性的空间中自由游走，凭借鼠标从一个空间跃入另一个空间。读者的阅读、参与成为作品意义得以形成的关键和核心。

  网络文学的自由书写还有一层意思，那就是读者在阅读的过程中可随时对作品文本进行再创作、再生产。传统意义上的文学作品一旦完成，作者的身份也就具有了唯一性，因而作者在作品上的署名意味着一种权威，意味着个人知识产权的神圣不可侵犯。而网络空间的写作是无视这种"版权"观念的，换句话说，作品一旦放到网上，作者也就失去了独立拥有它的权力。任何人只要有兴趣，都可以对它进行再创作，从而由读者转化为现实的作者。在网络文学的这种自由书写中，文学不再存在典范性，它由静止的存在变为一种动态的、无限延展的、富有召唤性的存在。尼葛洛庞帝（Nicholas Negroponte）曾就此指出："数字化高速公路将使'已经完成、不可更改的艺术作品'的说法成为过去时。给蒙娜·丽莎（Mona Lisa）脸上画胡子只不过是孩童的游戏罢了。在互联网络上，我们将能看到许多人在'据说已经完成'的各种作品上，进行各种数字化操作，作品改头换面，而且，这不尽然是坏事。我们已经进入了一个艺术表现方式得以更生动和更具参与性的新时代，我们将有机会以截然不同的方式，来传播和体验丰富的感官信号。……数字化使我们得以传达艺术形成的过程，而不只是展现最后的成品。这一过程可能是单一心灵的迷狂幻想、许多人的集体想象或是革命团体的共同梦想。"① 在这种无尽的戏仿、改写、续写中,读者与作者之间的界限早已模糊不清,网络作品成为一种接龙游戏,一种集体参与的狂欢。当当网上书店在 2000 年举办的网上交互小说《e 情故事》就曾吸引众多网民参与接龙。小挚写完《聊天室的故事》的主体部分后,更有众多网络写手参与其结尾的写作。这使作品永远呈现出一种未完成的状态,在网络空间中动态演绎,活性生长。网络文学由此消除了个人风格,成为一种民间性的文学、大众性的文学。

这种大众参与的性质与电脑书写的特点密切相关。网络文学在电脑网络空间中的传播是一种非物质性的存在,这不仅意味着作者个人书写痕迹的消隐——电子文本无法看出作者擦除、替换和删除的地方以及笔迹的微妙变化,而且更意味着人们可以轻松、随意地增补、插入自己的文本。无疑,这使作者的稳定性遭到了解构:"由于电脑书写在非线性时空中分散了主体,由于其非物质性以及它对稳定身份的颠覆,电脑书写便为后现代时代的主体性建立了一座工厂,为构建非同一性的主体制造了一部机器,为西方文化的一个他者(an other)撰写了一篇铭文而载入其最宝贵的宣言中。"② 可以说,电脑书写方式为集体作者的出现提供了技术上的可能。在这种集体参与中,作品的固定结构被瓦解了,意义也不断得到新的阐释。

随着电子传媒技术的进一步发展,审美文化自由书写的特点越来越明显。人人都可以平等参与,体验作为创作者的快乐,充分满足自己的审美需求,而审美文化也在这一过程中变得更加丰富、生动。

(二) 表演每一种生活

网络文学使自由的书写成为可能,而在一个"人人都是艺术家"

---

① [美] 尼古拉·尼葛洛庞帝:《数字化生存》,胡泳、范海燕译,海南出版社 1997 年版,第 261—262 页。

② [美] 马克·波斯特:《信息方式——后结构主义与社会语境》,范静晔译,商务印书馆 2000 年版,第 173 页。

的时代，除了运用文字进行"后台"创作，人们更是纷纷走向"前台"，尽情地展现自我，享受着表演的快乐。如个人拍摄、录制的 MV 及各种视频，这些作品既可以供自我欣赏，又能够通过电视台征集、网络传播等方式让更多的人看到。审美文化已从"你讲我听""你写我读""你演我看"真正变成"我讲""我写""我演"。

尤其是近些年来，以互联网新媒体为传播渠道，时长一般在 5 分钟以内（大多是 15 秒以内）的短视频的发展更是呈现出井喷的态势。从普通百姓到网红、明星、专业人士，任何人都可以凭借智能手机等拍摄器材，制作出富有特色的视频内容，分享到各大短视频平台。据中国互联网络信息中心发布的第 47 次《中国互联网络发展状况统计报告》，截至 2020 年 12 月，中国网络视频（含短视频）用户规模达 9.27 亿，较 2020 年 3 月增长 7633 万，占网民整体的 93.7%。其中，短视频用户规模为 8.73 亿，占网民整体的 88.3%。[1] 短视频用户的黏性不断增强，《2020 中国网络视听发展研究报告》显示，截至 2020 年 6 月，中国短视频用户日均使用时长达 110 分钟。像抖音短视频，日活跃用户已突破 6 亿。

短视频作为最新近的审美文化形态已成为当代社会的重要景观，在人们的日常休闲、消遣中占据突出的地位。它反映、塑造着人们的思想观念、价值追求、生活方式，体现出电子传媒审美文化广泛的大众参与性。

1. 短视频的兴起原因

任何一种社会现象的产生都不是偶然的。2013 年，秒拍、微视等短视频平台的出现，正式拉开移动短视频时代的帷幕。只不过短短几年时间，短视频迅速崛起，平台数量上百家，视频总量数十亿，短视频已成长为新经济时代文化产业中的主流业态。短视频的快速发展，

---

[1] 中国互联网络信息中心：第 47 次《中国互联网络发展状况统计报告》，http://www.cnnic.net.cn/n4/2022/0401/c88-1125.html。

客观上离不开技术、资本的支持,而网民的自我表达、"前台"表演等主观驱动,更是不可忽视的重要因素。

(1) 技术的推动

技术的发展深刻地改变了社会。就如我们前面分析的,当今社会已进入视觉文化时代,人们更习惯于读图、浏览视频,而不是阅读大部头的文字作品。[①] 在紧张工作的间隙,或者像等公交、坐地铁、排队这样的碎片化时间,人们显然很难去观看传统的长视频。

在这种情况下,随着移动网络技术、视觉技术及智能手机等产业的发展、成熟,短视频应运而生,成为视觉文化中切合当下社会生活样态的极具活力的组成部分。抖音市场总经理支颖曾表示,抖音短视频受到用户的欢迎,与其全屏高清技术、音乐营造的"美好感"、精致的特效滤镜以及更好的拍摄体验密切相关。视觉技术的不断丰富、更新、升级,使普通短视频也能"一秒变大片",打造出精彩的视觉盛宴,吸引着大批用户的加入。移动网络技术更为短视频提供了切实的保障。2013 年 12 月,工信部颁发 4G 牌照,宣告了 4G 时代的到来。4G 能够以 100Mbps 以上的速度下载,相当于 3G 的 50 倍,能高速、流畅地传输高质量的音频、视频和图像,这使短视频进入发展的快车道。2019 年 6 月,5G 商用牌照发放,这意味着移动网络传输速率继续得到大幅提升,给短视频用户带来更为流畅、清晰的视觉体验。

(2) 资本的加持

资本的注入对短视频的快速发展同样起到至关重要的作用。在短视频巨大红利的诱惑下,各路商业资本纷纷加入短视频行业投资行列。2013 年 7 月一下科技完成新浪领投、红点和晨兴资本跟投的 2500 万美元 B 轮融资。同年 8 月,一下科技正式推出短视频产品"秒拍",并

---

① 正因如此,不同于传统的文学作品,网络文学几乎不用冗长的段落,往往两三句话为一段,甚至一句话一段,追求文字的直观性、简洁化,使文字如同图像一样便于读解。在篇章结构上,不同的段落长短参差,形成错落有致的视觉效果。

借助与新浪微博的独家合作以及众多明星的入驻，在随后的半年里，用户量级迅速推至千万级，迎来短视频领域的第一次大爆发。2016年短视频的融资呈现出井喷之势，像主打生活类的"一条""二更""即刻"，主打脱口秀类的"papi酱"，主打体育类的"秒嗨"等，都获得数千万元甚至上亿元的融资，部分短视频项目融资进度甚至达到B轮以上。整个短视频领域投融资热度不断升温，2017年全年融资事件达123起，2018年短视频行业融资金额达407.87亿元，创下历年最高纪录。

与此同时，短视频也依靠商业变现来实现自身盈利。目前，短视频的变现模式主要有以下几种：一是广告。短视频广告分为信息流广告、App开屏广告、创意互动广告等多种类型。广告营收在短视频中占比高达44%，被称为"2016年第一网红"的papi酱的一条视频贴片广告甚至拍出2200万元的天价。二是直播打赏。主播为用户提供娱乐直播内容，观看者基于主播表现，购买虚拟礼物对主播打赏，主播与平台按一定比例分成。直播打赏收入在短视频中占比高达45%。三是电商分成。短视频平台通过线上直播激发消费者的购物需求实现电商导流，与电商平台佣金分成。短视频巨大的盈利能力越来越吸引更多的人加入短视频制作，不断生产出优质的作品，进而促进短视频迅猛发展。

（3）展示自我的内在驱动

在当代社会，短视频已成为无限宽广的舞台，成为巨大的秀场。在短短15秒的镜头中，博主各显其能，充分展现着自己的才艺、技能，而各种搞笑、耍怪、趣事、糗事更是层出不穷。人们自我表达、自我表现的热情空前高涨，在短视频的世界里，纷纷化身为"戏精"。

按照社会学家欧文·戈夫曼（Erving Goffman）的看法，人的日常活动和交往活动都可以看作是在表演，这种表演可能是有意识的，也可能是无意识的。通过表演，每个人都给别人以某种印象。戈夫曼将表演的场所称为"前台区域"："个体在前台区域的表演可以看成一种努力,这种努力造成他在该区域的活动维持和体现了某些标准的外观。"① 在这个"前台区域"中,要达成标准的外观,表演者需要展现自己的"个人前台",尤其是那些可变、可控的言谈方式、面部表情、躯体姿态等。表演,或者说在他人面前加以表现是人的一种天性。就如罗伯特·帕克(Robert Park)在《种族与文化》中曾提到的,人这个词,最初的含义是一种面具,每个人总是在或多或少地扮演着某种角色。而作为努力经营的外观,这种面具是人们更为真实的自我,或者说是人们想要成为的自我。

以此来看,短视频是"戏剧化"生活的凝缩式呈现,是关于表演的高调、突出展示。它把自我从半遮半掩的后台直接推到充满光亮的前台,并吁求着"双击666""求关注""点亮红心"。波普艺术家安迪·沃霍尔(Andy Warhol)曾提出一个"15分钟定律":每个人都能出名15分钟。而在今天,短视频却能让每个人都有机会因为15秒而出名。像抖音女孩温婉凭借一段简单的"Gucci Gucci Prada Prada"手势舞获赞1700万,短短10天粉丝飙升到1000万。短视频呈现出的是"表演每一种生活",博主通过发布自己的表演作品,获得粉丝的点赞、评论和转发,从而产生出强烈的被认同的满足感和巨大的成就感。就如心理学家威廉·詹姆斯(William James)认为的,人类最深的本性就是渴望得到别人的重视、认可,而这种来自他人的反馈又不断形成、加深着对自我的认知和认同。因而短视频犹如那喀索斯诱惑性的水中倒影,在自恋与他人认同的双向循环中,推动着博主持续地制作出更具吸引力、更可能被关注的作品。

2. 短视频的表现特征

短视频展现了当代人们各式各样的生活样态,实现了普通人以往时代难以想象的明星梦。在电子媒介技术的支持和世俗化的时代语境

---

① [美]欧文·戈夫曼:《日常生活中的自我呈现》,黄爱华、冯钢译,浙江人民出版社1989年版,第103页。

下，短视频大众审美文化呈现出一系列的新特点。

(1) 生产的大众化

不同于传统审美文化的精英性，短视频具有着典型的大众化、草根化特点。短视频操作简单，易于上手。用户只要有一部智能手机，下载、安装抖音、快手等 App，就可以开始短视频的制作和发布。短视频创作也几乎是零门槛，不需要多高的文化水平和知识素养，只要想演、能演、敢演，就能成为一名短视频博主。根据艾瑞咨询数据，2020 年上半年，像快手平台，用户平均每月上传的短视频数量达到惊人的 11 亿条，开展了近 10 亿场直播活动。不管是青年还是老年人，乡村还是城市，不区分地域、阶层、职业、文化程度，任何人都可以随时随地拍摄、分享自己的生活。像快手平台的一位农村网红，初中没毕业，曾在广东打工，后来返乡拍短视频。从未受过专业表演训练，靠着"土"和"叛逆"走红网络，拥有粉丝 660 多万，基本每条视频点击率都达几百万。审美文化生产不再为专业化的文化精英所垄断，而成为普通民众展示自我的日常行为。

短视频为底层叙事提供了广阔的空间，普通民众平凡人生中的艰辛与窘迫、开心与欢乐都有了展示、表演的舞台。短视频构成了福柯所说的"异托邦"。异托邦是真实存在的"异质"空间——这不同于只存于人类想象中的乌托邦，而是一种的确实现了的乌托邦。异托邦是反场所的场所，处在所有场所之外，"因为这些场所与它们所反映的，所谈论的所有场所完全不同，所以与乌托邦对比，我称它们为异托邦"。[①] 作为大众能够真正广泛参与的场所，在短视频中，人们的自由与梦想得以实现——尽管是短短的几分钟甚至只有 15 秒的时间。短视频使成千上万普普通通的民众从烦琐的生活中暂时抽身，进入另外一个由自己打造的精彩的异质空间。这种"幻象异托邦"或者说"补偿异托邦"承载着大众在不可能叠合的现实空间里的向往和追求。

---

① ［法］米歇尔·福柯：《另类空间》，王喆译，《世界哲学》2006 年第 6 期。

（2）形式的碎片化

当代社会发达的工业生产体系创造出丰裕的物质财富，人们的生活日益富足。但与此同时，激烈的竞争、繁重的工作以及忙碌的生活也给人们带来巨大的生存压力和精神负担。在这种情况下，碎片化的短视频正好满足了人们自我减压、自我调节的需求。首先，短视频观看方式碎片化。短视频体量短小，大多只有15秒的时间，不会耗费人很多的时间和精力观看。当代社会产生了很多碎片化的时间，比如去银行办理业务的排队时间、到餐厅就餐的等待时间、每天坐交通工具上下班的通勤时间，等等。这些时间碎片无法用来做复杂的、需要花费较长时间的事情，而拿出随身携带的手机，刷一刷短视频，正好可以消磨这些被分割出的碎片时间。根据人体工程心理学，一个人专注力最能集中的时间刚好是15秒。15秒的时间能让人形成片刻的印记，并产生出强烈的想要再看一遍或者继续滑看下一条的愿望。观看方式灵活的碎片化短视频，在不知不觉中填充了人们碎片化的生活。

其次，短视频的叙述方式呈现出碎片化。传统的艺术作品一般情节完整，有开端、发展、高潮和结局，叙述节奏呈现出渐进性。而短视频直接跳过所有的铺垫和伏笔，略过故事的发展，直奔最能吸引人、最能抓住眼球的高潮部分。在当代海量的视觉碎片包围下，人们的刺激阈值不断升高，感知越来越趋向麻木。因此，要引起观看者的注意，吸引粉丝，短视频博主必须改变节奏，一开场就直接展现最具有感染力、冲击力的部分，以唤起人们的类似本雅明所说的"惊颤"反应。如果说电影、电视等传统的长视频是侧重于时间的艺术，那么短视频则更多地表现为一种空间性艺术，掐掉了开端和发展，碎片化的片段取代了完整性的故事成为短视频叙述的重要方式。

最后，短视频生态的碎片化。在"注意力"成为稀缺资源的时代，短视频博主既可能一夜涨粉百万，成为新晋网红，也可能迅速变得无人问津，被众人所遗忘。在每天更新量以亿计算的短视频海洋中，很多短视频甚至还没人注意到，就已被新的短视频淹没。在短视频生态中，没有确定不移的中心，谁都可以是中心但谁又不必定是中心，没有绝对的、永恒的权威，一切都处于不断的变动、更替中。短视频的这一去中心、多元化、无序性特点正体现了碎片化的核心含义。后现代理论家利奥塔宣称向整体性开战、激活差异，扛起碎片化的大旗。哈桑（Ihab Hassan）也强调"不确定性"的重要内涵之一就是零散化。碎片化是一种生态，更是一种精神，激发、促进着短视频的不断成长、繁盛。

（3）风格的喜剧化

法国思想家德波（Guy Debord）曾言："在现代生产条件无所不在的社会，生活本身显示为景观（spectacles）的庞大堆聚。直接存在的一切全都转化为一个表象。"① 作为被展现出的可视景象，景观是带有主体性的、有意识的表演，体现着"物化了的世界观"。在当今世俗化的时代语境下，人们已不再追寻崇高、严肃，喜剧化的生活态度、观念、趣味成为主导，塑造着当代社会景观。短视频作为大众审美文化，正是当代喜剧化景观的重要体现。

比达数据中心《2019 年第 3 季度中国短视频市场研究报告》显示，在流量爆表的短视频中，搞笑类内容占据半壁江山，占比达52.4%。喜剧化的、娱乐搞笑的内容一直深受人们喜爱。据《2020 中国网络视听发展研究报告》的数据，搞笑短视频是网络用户最经常观看的内容，观看比例高达 62.2%，远超新闻、美食、音乐、生活技巧等其他类别的短视频。正如周宪指出的："对大众文化的生产者来说，逗乐是一个基本目标，这个目标甚至可以看作是大众文化运作的游戏规则；对普通大众来讲，找乐则是文化消费行为的基本模式。"②

短视频的喜剧化主要呈现为两个方面：一是作品叙事的喜剧化。通过选取生活中的某一片段，加以放大、突出和夸张，再配以视觉特

---

① ［法］居伊·德波：《景观社会》，王昭风译，南京大学出版社 2007 年版，第 3 页。
② 周宪：《中国当代审美文化研究》，北京大学出版社 1997 年版，第 317—318 页。

效及渲染气氛的背景音效，打造出喜剧化的景观。像抖音网红赵丽媛，拍摄的题材都来自农村日常生活，比如吃酒席、到银行取钱、套路亲家母。这些日常生活情形经过剪辑、加工，呈现为十分接地气的搞笑景观。在短视频的喜剧化叙事中，事件过程往往与结果发生错位，叙事能指的意指过程发生突然的转变，致使所指偏离于观看者的惯常心理期待，产生出喜剧"笑"果。短视频中常出现的一些尴尬性场景，譬如正骑着自行车赶路，突然间自行车散架，剩下骑车者一脸懵地站在路面上；反复蓄劲后跨越水沟，却扑通落入水中，都是叙事指向的反转、偏离，呈现出喜剧性。

二是作品与评论"互文"产生出喜剧性。互文是法国学者朱丽娅·克里斯蒂娃（Julia Kristeva）提出的一个概念，就是指文本的互动作用，"任何文本的构成都仿佛是一些引文的拼接，任何文本都是对另一个文本的吸收和转换"①。短视频作品与评论文字之间也存在这种互文关系。短视频评论五花八门，与作品虽然有紧密的联系，但又经常性"跑偏"、走形，自带新的笑点。这种互文使作品的语义空间不断丰富和扩展，延留、放大了观看短视频所带来的欢乐体验。如很多萌娃展示才艺的短视频，网友在评论区里留言："基因太强大了，本来想打儿子，但我最后扇了自己几耳光。"有网友则接着评论说："需要帮忙吗？我最乐于助人了。"评论文字与短视频的互文，额外增加了作品的喜剧效果。

不难看到，正是短视频的出现和迅猛发展，千千万万的普通大众有了表演的舞台和表达的空间。梅罗维茨曾讲："我们在理解过去时存在着一个真空，那就是普通人的日常经历。他们虽然没有写下自己的思想，也没有创造历史，但是他们是历史的一部分。"② 曾经被忽略掉的普

---

① 秦海鹰：《互文性理论的缘起与流变》，《外国文学评论》2004年第3期。
② ［美］约书亚·梅罗维茨：《消失的地域：电子媒介对社会行为的影响》，肖志军译，清华大学出版社2002年版，第103页。

通大众而今借助短视频，真正进入"历史"中。他们用短视频来表达自己、呈现自己，或是自由创作、演绎，或是滑稽模仿，或是恶搞、吐槽。短视频改变了传统的文化权力结构，普通大众成为文化生产的主体。他们通过分享自己创作的作品，获得关注、认同以及由之产生满足感、成就感。而观看者在碎片化观看的过程中，也抽离了身份，排解了压力，在与短视频博主、其他网民的互动中体验着无限的快乐。

第四章　电子传媒审美文化的控制机制

毫无疑问，电子传媒审美文化较之传统时代的审美文化，带给了人们更多的自由。然而审美文化的自由绝不是无条件的自由，在自由性向人们开启的同时，审美文化控制的逻辑也一直在强有力地展开着。这里既有技术对人的凌越、对现实的凌越、对审美文化本身的凌越，又有商业利润的考量，更有无处不在的权力之手的操控。自由的让渡与控制的图谋，永不停息地运作于电子传媒审美文化场中。

第一节　技术的统治

电子传媒审美文化具有鲜明的技术性。早在20世纪30年代，本雅明就曾为新的技术时代的到来而热情欢呼，认为这必将带来艺术的巨大进步。显而易见，没有电子传媒技术的支持，今天我们生活中的电影、电视和各种电子音像制品就不可能出现，更不可能大规模地传播。正是在这个意义上，英国学者汤普森提出"现代文化的传媒化"这一概念，他认为，在当代社会里，符号形式（文化）的制作与接受越来越多地通过媒体产业各种技术体制机构的中介。[1] 随着传媒化的进

---

[1] ［英］约翰·B.汤普森：《意识形态与现代文化》，高铦等译，译林出版社2005年版，第4页。

一步发展，传媒技术在文化中起的作用越来越大，传媒技术本身的独立性也越来越强。这一方面意味着技术自身的逻辑在审美文化"场"中越来越占据主导地位，技术不再仅仅是一种促进审美文化发展的手段，在相当大的程度上，技术已经成为目的本身，成为一种本体性的存在。另一方面，电子传媒技术作为一种图像性的技术，一种虚拟性的技术，也越来越具有了同真实分庭抗礼的力量，甚至已经在重新定义真实。

一 由工具到本体

在传统时代，技术对于审美文化的影响并不十分明显。审美文化的创作更多的是依靠艺术家个人的艰苦努力、个人的自身条件。因而传统审美文化往往笼罩上了一层光晕，显示着艺术家不假外物的纯粹的个人风格、独特才能。技术只是手段，是无关宏旨的。而人本身才是目的，是本体。所以中国古代美学强调，"丝不如竹，竹不如肉"，着眼的就是人自身的合理性。技术在传统审美文化中不被重视，这一方面与当时技术条件的落后不无关系，弱小的技术力量，还不足以对审美文化的运作产生重要影响，更没有发展到凌越人的主体性地位的地步。另一方面，艺术手段（技术）的进步与艺术本身的关系也并不总是简单的、一一对应的关系。马克斯·韦伯曾就这个问题指出："把对一定'先进'技术的使用凌驾于艺术作品的审美价值之上，这不能说明任何问题。有些艺术作品，尽管它们的技术看起来还'十分原始'，比如没有认识到透视法的图画，但它们在审美上可能丝毫也不让于用合理技术创作的作品，但前提是，艺术家所要追求的形式与'原始'技术应当是切合的。创造新的艺术手段，最初仅仅意味着不断的分化，并使提高价值意义上的艺术'财富'有可能不断增加。而实际上，这样做带来的通常是适得其反，使得情感形式'不断趋于贫乏'。"[①] 也就是说，技术这种工具合理

---

① ［德］尤尔根·哈贝马斯：《交往行为理论》第 1 卷，曹卫东译，上海人民出版社 2004 年版，第 171 页。

性的进步，并不会相应地带来艺术的审美价值合理性的提高，技术对审美文化的意义因而是微乎其微的。

然而，随着电子传媒时代的到来，技术对审美文化的作用越来越大。技术不再是游离于审美文化之外的某种可有可无的存在，它已经成为控制审美文化"场"的主导性力量。审美文化的价值越来越靠技术来体现，对审美文化的欣赏实际上变成对技术的欣赏。技术已经成为目的、成为本体。

从审美文化的生产、制作来看，在电子传媒时代，各种技术因素已经全面介入审美文化中。画面的拍摄越来越美轮美奂，声音的录制越来越生动逼真。加上剪辑、闪回、不同镜头的叠加及其他种种蒙太奇式的编排方式，当代电影、电视等审美文化已经变得越来越"好看"。然而，这种"好看"仅仅是技术带来的形式上的"好看"，在技术形式越加精美的同时，审美文化的内容却没有得到相应的丰富和提高。精巧的构思、真实的细节、丰满的人物、深邃的意境，这些传统审美文化所重视的要素，今天统统都被放逐到审美文化的边缘地带。本来应为影视等审美文化服务的技术反而成为众多影视作品大肆炫耀的资本，成为是否是"大片"的重要标志，手段与目的的关系遭到彻底的颠覆。2001年诞生的"超人气科幻大作"——《最终幻想》在全美3000余家影院全面登陆。作为一部纯粹的主要由电脑动画制作的电影，片中人物的逼真程度无与伦比，甚至令许多大牌明星都为之汗颜。但就是这样一部"将数字化进行到底"的数字特效大片，内容却味同嚼蜡、单薄乏味、极端老套。过于追求电脑的特技效果，追求对观众在感官上的视觉冲击力，却忽视、削弱了电影的戏剧性、叙事性，电影退落成纯粹技术的演示。

诚然，我们不能忽略技术对审美文化的重要作用，"艺术作为审美体验的一种结构性活动，总是同人的活动及其技术联系在一起的"[①]。但

---

① [法]杜夫海纳等：《当代艺术科学主潮》，刘应争译，安徽文艺出版社1991年版，第118页。

是，审美文化的运作，毕竟有着自己特有的逻辑。按照韦伯的观点，科学和技术、自律的艺术和自我表现的价值以及普遍主义的法律观念和道德观念是三种不同的价值领域，它们各有自己的内在规律。"一旦科学、道德和艺术根据一个抽象的价值标准或一种普遍有效性要求，不管它是真实性、规范正确性或是本真性和审美性，分化成单个的价值领域，也就有可能出现客观意义上的进步、完善以及特殊意义上的提高。"① 这意味着，各个不同的价值领域一旦拥有了各自的合理化，其进步、完善和提高就只能按照自身的准则来衡量。对于审美文化来说，其衡量的准则就是审美—表现合理性。而技术因素的过度膨胀势必损害这一表现合理性，甚至以自身的合理性取代审美—表现的合理性，这使得艺术实际上成为科技的附属品，最终导致韦伯所说的情感形式的贫乏和人的主体性的丧失。在当代，日益兴起的电脑艺术创作正在使这种情形更加突出。据报道，计算机已经可以代替莫扎特作曲：人们事先将莫扎特的作品输入计算机，利用计算机的分析找到"音乐语法"——作曲家的惯用修辞，然后对种种"音乐砖瓦"重新组合，这就是一件新的作品。同时，也有越来越多的计算机专家正在设计写作诗歌、侦探小说和其他类型文学作品的程序。在他们看来，诗无非是按照一定的句式选择名词、动词、形容词，词汇之间的组合可以交付计算机完成。当越来越多这样的"电脑艺术家"创作的作品出现时，艺术是否蜕变成机械化、拼合式的操作？电脑没有情感，它不会哭泣、伤心，也不懂得微笑、喜悦，一切都是冰冷的程序而已，这些并不蕴含情感的艺术作品是否有打动欣赏者情感的魅力？换句话说，艺术作品是否还能保持自身的特征？毫无疑问，由此产生的结果将是影响深远的。

让·拉特利尔（Jean Ladriere）曾深刻地指出，在科学和技术的影

---

① ［德］尤尔根·哈贝马斯：《交往行为理论》第 1 卷，曹卫东译，上海人民出版社 2004 年版，第 171 页。

响下，人已经不是艺术作品的关键，关键是程序。而程序是形式的，不论它是否影响配置，组成成分的规律，或"质料与配置"的复合体，总是由那些与以某种规则进行的元操作相协调的指令组成。这意味着美学活动"不再是审美判断控制之下直接形成质料与形式的综合，其主要功能在于评价某种感觉或情感特征自行相揉合的方式；而是代之以设计程序的原则，在这种程序中，不可预见性与偶然性固然也起作用，但至少在非常普遍的情况下，是预期产生某种效果（并不一定就是特殊的具体的形象）。因而判断必须评估某程序原则产生特定效果的能力。它必然具有理性的而非感觉的本性，更多地建立在科学型技艺的基础之上，而不是建立于传统意义下美学型的技巧之上"①。技术的精确的理性算计已经完全取代了审美文化的审美—表现合理性。这时的审美文化作品更像是工业生产的产物，跟千千万万其他的普通产品没什么两样。审美文化成为零部件的装配，受着纯粹技术逻辑的支配，完全按照设计图纸，进行严密的操作。人们面对这样的审美文化作品，不再会产生读者和作者心灵的交流，因为作者根本就不存在——人们无法跟程序或者文字碎片等进行交流。

从审美文化的欣赏、接受来看，在当代社会，人们对技术的迷恋也越来越加剧。卡拉OK问世之前，谁也不需要卡拉OK；电视节目出现之前，谁也不会对电视感兴趣。然而技术的发展，已经使人们对此越来越需要和依赖。这种情况反映的正是技术的强大威力，它已经由满足人们的需要变为进一步为人们制造需要。人们从来没发现，原来自己的生活中需要这么多新东西来填充，而以往的设备竟然如此的落伍、不合时宜。因而追赶时尚、进行设备的更新换代成为人们不懈的追求。在这种追求中，人们往往自以为这样会更好地满足自己的审美需要，而实际上却陷入技术的控制之中，为技术所左右。

---

① ［法］让·拉特利尔：《科学和技术对文化的挑战》，吕乃基等译，商务印书馆1997年版，第125页。

在生活中，人们往往青睐那些技术含量更高，功能也更多、更强大的设备，而就人们满足自己的审美需要来说，很多功能实际派不上用场。人们之所以在意这些除了专业人士，没人说清有什么用的功能，是因为如果没有这些功能的话，人们会觉得设备有缺陷或不合格。完美无瑕的技术总能给人的心理带来虚幻的满足和愉悦感。这种情况尤其在各种"发烧友"行为那里有典型体现。发烧友对各种视听器材技术精度和功能的关心，已经远远超过对所要欣赏的作品内容的关心。也就是说，关键是音质、音效或画质、画效，至于听（看）的具体内容是什么倒成为其次的。马克·波斯特对发烧友的表现作过精当的描述："对许多发烧友来说，开始时只不过是为了在家里追求音乐享受，很快就变成全方位多角度地追求音响系统的完美了。越来越多的时间、心思和金钱投入到复制声音的媒介上；在控制听音环境上所耗费的心血也越来越大。甚至还怀疑通进屋子的电流也可能造成失真：于是必须安装一个'线路调节器'给电流'除污'，输电公司认为已经不必再调整的电压被调整得更为精确。听音室要尽可能地与外部世界隔绝，以减少周边街道噪音的分贝量。有些情形下，房间的地基要加强，墙壁也要改变，要安装反射和减震的组合材料，以便达到完美的声学性能。发烧友的身体端坐在与两只扬声器等距离位置上，也就变成了一个理想的微观世界的一部分。"[①] 发烧友这种对完美的音响效果的执著恐怕早已超过对审美的愉悦和满足的追求，而更多地表现出的是一种对技术本身的迷恋。当发烧友把一切都布置停当后，更新、功能更强大的音响设备又已出现，于是发烧友又得开始一番新的折腾——再次购买新的高品质的设备，重新组合，重新调试，而已有的音响设备是否已经到了不能满足自己的听觉审美需求的地步是不在考虑之内的。这样，人在不知不觉中丧失了自己的主体地位，转而臣服于技术的逻

[①] ［美］马克·波斯特：《信息方式——后结构主义与社会语境》，范静哗译，商务印书馆2000年版，第19页。

辑。技术由一种手段跃居为本体，而人却沦为工具性的存在，为技术而奔波操劳，费尽心血，成为被奴役的对象。这正如马尔库塞所指出的："技术逻格斯被转变为持续下来的奴役的逻格斯。技术的解放力量——事物的工具化——成为解放的桎梏；这就是人的工具化。"① 技术理性的膨胀凌越了审美文化的同时，人也再次失去了自由。

二 从真实到虚拟

电子传媒技术不仅占据了审美文化的主导，人们无限迷恋技术、崇拜技术，而且由于它是一种视觉技术、图像技术、虚拟技术，这对传统的真实观产生了极大的冲击，并影响和改变着人们的思维方式。

只要我们稍微留意一下我们的日常生活，不难发现，今天的我们正处于影像的包围中。这个由电影、电视、巨幅电子广告牌、互联网、多媒体等技术手段营构成的影像世界已经全面地融入现实世界中，成为日常生活中的重要部分。丹尼尔·贝尔宣称，在当代社会，一种全新的文化——视觉文化已经来临："目前居'统治'地位的是视觉观念。声音和景象，尤其是后者，组织了美学，统率了观众。在一个大众社会里，这几乎是不可避免的。"② 传统时代的文字主导走向了衰落，文字媒介以其对现实世界的抽象构成着对世界的理性把握，这意味着需要人们思维的再次转换才能获得对世界的认知。电子影像则直接取消了与世界的距离，那一片片青翠欲滴的树叶，一群群奔跑嘶鸣的野马，荒无人烟的沙漠，鳞次栉比的高楼，这一切，谁能说不是真实的存在呢？事实上，人们是如此信赖着眼前的影像，人们总是倾向于把看到的影像认作是现实本身，依据影像来了解世界的真相，电子影像技术似乎正在分毫不差地复制着我们的现实。

---

① ［美］赫伯特·马尔库塞：《单面人——发达工业社会意识形态研究》，左晓斯等译，湖南人民出版社1988年版，第136页。

② ［美］丹尼尔·贝尔：《资本主义文化矛盾》，赵一凡等译，生活·读书·新知三联书店1989年版，第154页。

然而，问题并非如此简单。面对一面镜子，人们可以说镜中的事物就是对现实事物的忠实反映。拉康的著名理论"镜像阶段"指出，人类在幼小的时候正是首先通过镜子中的身影来获得对自身形象的完整认知的。镜子没有编辑功能，它总是"是其所是"，完整而真实地再现事物。正是因为镜子如此客观、逼真，所以众多艺术家、理论家纷纷以镜子为喻，要求着艺术应有的真实性。文艺复兴时期达·芬奇（Leonardo Da Vinci）的名言就是："画家的心应该像一面镜子，永远把它所反映事物的色彩摄进来，前面摆着多少事物，就摄取多少形象。"① 与真实的镜子相比，电子传媒技术所营造的影像很难说就是现实的真实再现。事实上，当人们的想象力越来越不拘于现实，越来越没有边界时，影像已经在悄然改变它对真实亦步亦趋的反映。在早期电影那里，电影还是被定位为"物质现实的复原"或"存在的证明"，也就是说，电影仍被视为对现实的记录，像照相一样是筑基于真实之上的。然而随着数字技术的发展，人们已经可以看到《阿甘正传》中的阿甘跨越了时空与肯尼迪总统握手；亿万年前就已经灭绝的恐龙又在《侏罗纪公园》中重现；而玛丽莲·梦露也复活如初，在银幕上重新出演新片。在此，电子影像为人们呈现的一切已大大溢出现实的边界——尽管它看起来是如此的"真实"，甚至比真实还要生动逼真。这正如在生活中没有谁见过外星人，然而银幕上栩栩如生的外星人却使人们"认识"了外星人的模样，人们甚至不无疑虑：外星人是否真的存在着？而且某天可能会来到地球，也许现在就已经在我们上空的某一处，正在窥视着我们？电子影像的意义因而就不仅仅是像镜子那样逼真地复制现实，而且更是在制造现实、生产现实，真实和虚拟的界限越来越模糊不清。这实际上意味着，电子影像越来越具有独立的逻辑。它当然不同于真实，而是一种依靠模拟（虚拟）制造出来的超真实，或

---

① ［意］达·芬奇：《笔记》，朱光潜译，载伍蠡甫、胡经之主编《西方文艺理论名著选编》（上），北京大学出版社1985年版，第161页。

者如波德里亚所说的，是一种"仿像"（simulacra）——不是复制原本，而是自我复制的形象。今天的现实实际上正在被这种"仿像"所挤占、替代。"今天，整个系统在不确定性中摇摆，现实的一切均已被符号的超现实性和模拟的超现实性所吸纳了。如今，控制着社会生活的不是现实原则，而是模拟原则。"[1]

　　这些模拟性的或者说虚拟性的形象已成为生活的主导秩序，成为人们的日常经验。人们越来越依据这些形象来判断现实，衡量现实，甚至以此来取代现实。这恰恰形成真实与虚拟的价值颠倒。在美国有一种带有互动成分的 8 分钟的录像带，名叫"视像娃娃"。包装盒里有出生证书和健康证书。用户在屏幕上面对着他们的梦中娃娃，可以不受干扰地欣赏个够。他会对一些句子作出反应，如"吃布丁"，"冲妈妈笑笑"。可以想见，这孩子是乖得不能再乖了。8 分钟过去，你可以唱支曲儿让他睡觉。包装上面写着："实实在在地当一回父母而无需真的操心！你喜欢孩子，可又没有时间照料他们是吗？抱走'视像娃娃'！"[2] 虚拟的、逼真的形象被视为现实直截了当的替代品。相对于真正的现实中的娃娃，人们宁可选择虚拟的电子影像——确实，电子娃娃既不需要人们付出过多的精力来关心、照料，又能够使人得到虚幻的情感满足。然而，问题的关键在于，当人们如此青睐这"乖"娃娃时，现实中的娃娃无疑被抽空了真实性，人们甚至觉得，与电子娃娃相比，真实的娃娃竟然有那么多令人烦心的缺陷。真实的娃娃与虚拟的娃娃的价值不知不觉中被置换，也就是说，虚拟的逻辑已经凌驾于真实的逻辑之上，虚拟的形象成了衡量现实的尺度。而在当代，人们的生活中这种虚拟的电子影像比比皆是——从电子游戏中的一次惊心动魄的遭遇到电视上出现的令人叹为观止的奇观性场景，人们甚

---

[1] Mark Poster ed., *Jean Baudrillard: Selected Writings*, Stanford: Stanford University Press, 1988, p. 120.

[2] ［德］沃尔夫冈·韦尔施:《重构美学》，陆扬、张岩冰译，上海译文出版社 2002 年版，第 252 页。

至对此已经习焉不察。不难想见，当人们天天置身于这些虚拟的影像中，一旦转身面对真实的生活世界，一种疑惑可能油然而生：这就是真实吗？的确，当虚拟变得越来越像生活，生活也就会越来越像虚拟。正如杰姆逊曾经分析的，在一个充满形象的社会里，现实会变得极端缺乏，一切都成为一种文本。这时人们感受的不是过去那种可怕的孤独和焦虑，而是一种没有根、浮于表面的感觉，没有真实感。杰姆逊认为，这一切都是和复制性的照片、摄影、电影等紧密联系在一起的。电子影像技术已经使现实与形象之间不再存在距离，形象否定了现实进而取代了现实。因而杰姆逊进一步指出，我们这个被仿像所充斥的世界，"起码从文化上来说是没有任何现实感的，因为我们无法确定现实从哪里开始或结束"[①]。现实已经被逼真的形象抽掉，非真实化了。

　　大量的影像符号密集地插入人们的生活中，成为触目可见的"真实"，甚至比真实还要真实。人们据以判断事物的真实感被空前地瓦解，真实和虚拟无法辨认。那些蜂拥而至的电影、电视和广告上的影像，如同被魔法般唤起的众多鬼魂，打破了虚假和现实之间的区别。随着电脑技术的发展，人们更可以毫无痕迹地穿梭于虚拟世界和现实世界之中。这种转换是如此轻易，只要借助头盔显示器和数据手套，人们就可以进入虚拟的景观中，端起完全不存在的茶杯喝茶，并品咂茶叶留在口中的余香；或者与朋友一边翩翩起舞，一边欣赏着动人的音乐。当然，人们也可以在月球的地表随意闲逛，或者进入海底世界进行一番新奇的游历。这里的一切都是那么真实，人们完全可以听到自己的呼吸，感受到手边东西的硬度、温度。然而，当一切都像在现实中一样，甚至比现实更有趣、更能给人带来快乐和满足时，人们还有必要坚守处于牛顿式的物理空间中的"真实"吗？事实上，已经有

---

　　① [美] 弗·杰姆逊：《后现代主义与文化理论——杰姆逊教授讲演录》，唐小兵译，陕西师范大学出版社1986年版，第200页。

人提出一个口号："相信就是存在"——"真实的存在是因为我们'相信'其存在"①。一些"网虫"们的表现显然正在印证着这一点，他们可以在网上的虚拟世界中彻夜遨游，活跃异常，那才是他们相信的"真实的"世界；而一旦回到现实世界，便对一切均显得淡漠、无动于衷甚至不适。

　　人造的影像符号的世界取代了现实的世界，虚拟的逻辑凌越了真实的逻辑，人们的真实观正在发生巨大的改变。但问题是，影像符号构成的世界毕竟不是现实的世界，即使虚拟技术再发达，坐在电脑前进行的"日光浴"也不能像海滩上的日光浴那样给人们带来古铜色的肌肤和健康的体魄。人们"畅游"了世界各地的名山大川，然而始终不会真正体会到旅行的艰辛和快乐，呼吸到卧室以外的雪域高原的清爽的空气，聆听到宜人的湖畔的丛林中鸟儿的欢快的鸣叫。人们所做的，只是手握遥控器或者鼠标，静坐在这些人工影像符号构成的世界中，犹如笼中之鸟、缸中之鱼。真切的现实已经从人们的生活中抽身而去，在种种人为的视觉景观中，人通向现实、通向自然的途径被阻断了。虚拟的影像成为人们的"现实"或者"自然"。对此，波德里亚的思考无疑是深刻的："问题不再是真实的虚假再现（意识形态），而是遮蔽了真实因而不再真实这一事实，所以这是一个挽救现实原则的问题。"②

　　电子影像符号构成的这一虚拟的世界不仅意味着对真实的凌越、遮蔽和篡居，更对人们的思维方式产生了重大影响。首先，传统的审美文化是一种"静"的文化，文字著作以及绘画作品的稳定性容许人们一再持有，并反复阅读、欣赏。人们意识到眼前只不过是一件艺术作品，而不是现实，从而与对象保持了一种距离。这种异于对象的距

---

① 金枝编著：《虚拟生存》，天津人民出版社1997年版，第255—257页。
② Mark Poster ed., *Jean Baudrillard: Selected Writings*, Stanford: Stanford University Press, 1988, p. 172.

离使理性反思和审美静观成为可能。而电子传媒审美文化则完全是一种"动"的文化。高速的、一往无前的电子影像流携载着大量的信息，时刻不停地向前涌去，人们根本没有时间对它进行思考。本雅明曾把电子传媒审美文化如电影给人带来的这种新的体验称为"惊颤"。他在比较电影和绘画时指出："幕布上的形象会活动，而画布上的形象则是凝固不动的，因此，后者使观赏者凝神观照。面对画布，观赏者就沉浸于他的联想活动中；而面对电影银幕，观赏者却不会沉浸于他的联想中。观赏者很难对电影画面进行思索，当他意欲进行这种思索时，银幕画面就已变掉了。电影银幕的画面既不能像一幅画那样，也不能像有些现实事物那样被固定住。观照这些画面的人所要进行的联想活动立即被这些画面的变动打乱了，基于此，就产生了电影的惊颤效果。"[①]

由传统的"静观"向电子传媒时代"惊颤"的转变，反映出电子传媒技术带来的速度上的极大变化。这种速度显然不同于日常生活中的真实的速度，而是影像自身逻辑所决定的速度，或者用法国思想家魏瑞里奥（Paul Virilio）的话说，是一种虚拟的速度。它强迫人们服从于它的频率，从一帧图像转到另一帧图像，不留片刻自主的时间和驻足思考的可能。这样，人们同电子影像之间的距离消失了，人们震惊于这个迎面扑来的明晃晃的极度逼真的世界，它以迅雷不及掩耳之势解除了人们的思想的防线。人们在座位上，目不转睛地盯着眼前的荧屏，任由影像流把自己挟裹进这个虚拟的空间中。在此时，现实生活中的一切都退隐了，理智和意识让位于对影像的忘我观看。德国媒介理论家赫尔撒·史特姆（Hertha Sturm）在对电视的研究中发现："当收看电视的人面对着快速变化的图象和速度被加快的姿势与动作时，他简直是被逼着从一幅图象换到另一幅图象。这不断地需要新的、

[①] ［德］瓦尔特·本雅明：《机械复制时代的艺术作品》，王才勇译，中国城市出版社2002年版，第61页。

意外的适应可察觉到的刺激。结果,看电视的人不再能够保持良好的状态,在内心里也停止标识。当这种情况出现时,我们发现个人是用更兴奋的、被唤起的生理状态来行动并作出反应的,这反过来又会导致理解力的下降。所以说,看电视的人成为一种外部力量的牺牲品,成为快速的视听节目编排的受害者。"① 传统审美文化欣赏所需要的主动性、反思性已不再能保持,电子影像技术使人们陷入一种被动的、麻木的甚至是精神恍惚的状态。

其次,上述电子影像线性的、倏忽即逝的特点剥夺了人们的思考,因而对人们来说,唯一能做的就是紧紧追随眼前的影像。对"像"的关注成为电子传媒审美文化的重要表现,这与传统审美文化正好形成一个鲜明的对比。对传统审美文化来说,意义的追寻始终是一个永恒的主题。早在南朝梁代刘勰就已明确提出"道沿圣以垂文,圣因文而明道",后经唐、宋文人尤其是韩愈的大力推动,形成影响深远的"文以载道"说,它强调的正是文学艺术应担负的意义。而形象相对于意义来说,只是一种途径、手段而已,故可以"得意忘象"。魏晋时的王弼在《周易略例·明象》中曾写道:"尽意莫若象,尽象莫若言。言生于象,故可寻言以观象;象生于意,故可寻象以观意。意以象尽,象以言著。故言者所以明象,得象而忘言;象者,所以存意,得意而忘象。……得意在忘象,得象在忘言。故立象以尽意,而象可忘也;重画以尽情,而画可忘也。"② 语言文字以及绘画的色彩、线条等等是构成形象的条件,而形象则是构成意义的条件。由言而象而意是一种层递性的关系,最终的指向就是意义。

最后,电子传媒审美文化却反转了这种关系。意义的思考不再是首要的问题,"不要去想,而是要去看"甚至"反对解释",这些理论

---

① 参见〔加〕德克霍夫《文化肌肤:真实社会的电子克隆》,汪冰译,河北大学出版社1998年版,第13页。

② (魏)王弼:《周易注:附周易略例》,楼宇烈校释,中华书局2011年版,第414—415页。

口号恰当地表征出这一新的趋势。"秘密之神""消息之神"赫尔弥斯已经逝去，文学艺术的阅读不是要去追寻隐藏在背后的东西，不是去挖掘深度，而只是去体验，刺激性就是目的。这样，就必然由对意义的追寻发展到对"象"的崇拜，由理性的沉思发展到感性的冲动。英国社会学家斯科特·拉什（Scott Lash）早就指出，形象是反对理性的，它是对初级过程（欲望）而不是次级过程（自我）的强调。它使观者沉浸其中，而不是与对象之间保持着审美的距离。这就是说，注重形象的美学是一种欲望的美学，意味着感受和即时体验。电子传媒技术制造的影像空间正使人们置身于这种感官的快感中。为了造成更强烈的视觉冲击力和震撼力，它往往刻意营造出比真实更"真实"的奇观。于是，《泰坦尼克号》中出现了那惊心动魄的场景："泰坦尼克号"巨轮的船身开始断裂并最终折成两截，甲板上的人和物体纷纷翻滚下落，坠入大海。船头和船尾分别扎入海底，人们在冰冷的海水中呼号、挣扎，最终被无情地吞噬。而《长城》中，无影禁军万弩齐发，遮天蔽日地射向狰狞凶残的饕餮兽群，蓝衣飘飘的鹤军女将士们从长城上凌空扑下，无数的孔明灯伴着悲壮的吟唱升满天空。在电子影像为人们构造的虚拟的空间中，现实原则被抹除，人们被眼前的影像深深地震撼着，沉浸在无限的感官快乐和满足中。

第二节　商业的图谋

在电子传媒时代，审美文化与商业的关系也越来越紧密，商业的逻辑日益渗入审美文化的运作之中。从生产、制作到传播、发行，审美文化更多地具有了商品的性质。审美文化与商业的边界逐渐消失，这正如斯科特·拉什所指出的，在今天，人们已经很难说什么地方商业体制终止而文化产品开始。就在人们自由地选择着电视节目，奋力拼杀于虚拟的游戏世界或者沉浸在卡拉 OK 带来的自我陶醉的快感中时，商业的巨网已经悄无声息地向人们铺撒而来。

一　商业逻辑的渗透

审美文化与商业之间一直存在复杂的关系。从人类社会的发展来看，社会分工的发展使审美文化成为独立的精神生产部门，并逐渐从物质生产中分离开来。这就意味着审美文化的生产者要满足自己的基本生活需要以及进行审美文化的再生产，就必须用自己的作品来交换物质生活资料、生产资料，因而审美文化必然带有商品的属性，受到商品生产规律的制约。伊格尔顿在进行文艺批评的时候指出，一个容易为批评家忘记的事实是，文学可以是一件人工产品，一种社会意识的产物，一种世界观；但同时也是一种商品制造业。"艺术可以如恩格斯所说，是与经济基础关系最为'间接'的社会生产，但是从另一意义上也是经济基础的一部分；它象别的东西一样，是一种经济方面的实践，一类商品的生产。"[①] 交换、消费以及由此形成的与金钱有关的多种关系在文学艺术等审美文化产品中始终是一个无法回避的存在。换句话说，在审美文化中，不仅存在着审美价值属性，同时也具有商品属性，遵循着市场化运作的要求。从这个意义上讲，完全纯粹的、绝对自律的审美文化是不存在的，审美文化总是与商业有着千丝万缕的联系。

但是，审美文化具有商品的属性，这并不意味着审美文化就完全等同于商品。商品的属性并不是审美文化的本质属性，以获取利润为目的的商品生产原则也不是审美文化生产的根本性原则。审美文化之所以为审美文化，最根本之处还是在于其审美价值，它超出对狭隘的、直接的功利性的追求，谋求着人的自由而全面的发展，这是它的独有的规律。也就是说，在审美文化的运作中，交换、获得利润等只能作

[①] ［英］特里·伊格尔顿：《马克思主义与文学批评》，文宝译，人民文学出版社1980年版，第65—66页。

为一种手段而存在，而实现审美价值才是真正的目的。正是在这个意义上，马克思强调说："作者当然必须挣钱才能生活，写作，但是他决不应该为了挣钱而生活，写作……诗一旦变成诗人的手段，诗人就不成其为诗人了。"①

如果说在传统社会，审美文化"场"中虽然存在着商业的因素，但审美价值仍是其主导性秩序，那么，到了电子传媒时代，情况已发生重大的变化，电子传媒审美文化变得越来越从属于商业的逻辑。对此，波德里亚曾指出，在当代社会秩序里，"商品的逻辑得到了普及，如今不仅支配着劳动进程和物质产品，而且支配着整个文化、性欲、人际关系，以至个体的幻象和冲动。一切都由这一逻辑决定着，这不仅在于一切功能、一切需求都被具体化、被操纵为利益的话语，而且在于一个更为深刻的方面，即一切都被戏剧化了，也就是说，被展现、挑动，被编排为形象、符号和可消费的范型。"② 商业逻辑在人类历史上从未像今天这样，以其不可阻挡之势席卷一切领域，成为社会生活的主宰。在这商业化大潮的挟裹中，审美文化产品越来越成为经济这个巨大机器上的一个组成部分，与一般的商品再也没有任何差别。审美文化的独立自主性彻底地丧失，商业化的运作规律正在取代审美文化自身的运作规律。审美文化的生产成为对利润的追求，从电影电视到各种录音带、录像带，以及光盘、影碟，等等，无不以追求利润的最大化为目标。能否获取利润已经成为衡量审美文化作品是否成功的重要标志。审美文化生产成为地道的商品生产，文化与经济前所未有地交织在一起。电子传媒审美文化的运作无疑正在印证着阿多诺关于文化工业的阐述："文化工业的全部实践就在于把赤裸裸的赢利动机投放到各种文化形式上。甚至自从这些文化形式一开始作为商品为它

---

① 《马克思恩格斯全集》第 1 卷，人民出版社 1995 年第 2 版，第 192 页。
② [法]让·波德里亚：《消费社会》，刘成富、全志钢译，南京大学出版社 2000 年版，第 225 页。

们的作者在市场上谋生存的时候起，它们就或多或少已经拥有了这种性质。但是，在那时，它们对利润的追求只是间接的，仍不失它们的自治本质。文化工业带来的新东西是在它的最典型的产品中直截了当地、毋庸乔装地把对于效用的精确的和彻底的算计放在首位。"① 作为典型的文化工业产物的文化作品，已经彻头彻尾成为商品，为商业逻辑所操控。审美文化为了上市而被生产出来，并作为商品而被出售、交换和消费。审美文化的生产者在这过程中关注的始终是其票房收入、收视率以及点击率，谋求着高额的利润回报。

审美文化与商业的紧密交融，使人们再也无法将审美文化从商业中离析出来，审美文化与商业几乎总是联袂而行。像网络文学这种审美文化形态，其最大的特点就是自由——任何人都可以自由地上网发表文字，书写自己的内心情感、想象和渴望。然而，这种"自由"的写作实际上依然摆脱不了商业逻辑的收编。网站在提供给网络作者自由发表的空间的同时，更要实现自己的盈利目的，如何通过众多网络作者的投稿盈利是每一个网站首要考虑的问题——网络文学作品实际只是网站赖以赚钱的"商品"而已。国内最大的原创文学网站起点中文网于2003年首创"在线收费阅读"服务，奠定了原创网络文学的赢利模式。类似于"起点"这样的文学网站，其商业化运作模式主要有四种：一是VIP付费阅读。当一部作品点击率超过一定数量后，网站经过与作者沟通，将其纳入VIP阅读区，与作者进行利润分成。二是实体书出版与发行。出版优秀作品单行本、分类丛书、网络获奖作品集、网络文学年度优秀作品选等。在扣除相关税费后，网站对作者获得的稿费进行抽成。三是版权收益。这不仅包括线下图书出版，还包括将作品授权给网游厂商、影视公司、广播电台等，将网络文学改编，打造成游戏、动漫、影视剧、有声读物，获得版权

---

① ［德］阿多诺：《文化工业再思考》，高丙中译，载陶东风等主编《文化研究》第1辑，天津社会科学院出版社2000年版，第199页。

收益。四是通过投放到网站的广告及节目贴片广告等获得广告收入。在复杂的商业运作机制下,"自由"的网络文学与利润已紧紧地捆绑在一起。

而在电影那里,审美文化与商业的同生共谋表现得更为明显。电影不仅仅是一种叙述故事的方式,它更蕴含着巨大的商机。电影《阿凡达》的放映,在中国内地创下 13.28 亿元的票房纪录,成为当年的内地票房冠军。《速度与激情》系列电影,每部都在中国内地狂揽几十亿的票房。而这远远不是整个电影产业收入的全部。在电影上映之后,与之相关的图书资料、音像制品、游戏、时装、珠宝饰物乃至玩具手办等等电影衍生产品更是风风火火上市,其利润完全不亚于电影票房。作为全球电影市场的标杆,美国电影票房占电影产业的不到 30%,而其衍生产品收入达 70% 以上。像《玩具总动员 3》,全球票房收入为 11 亿美元,衍生产品却高达 87 亿美元。2016 年,好莱坞电影中衍生出来的商品,仅玩具一项便获得了 57 亿美元的销售收入。好莱坞电影史上最受欢迎的《星球大战》系列,其衍生产品销售额截至 2015 年底已达 300 多亿美元。电影产业已成为巨大的印钞机。

在商业逻辑对审美文化的广泛渗透中,不仅审美文化本身为商业因素所主宰,而且观众也可能变为商品。电视、电影中的广告——既包括随时插播的显性的广告,如节目与节目之间的广告,片头、片尾的广告,又包括剧情中通过布景、道具等巧妙显示的隐性的广告——就是买主。观众在观看电视、电影提供的精彩节目的时候,不知不觉地接受了节目中的广告——尤其是那些隐性的广告,从而陷入商业机制的控制。像电影《私人订制》中,怡宝矿泉水、红旗汽车、松鹤楼饭店、剑南春、珍爱网、红牛、平安银行……据统计,共有 19 个广告之多,整部电影仅广告收入就高达 8000 万。这些赞助商投资的目的当然是通过影视节目本身来推销他们的产品,以赚取更多的利润。因此,观众实际上是被当作潜在的消费者来对待的。赞助商之所以肯出钱,正是看中了这一潜在的巨大市场。① 在这里，制片商与赞助商达成了共谋，赞助商的"买"和制片商的"卖"表面上是指向影视节目本身，而实际上真正被"卖"的却是观众。观众在看电视、电影的活动中自己成了商品。"作为消费者的观众因此被抽象成为一种具有交换价值的物体，网络和电视台把这种物体提供给赞助商——简直是成千上万地卖给了广告赞助商。"② 观众的个性、身份、性别、年龄、民族、政治倾向都不重要，关键是他们的购买潜力。观众作为自由的主体的地位被架空，他们不是所谓的"上帝"，而成了被算计的对象。

二 商业运作的典型方式

（一）模式化

在电子传媒时代，审美文化正以前所未有的速度大批量地生产、制作出来，审美文化的生产越来越成为一种工业化的生产，成为阿多尔诺所说的"文化工业"。文化产品就如同那些工业产品一样，消弭了彼此的差别，从同一的工业流水线上按照固定的装配程序源源不断地制作出来。标准化、模式化是其最大的特点。在这工业化的文化产品中，甚至其"逗乐的技术、效果、幽默讽刺方式，都是按照一定格式考虑设计出来的"③。

相对于传统的手工业作坊式的生产方式，显然这种现代大工业式的运作更集约化，更加高效——模式化的、套路化的生产从来不需要多费时间就可以立即运作。像20世纪90年代轰动一时的电视连续剧

---

① 电影中的隐性广告给企业带来了巨大的经济回报。如《外星人》里的隐性广告使"里斯"巧克力豆的销售量跃升了65个百分点，《玩具总动员》中的"土豆头先生"使这一款玩具的销量上升了4500个百分点，而《黄金眼》所带来的广告效益使宝马汽车公司多卖出了价值2.4亿美元的汽车。

② ［美］罗伯特·C.艾伦编：《重组话语频道：电视与当代批评》，麦永雄、柏敬泽等译，中国社会科学出版社2000年版，第167页。

③ ［德］霍克海默、阿多尔诺：《启蒙辩证法》，洪佩郁、蔺月峰译，重庆出版社1990年版，第117页。

《渴望》的运作就是一例。其主创者之一王朔曾生动地描述过当年的生产过程："那个过程像做数学题,求等式,有一个好人,就要设置一个不那么好的人;一个住胡同的,一个住楼的;一个热烈的,一个默默的;这个人要是太好了,那一定要在天平另一头把所有倒霉事扣她头上,才能让她一直好下去。所有角色的性格特征都是预先分配好的,像一盘棋上的车马炮,你只能直行,你只能斜着走,她必须隔一个打一个,这样才能把一盘棋下好下完,我们叫类型化,各司其职。"[①] 在这种生产方式中,人物、情节、结构,变得如同是预先制好的标准零部件,而文化生产的任务就是将这些零部件加以组装,制成"成品"。

很显然,实现资金的快速周转、追求利润的最大化就是审美文化模式化运作的根本性目的。在这种情况下,审美文化生产所形成的固定模式、套路——尤其是已被证实能带来丰厚利润的模式当然有着无可置疑的强制性的力量。多集系列片《洛奇》凭史泰龙发达的肌肉为影片公司挣得5亿美元的巨额票房收入。然而影片中相似的套路和情节设计让史泰龙感到十分厌倦,他决定退出这一影片,去从事新的尝试,如出演性格剧或喜剧等。史泰龙甚至已经设计好洛奇之死的结局。然而影片公司断然拒绝了洛奇之死的设计,因为只有洛奇活着,才能拍出更多的续集,为影片公司赚更多的钱。[②] 钱的追求是第一位的,只要赚钱,审美文化的生产者是不会任意改变固有的模式的。好莱坞影片一直畅行不衰的性加暴力的模式无疑说明了这一点。电影制作从一开始首先并且首要的就是一个商业性的企业,这是西方电影界早已达成的共识。而性和暴力显然是对观众最具刺激性和诱惑性因而能给电影公司带来巨额利润的手段:"由于影片的成本异常高昂,对公众喜好的估计又一再失误,这就使电影业往往趋于保守。因此,我们不难理解,为什么

[①] 王朔:《我看大众文化》,《天涯》2000年第2期。
[②] [美] C. 斯道奇:《电影生意》,徐建生译,《电影艺术》1995年第1期。

电影业几十年来一再回到两性关系这个主题——这是人类永远感兴趣的一个问题,而且在财政上也是保险的。"①"从一开始起,色情与暴力就是电影的主要内容,但当今的电影业又发现了用此吸引公众的新方法。"② 好莱坞明确地意识到,赚钱的模式才是有效的模式。黑暗的电影院为人们欲望的奔泻制造了最合适的场所,于是,性与暴力联袂出场,成为吸引观众的绝招。本来可以艺术化地处理的场面变成刻意的渲染,电影的叙事竟成为一个个性爱和暴力镜头的连缀。影片《本能》本身就是对人的潜在本能的一次双重探寻:影片通过对一系列凶杀案的侦破最后将性和暴力归结为人的本能,显而易见的是,影片本身也正诉诸人的这种本能,并以此作为最大的卖点。影片中女主人公凯瑟琳那大胆裸露的身体、狂放热烈的性爱镜头以及闪亮的冰锥、身下男人喷涌的鲜血,这些火爆、刺激的场面将观众牢牢地捆缚在影院的座位上。性爱加暴力,成为名副其实的"黄金组合",成为盈利的最佳模式。正如波德里亚所分析的:"性欲是消费社会的'头等大事',它从多个方面不可思议地决定着大众传播的整个意义领域。一切给人看和给人听的东西,都公然地被谱上性的颤音。一切给人消费的东西都染上了性暴露癖。当然同时,性本身也是给人消费的。"③

正是出于对金钱、利润的追求,在今天的审美文化中,某种类型的节目如果带来巨大的商业利润,那么肯定会有众多相似的节目诞生。这可以说是模式化的又一种形式。近几年来,古装戏曾长时间地霸占荧屏。只要打开电视,迎面而来的不是秦时的明月就是汉时的关。从西楚霸王到汉武大帝,从唐太宗到宋太祖,从成吉思汗到康熙大帝,从雍正皇帝到乾隆盛世,还有武则天、孝庄皇后、慈禧太后、还珠格

---

① [美]斯坦利·梭罗门:《电影的观念》,齐宇译,中国电影出版社1983年版,第259页。
② [美]托马斯·英奇编:《美国通俗文化简史》,任越等译,漓江出版社1988年版,第110页。
③ [法]让·波德里亚:《消费社会》,刘成富、全志钢译,南京大学出版社2000年版,第159页。

格……一时间仿佛时空倒转，狭小的居室里久已淡远的历史重新上演。即使是同一个历史人物，也能拍出诸多版本。据笔者粗略统计，仅关于康熙的电视剧就有：《康熙大帝》《康熙微服私访记》《康熙王朝》《少年康熙》《康熙传奇》《康熙秘史》，等等。在科技如此发达、社会如此进步的今天，历史剧却竟然如此生意红火，实在是一件令人惊奇的事情。这里面，经济利益的驱动当然是毫无疑问的——拍古装戏有赚头。据曾经导演过《宰相刘罗锅》和《康熙微服私访记》的张子恩说，当初投资方选择清宫戏的依据有三个：第一，前期有大量现成的清朝布景、服装设备，随时可以启用，相对降低成本；第二，不像现代剧，古装剧还有希望卖出海外版权，一个片子卖两份甚至好多份钱，何乐而不为；第三，从观众的收视要求说，他们逛过故宫、颐和园，听老人讲过前清逸史，对这一题材有先天的亲近感。而对于演员来说，出演古装剧也有利可图。古装剧报酬相对要高，原因也在于古装剧更卖钱。[①] 张子恩的话可谓一语道破天机，众多影视人看好古装戏，显然就是冲这个"钱"字来的。帝位争夺、权力倾轧、大臣犯上、后宫邀宠……这一切都是那么的遥远、陌生，因而对今天的人们来说有着巨大的诱惑力——《康熙王朝》创造出的51.3%的高收视率就是一个明证。高收视率意味着高利润，于是，古装戏一窝蜂似的拍摄也就成了不可避免的现象。从题材选择到创作手法，雷同之处触目可见。艺术的独创性已荡然无存，陷入陈陈相因、模仿跟风的循环之中。

在这里，利润的追逐拥有着绝对的优先地位。任何影视人都不会甘冒风险去投资拍摄一部从没有人涉足的题材，或者启用大胆的创作思路。确切说，并不是他们不想这样做，关键是这种艺术的创新总是意味着有可能要承担风险——票房收入减少、收视率走低。正因如此，电视台更乐于生产与过去的成功之作相似的产品。如吉特林（Todd

---

[①] 钟刚：《"纪晓岚"系列成经典》，http://ent.sina.com.cn/v/m/2006-08-29/09341221697.html。

Gitlin）所认为的，电视工业提供了一种重新组合的文化，在这种文化之中，新产品被用于模仿过去的成功之作，将几个同类产品的特点结合在一起，或使用过去在其他媒体中获得成功的产品，如模仿畅销书或成功的百老汇戏剧。通过吸收成功的节目的特征和根据这些节目创造新节目，电视的派生产品将这种重新组合的策略应用到它自身的媒体之中。① 在这种情况下，创新自然是无从谈起。众多的影视节目虽然数不胜数，但内容却极其单一、雷同。中国台湾的《非常男女》在内地的高收视率引得各地电视台争相效仿，一时之间，婚恋节目遍地开花，《玫瑰之约》《谁让你心动》《今日有约》等"克隆版"纷纷出笼。众多的以游戏为主的综艺节目，运作模式也都基本相同，无非是两个主持人带领嘉宾及其支持者的观众方阵，做一些大致相似的游戏和有奖竞猜，中间插播歌舞表演和大量广告。在这种集体性的重复中，审美文化的多样性再一次被忽视了。

　　审美文化的模式化提供了越来越多却越来越单一的文化产品，在这种工业化的生产方式中，文化生产者的独创性、自主性已经丧失，沦为巨大的工业机器的一部分，听命于商业逻辑的安排。而大众则在这种千篇一律的节目的观看中，逐渐弱化了自己的个性差异，成为口味日趋统一的标准化受众。霍克海默和阿多尔诺对文化工业的担心是不无道理的："文化工业的产品到处都被使用，甚至在娱乐消遣的状况下，也会被灵活地消费。但是文化工业的每一个产品，都是经济上巨大机器的一个标本，所有的人从一开始起，在工作时，在休息时，只要他还进行呼吸，他就离不开这些产品。……社会上所有的人都接受文化工业品的影响。文化工业的每一个运动，都不可避免地把人们再现为整个社会所需要塑造出来的那种样子。"②

---

　　① 参见［美］戴安娜·克兰《文化生产：媒体与都市艺术》，赵国新译，译林出版社2001年版，第64页。
　　② ［德］霍克海默、阿多尔诺：《启蒙辩证法》，洪佩郁、蔺月峰译，重庆出版社1990年版，第118页。

（二）询唤

在审美文化的模式化运作中，商业逻辑已经渗透进其中的每一个环节，审美文化成为不折不扣的商品。但更重要的是，审美文化作为一种文化工业，作为工业生产的一个组成部分，它必然带动其他工业产品的制作、销售。从某种意义上讲，这更有力地体现出审美文化与工业彼此紧密的融合。

上文中，对电影的分析实际上已经涉及这个问题。那些风靡一时的电影往往由于其广泛的影响力而迅即拉动大批的工业产品的销售，从人物的服装到各种日常用品甚至还有风格独特的室内装潢等，可以说电影中的一切事物都可能在生活中得到热销。以电影为代表的审美文化正在起到我们非常熟悉的一种作用——广告的宣传、推销作用。这种或直接、或间接的宣传、推销不停地刺激着大众，为大众"生产"出形形色色的需求和欲望。在电影、电视潜移默化的影响下，人们的生活观念、消费意识在不知不觉中发生了变化。在这个意义上，有的学者把当代的电子传媒审美文化称作"广告文化"，无疑是非常准确、深刻的。

在电子传媒审美文化对工业产品的广告、推销中，发挥最出色的当然还是广告本身。广告作为审美文化的一种独特样式[①]，体现了电子传媒审美文化商业化运作的另一种典型方式：询唤。广告总是通过将人们询唤为消费的主体来实现自己最终的商业意图。

[①] 当今，广告早已不是那种干巴巴的、质木无文的商品传统"说明书"。生动曲折的故事情节、鲜活有力的人物形象、美轮美奂的色彩构图以及有效烘托气氛的背景音乐，使电视上的广告越来越像是一幕幕精彩纷呈的短剧。杰姆逊感叹说，广告商都是些了不起的艺术家，而广告艺术的发展也是多样化的，完全可以和文艺复兴时期的艺术、19世纪的小说相媲美。（［美］弗·杰姆逊：《后现代主义与文化理论——杰姆逊教授讲演录》，唐小兵译，陕西师范大学出版社1986年版，第203页。）费瑟斯通也指出，广告在审美谱系中已占据一定的位置，广告不仅与艺术混同在一起，而且也像艺术那样被陈列进了博物馆。（［英］迈克·费瑟斯通：《消费文化与后现代主义》，刘精明译，译林出版社2000年版，第37页。）韦尔施引用广告专家迈克尔·舍纳的话说，广告在今天已经取代了昔日艺术的功能：它将审美内容传播进了日常生活。（［德］沃尔夫冈·韦尔施：《重构美学》，陆扬、张岩冰译，上海译文出版社2002年版，第166页。）

"询唤"这一概念来自法国结构主义的马克思主义者阿尔都塞（Louis Pierre Althusser）。在那篇影响广泛的论文《意识形态和意识形态国家机器》中，阿尔都塞指出："意识形态是以一种在个体中'招募'主体（它招募所有个体）或把个体'转变为'主体（它转变所有个体）的方式并运用非常准确的操作'产生效果'或'发挥功能作用'的。这种操作我称之为询唤或召唤。"① 在阿尔都塞看来，意识形态是一种个体与他们的真实存在状况的想象性关系的再现。在这种想象性的关系中，每个个体都被设置好自己的位置、身份。也就是说，意识形态总是把具体的个体询唤、塑构成为特定的主体。这里面，典型地体现着意识形态的约束力和预订作用。

　　阿尔都塞曾以一个警察向某人打招呼作类比："嘿！说你呢！"在大街上行走的这个人就会转过身来：这是叫他呢，即认为"被召唤的就是他"（而不是别人）。这样，这个人实际上就成为这个警察的话语的主体。广告的作用机制与意识形态在这方面是相似的。在广告中，人们总是发现自己被美妙的、热心周到的服务包围着。广告中的每一件产品都是专为作为消费者的我们精心设计的：你的肌肤不够光滑吗？不用担心，××沐浴液可以重新还你美白、娇嫩的肌肤。你还在为头皮屑烦恼吗？××洗发露富含草本精华，深层滋润，令你从此远离头屑，自信如初。孩子不爱吃饭，不长个？别着急，用××壮骨颗粒。最近老加班，感觉身体疲惫？××给你带来佳音：累了困了××特饮……总之，从你的个人形象到家庭生活一直到你的工作，广告中的产品正全心全意地给你无微不至的关怀。波德里亚深刻地指出："今天没有任何东西是单纯地被消费的，即被购买、被拥有、而后就这样被耗尽。物品不是这样为某事而用，首先并特别要指出的是它们是为您服务的。如果没有个性化的'您'这一直接宾语，没有这套完整的

---

① [法] 路易·阿尔都塞：《意识形态和意识形态国家机器》，李迅译，载李恒基、杨远婴主编《外国电影理论文选》，上海文艺出版社 1995 年版，第 656 页。

个性供给的意识形态，那么消费只会是消费而已。正是这种额外赠品、这种个性效忠的热情为它赋予了完整的意义，而不是单纯的满足。当代消费者们沐浴在关切的阳光中。"① 而在这个广告营造的充满温情的人性化的空间里，询唤的作用发生了：你难道不想得到这一切吗？那么还犹豫什么呢？显然，当人们被广告发出的这一询唤打动时，也就是说，当人们默认了自己就是广告中所说的或隐含的"你"时，人们就成了广告意识形态的主体，成了商品的购买者。然而，正如阿尔都塞所指出的，这实际上只不过是一种"误认"（misrecognition）行为。首先，广告为了能产生效果，就必须吸引其他许多也在这个"你"里面认识到自身存在的人，从这个意义上说，这样的过程就是一种"误认"行为。也就是说，广告中的"你"并非指某一个具体的人，而是指向所有的潜在的消费者。其次，从另外一个意义上说，它也是一种误认："我"在广告中所看到的"你"是由这则广告所创造出的一个"你"。而实际上，这样的一个"你"可能根本就不存在，没有这样的一个"你"正在抢购广告中的产品。② 这种由广告导致的误认的结果就是，人们很快乐地购买和消费并再次购买和消费广告中的产品。

　　这里的问题是，广告的这种询唤为什么能够发挥作用？换言之，人们为什么总是把广告中所说的或隐含着的"你"误认为是"我"？

　　我们先看一则非常经典的广告：孔府家酒的广告。广告一开始，伴随着"北京人在纽约"背景音乐，一班客机缓缓降落。机场内男女老少一大家人正翘首等待，渐渐露出欢喜的笑容，他们终于盼来远游的亲人（王姬饰）。此时刘欢那富有磁性的嗓音响起："千万里，千万里，我一定要回到我的家。"镜头转到亲情融融的家，王姬给亲人

---

① ［法］让·波德里亚：《消费社会》，刘成富、全志钢译，南京大学出版社2000年版，第179页。

② ［英］约翰·斯道雷：《文化理论与通俗文化导论》，杨竹山等译，南京大学出版社2001年第2版，第168页。

送上带回的礼物,全家人围着一桌子热气腾腾的饭菜团聚在一起。片末,王姬面向镜头深情地说:"孔府家酒,叫人想家。"这则广告曾让无数人感动不已。广告中充溢着的是浓浓的思念、亲人的关爱以及家人团聚的幸福、快乐,我们几乎感觉不到这是一则推销酒的广告。广告中根本没有涉及任何关于酒的味道、口感(使用价值)的内容,它更多地是展现了产品的符号价值、意义价值。而这种符号、意义又显然是最能打动人心的,说到底,就是人们心底最渴望的东西。正如杰姆逊曾分析的,广告形象要起作用,就必须在消费者那里存在着欲望,同时,广告形象必须与这个欲望相吻合。但广告又不能只是对直接的物质欲望说话,广告必须作用于更深一层的欲望,甚至是无意识的需要。像人们熟知的"万宝路"香烟广告,为人们塑造了一个美国西部牛仔形象:一个强健有力、脸庞刚毅、浑身散发着粗犷、剽悍气概的男子汉。他策马扬鞭,嘴上叼着冉冉冒烟的万宝路香烟,驰骋在辽阔的美国西部大草原。这样,抽万宝路就成为一种男人的标志,意味着充满阳刚之气、豪放不羁。甚至更进一步,它还意味着抽万宝路的人会因为其阳刚之气而获得女性的青睐,会在征服女性的游戏中获得成功。"这样,直接的欲望和深层的无意识的需求都得到了满足;你可以梦想一个妙龄女郎甚至更进一步,你可以幻想全部生活都发生改观,四周都是美丽的人,你有充足的时间,无忧无虑,也就是说世界上所有的一切都在这种乌托邦式的状态下改变了、变形了。这些广告正是在悄无声息地告诉你,难道你所渴望的不正是这种乌托邦式的对世界的改造吗?如果是这样,为什么不用我们的产品呢?"[①] 在这种对人们内心深处的无意识欲望的调动和满足中,广告终于不知不觉地把人们询唤成消费的主体。当今各种各样的广告,无疑采取的就是这一策略。人人心中都渴望亲情、爱情、友情以及幸福、成功、自由、健康、个

[①] [美]弗·杰姆逊:《后现代主义与文化理论——杰姆逊教授讲演录》,唐小兵译,陕西师范大学出版社1986年版,第203页。

性，等等，广告正是通过将产品与这些"集体性"的愿望联系起来，使每个人都认为广告是在对"我"说话，"我"就是广告中的"你"，从而有效地推销产品。在广告中，产品已经远远不是作为"物"而存在。"广告并没有把语言预设为对一种'实在之物'（a 'real'）的指涉，而是将它预设为能指的任意关联。广告径自重新排列那些能指，悖逆它们的'正常'指涉。广告的目的便是在叙述称心如意的生活方式时令人联想到一个能指链：例如，百事可乐＝年轻＝性感＝受欢迎＝好玩。"①

很显然，这种物品与其指涉意义之间的关联，只不过是一种虚幻的承诺。购买了金利来领带，并不一定让你更具男人风度；用了飘柔，未必在工作中就会更自信；喝了雪碧，人们之间的关系也不会变得和谐、透明。说到底，这一切只不过是广告为了将大众询唤成为消费的主体而采用的商业手段而已。然而，人们往往不自觉地陷入其中。阿尔都塞曾经指出："个体被询唤为（自由的）主体，以后他将（自由地）屈从于主体的诫命，也就是说，他将（自由地）接受他的臣服地位，即他将'完全自行'做出俯首帖耳的仪态和行为。没有臣服及其方式就没有主体。所以说他们'完全是自行工作的'。"② 阿尔都塞的这一看法尽管有武断的嫌疑，但在广告几乎无孔不入，甚至已成为一种精神性侵略的今天，恐怕依旧是一个有益的提醒。

第三节 权力的操控

法国社会学家布尔迪厄指出，无论经济、政治、法律、宗教、道德还是文化，都是一个"场"，"场"是"由不同的位置之间的客观关

---

① ［美］马克·波斯特：《第二媒介时代》，范静哗译，南京大学出版社2001年版，第91页。
② ［法］路易·阿尔都塞：《意识形态和意识形态国家机器》，李迅译，载李恒基、杨远婴主编《外国电影理论文选》，上海文艺出版社1995年版，第662页。

系构成的一个网络，或一个构造。由这些位置所产生的决定性力量已经强加到占据这些位置的占有者、行动者或体制之上，这些位置是由占据者在权力（或资本）的分布结构中目前的或潜在的境遇所界定的；对这些权力（或资本）的占有，也意味着对这个场的特殊利润的控制"①。按照布尔迪厄的这一看法，任何"场"说到底都是权力场。权力的占有者决定着整个"场"的运作逻辑，以服从于自己的利益和目的。自然，审美文化"场"也不例外。审美文化的运作，始终体现着既定的权力体系的意图，这种权力体系往往隐而不显，却又是强有力地发挥着操控作用。

一 "自然化"的文化经验

在当代，人们的生活曾经为众多的电影、电视节目所充斥。人们已经习惯于下班后，坐在家中，打开电视观看自己喜爱的节目。人们通过电影、电视了解世界各地的风俗人情、地理风貌、人生故事，电影、电视为人们打开了通向世界的异常精彩的窗口。电影、电视的出现为人们提供了新的经验感知形式。这是一种经由媒介而接收的经验，我们称之为"文化经验"，以与自然的、现实的经验相区别。

在现实生活中，人们由于特定时空以及经济条件等因素的制约，往往无法亲自到现场去聆听一次精彩的交响乐，去欣赏一场场面宏大的歌舞晚会，或者到摄影棚里观看演员们的"真实"表演。这时，只有借助媒介——尤其是那些具有即时性的电子媒介，这些审美文化才能从本地的时空中抽离出来，传达到遥远的异域。很显然，人们由于不在场，因此只能凭借眼前呈现的影像——也就是文化经验来判断彼时彼地的现实。这种情况下，播放什么，如何播放，实际上都已超出人们的控制范围。人们变得越来越依赖于文化经验而不是亲自参与的

---

① ［法］皮埃尔·布尔迪厄：《文化资本与社会炼金术》，包亚明译，上海人民出版社1997年版，第142页。

现实经验。事实上，电影、电视上呈现出的逼真的影像已经抹平了文化经验与现实经验之间的沟壑，在人们看来，这两者之间并没有什么差别。人们相信摄像机总是刚直不阿地工作着的，摄像机不会带有"前理解"地去拍摄事物，就如南帆所分析的："一方面，机械是科学技术的产物，摄像机不会因为某种偏见、打瞌睡或者笔误而有意无意地歪曲了现实；另一方面，摄像机是客观的，中性的，它摒弃了人为的主观判断而忠于世界呈现的真相。人们常常利用摄像机进行比喻。人们常常说，某个作家——例如海明威——的小说如同摄像机拍摄的一样真实。诸如银行、监狱等要害部门，人们对于摄像机监视器的信任超出了保安人员。摄像机可以持续不懈地拍摄，一丝不苟。"[1]

然而，诸如电影、电视的摄像镜头所呈现给人们的文化经验真的就同现实经验一样吗？许多时候，人们往往忘记了，电影、电视节目绝不仅仅是镜头拍摄的结果，它更是人为操纵的表现。电影、电视构筑的影像并不是实际存在之物的真实再现，它总是被加工、改造过的现实。也就是说，电影、电视提供给人们的文化经验并不就是现实经验，它受到多重权力关系的切割、制约因而反映着不同的利益诉求。一定的权力机构，或者用布尔迪厄的话说就是"资本的占有者"总是牢牢地控制着影视审美文化场的运作。"资本生成了一种权力来控制场，控制生产或再生产的物质化的、或具体化的工具，这种生产或再生产的分布构成了场的结构，资本还生成了一种权力来控制那些界定场的普通功能的规律性和规则，并且因此控制了在场中产生的利润。"[2] 这些资本的占有者——比如政府、专家学者、节目主持人以及节目的投资者，等等——凭借其特定的资本（权力）介入审美文化，从而塑构着人们的文化经验。

---

[1] 南帆：《双重视域——当代电子文化分析》，江苏人民出版社2001年版，第53页。
[2] ［法］皮埃尔·布尔迪厄：《文化资本与社会炼金术》，包亚明译，上海人民出版社1997年版，第147页。

在权力机制的作用下，当代影视节目已经成为弗洛姆所说的一种"社会过滤器"。它播什么节目，不播什么节目，都是经过精心选择的——社会现实并不是都有机会平等地出现在荧屏上。加拿大的社会学家克楼克（Arthur Kroker）与库克（David Cook）曾这样描述电视："一切没有进入电视的真实世界、一切没有成为电视所指涉的认同原则、一切没有经由电视作为'绝对卓越'的权力关系的科技设备处理的现象与事物，在当前时代的主流趋势里都成了边缘。在后现代的文化里，电视并不是社会的反映，恰恰相反，'社会是电视的反映'。"①电视作为"权力的媒介"，拥有着比现实更高的权力，电视决定着"现实"的面貌。那些未被权力机构认可，或者权力机构不感兴趣的"现实"是没有可能出现在电视上的，它们只能被边缘化或者不存在。在影视圈，媒体的长久忽视会让不管是多大牌的明星都黯淡收场，所有的演出活动成为无意义的存在。人们在荧幕上看不到他们的身影，久而久之，这些明星也就淡出人们的记忆，从现实世界中"失踪"。而另一方面，影视媒体又大力推送他们感兴趣的东西，从而掀起一股股"热"潮。影视媒体以其翻云覆雨的权力遮蔽着现实世界的丰富性，操控着人们的认知和理解，以最终实现自己的利益需求。

影视的"过滤"更重要的是表现在对节目的编辑、加工上。无疑，人们正在用自己的眼睛"看"荧幕上的一切。然而，这并不能证明看到的就是"现实"。事实上，视觉画面往往只是对现实世界加以剪辑、编码、加工、包装的结果，甚至是对于现实世界加以冒充的结果。这里，对"现实"的呈现方式显然体现着既定的权力的意图。然而，这种权力的在场性并不容易发觉。霍尔曾提醒说："被自然化（naturalized）的符码操作并未指证语言的透明性和'自然性'（natu-

---

① Arthur Kroker and David Cook, *The Postmodern Scene: Excremental Culture and Hyper-Aesthetics*, Montreal: New World Perspectives, 1986, p. 268.

ralness），而是揭示了使用中的符码的深度、习惯性及近似的普遍性。这些符码生产明显地'自然的'认知。这就产生了隐藏在场的编码实践的（意识形态的）效果。但是，我们一定不要被种种表象所愚弄。事实上，自然化的符码所证实的一切就是适应性的程度，在意义交流的编码和解码双方之间存在基本的相互联合、相互依存的关系——一种既成的对等时，它才产生。在解码一方，符码的功能往往会假定自然化感知的状态。"① 影视节目提供给人们的文化经验无疑就是这样一种"被自然化"了的符码。也就是说，影视节目总是千方百计地把自己的权力操纵性掩盖起来，使一切变得看起来完全是"现实"的。人们通过屏幕看到舞台上载歌载舞的演出，实际上并不是原汁原味的"现实"，而是已经过编导、舞美、摄像、导播切割包装后的"现实"。摄像机的推拉摇移以及种种蒙太奇式的手法和复杂的用光方式完全可以营造出特定权力需要的氛围。摄像机的每一个特写镜头，都透露出特定权力的意图。从这一意义上讲，镜头就是意识形态。镜头的忠实不是对现实的忠实，而是对其操控者的忠实。它按照要求剪裁着现实，剔除着现实中的"杂质"。同时，它又刻意放大着某些其操控者需要的东西，如欢乐、幸福等。在权力的操控下，演播室嘉宾和现场观众的表演成为一种"作秀"。他们看起来似乎同生活中没什么两样，很"现实"地展现自己，然而，他们事先往往要经过认真的筛选并加以培训，以确保表演顺利进行。换句话说，节目的参与者们总是知道，自己要扮演什么样的角色。同时，高高悬吊起的摄像机始终在不辞劳苦地提醒着他们，应该如何做，如何说。这一切，对于坐在电视机前的我们来说，是"看"不出的。经权力编码过的文化经验就这样悄无声息地取代了现实。

影视节目为人们塑构的这种文化经验对人们的生活产生重要的影

---

① ［英］斯图亚特·霍尔：《编码，解码》，王广州译，载罗钢、刘象愚主编《文化研究读本》，中国社会科学出版社 2000 年版，第 350 页。

响。当人们误以为眼前的一切就是现实时，实际上已经不自觉地接受了权力机制的安排，顺从于权力机制的意图。人们根本看不到那些"不应当看"的东西，也就从根本上失去反思的可能，只能被动地接受媒体信息的引导。正像乔治·格伯纳（George Gerbner）指出的："从来没有这么多人，在这么多地方，共同使用一个共同的讯息和概念系统，并且把关于生活、社会和世界的假定包含在这些信息和概念里，而和信息的制作几乎毫无关系。大众文化的结构把存在的要素彼此联系起来，构造了关于是什么、什么是重要的和什么是正确的等共同的意识。"① 也正是在这个意义上，阿多诺把当代审美文化称为"文化工业"。在《文化工业的再思考》一文中，阿多诺指出："文化工业的编造物既不是幸福生活的向导，也不是富有道德责任的新艺术，而毋宁说是准备起跑的命令，在起跑线后面站着的是最有威力的利益。它宣传的'一致同意'强化了盲目的、不透明的权威。"② 显然，影视节目中潜隐的这种权力运作，最终只能使人们的思想观点、行为方式越来越趋同，成为标准化的社会主体复制品，成为特定意识形态的终端接受器。

二 文化殖民主义

20世纪80年代，在墨西哥城召开的一次关于文化政策的世界会议上，法国文化部长杰克·朗（Jack Lang）发表了至今仍然有着重要意义的宣言："文化与艺术创造……今天是跨国经济统治体系的牺牲品，为了反对它，我们必须组织起来……难道我们命中注定要成为庞大的利益帝国的附庸吗？我们希望，这次会议将为人们提供一个机会，通过他们的政府去要求真正的文化抵抗，要求针对这种统治、针对——让我们实话实说——这种经济与知识的帝国主义展开一场真正

---

① 参见［英］戴维·巴勒特《媒介社会学》，赵伯英、孟春译，社会科学文献出版社1989年版，第13—14页。

② ［德］阿多诺：《文化工业再思考》，高丙中译，载陶东风等主编《文化研究》第1辑，天津社会科学院出版社2000年版，第204页。

的运动。"① 杰克·朗的这一宣言在当时的国际社会引起极大的震动,被称作是发动了"一场贝雷帽、布列舞和布列塔风笛之战"。显而易见,他已经明确地意识到在跨国交流越来越频繁的情况下,同经济领域一样,在文化领域也必须要展开一场斗争——针对文化帝国主义的斗争。

文化帝国主义或者说文化殖民主义在当代已经成为一个极为突出的现象,这对于发展中国家来说尤其有切身的感受。麦克卢汉曾乐观地认为,电子传媒技术的发展必将使整个世界成为一个连结为一体的"地球村"。由电驱使的文化,并不是发展于任何一个特定的地方或处所,而其实是组织成没有联系中心的各种网络。因而,传播技术将我们的中枢神经系统,扩展到与其他人类的能激起美感的全球性融合之中。这使时间(过去和现在)与空间(近处和远处)之间的区别变得多余。② 社会的差别消除了,电子传媒将人类带入一种令人如痴如醉的极为融洽的联合中。人们生活于一个重叠性的世界,这个世界消除了文化等级和各个领域之间的分离。然而,现在看来,麦克卢汉的这一看法只不过是一种美妙的设想而已。全球化的趋势在加强,这是无可否认的事实,但伴随着这一过程的,并不是等级的消除和平等的到来。事实上,大国霸权的统治秩序依然在当代延续着,文化帝国主义即是例证。西方发达国家不再是依靠武力向外界扩张、征服,而是利用互联网、电视、电影、广播、新闻出版媒介、影视音像产品以文化及信息产业等形式对其他国家特别是广大发展中国家进行有形无形的主宰、支配和控制。这是另一种意义上的帝国主义战争。英国学者汤林森(John Tomlinson)曾经指出:"这一时期的文化帝国主义的思想集中在比较安全的文化共同体的形象上,这些共同体对那些'较虚弱的'的文化施加影响。由于在晚期现代性中的民族政府越来越不能做

---

① [法]阿尔芒·马特拉尔等:《国际影像市场》,曹雷雨译,载罗钢、刘象愚主编《文化研究读本》,中国社会科学出版社2000年版,第364页。
② [英]尼克·史蒂文森:《认识媒介文化——社会理论与大众传播》,王文斌译,商务印书馆2001年版,第191页。

到在政治—经济领域里自律地行动,一切都改变了。当人们发现他们自己的生活越来越多地受到别的力量的控制,这些力量超越了民族体制(这种体制形成了自己特殊的政策)影响之外,他们属于某种安全的文化的感觉也就丧失了。"①

在文化殖民主义体系中,那些具有雄厚资金和实力的跨国性的音影企业集团显然拥有着无可争辩的霸主地位。这些巨型集团绝大部分都处于第一世界,特别是美国。早在1998年,美国的影视和音像出版业就已成为美国的第一大出口行业,出口额达到600亿美元,占国际市场的40%。在文化殖民战略中,美国的文化产业显然是最有影响力的组成部分。1993年,全世界上座率最高的100部影片中,美国影片就占88部。到1995年,美国电影已经占有欧洲票房收入的75%,由于卫星传播和有线频道的发展,美国电影在欧洲电视播放的电影中也占有70%以上。好莱坞在加拿大、拉丁美洲、大洋洲和亚洲的优势地位也越来越明显,即便在素有"东方好莱坞"之称的香港,美国电影也在动摇本土电影的主体位置。到2000年,据美国电影协会资料,美国电影每年在国内票房已经达到76.6亿美元的同时,还从海外电影市场得到超过60亿美元的票房收入,成为美国新经济的重要组成部分。② 美国是全球文化输出中心,是全球最大的文化产品出口国。2014年美国文化产品出口达194亿美元,其中以电影出口为主。2016年美国电影海外票房达183亿美元,是其国内票房的1.6倍。谋求海外市场的发展是美国既定不变的文化战略,美国电影协会前首席执行官丹·格里克曼(Dan Glickman)曾坦率地承认:"事情很简单,国际市场是美国电影施展拳脚的地方。"③ 除电影外,美国的电视节目、音

---

① John Tomlinson, *Cultural Imperialism: A Critical Introduction*, London and New York: Continuum, 1991, p. 176.
② 尹鸿、萧志伟:《好莱坞的全球化策略与中国电影的发展》,《当代电影》2001年第4期。
③ 刘铮:《美片全球票房下降9% 美预测中国会成为增长点》,https://yule.sohu.com/20060315/n242296209.shtml。

乐、游戏及其他音像制品也都拥有全球化的分发网络，在世界范围内大量输出。据美国哥伦比亚广播公司1998年的统计，世界各国进口的电视节目中有75%来自美国。而在拉丁美洲，有些国家播放美国制作的电视节目所占比例甚至高达85%以上。美国电视节目的国际销售额每年都持续增长，2014年，美国电视节目出口额达到163亿美元。在全球电视产业中，美国传媒公司牢牢占据主导地位。2014年，全球收入排名前10的传媒集团中，有8家具有美国背景。在全球50家领先的传媒集团中，美国有27家，其收入占全球传媒产业收入的69%。除了影视节目，美国其他音像产品的出口量也大得惊人。美国凭借雄厚的实力已经把世界变为其影视等文化产业的超级市场。

美国影视节目的全球性输出，给美国带来源源不断的巨额利润。然而问题决不仅仅于此，事实上，随着美国的影视等文化产品大量涌入的，还有美国的文化、美国的生活方式、美国的价值观念。正如李天铎等人指出的那样，电影作为一种特殊的文化产品，"除了在物质属性的价值外，它们借由声音、影像、图画、文字等元素交织而现的象征符号与意理信念，则与文化领域有着关联，同时这也与主导社会集体价值与国族文化内涵的政治领域形成一种张力"①。而在20世纪20年代任美国商业部长的赫伯特·胡佛（Herbert Hoover）也曾经谈到，电影出口的意义，一方面作为一种直接的商品贸易，另一方面代表美国商品的生活习惯产生强有力的影响。很显然，电影、电视节目担负的任务是多重的：它不只是一个收入的来源，更重要的是，可以用来促进美国的生活方式、价值观念的推广，从而影响其他民族社群的文化认同和文化延续。无疑，这正是当代的一种非常具有渗透力的殖民主义。麦克费尔（Thomas L. McPhail）在一本名叫《电子殖民主义》的书中写道，重商殖民主义寻求廉价劳工，劳工的双手、双脚和身体被用来开发原料和制造产品。"电子殖

---

① 李天铎编著：《重绘媒介地平线——当代国际传播全球与本土趋向的思辨》，台北：亚太图书出版社2000年版，第35页。

民主义并不是这样；电子殖民主义寻求的是心灵，它的目的是透过眼睛、耳朵或两者来影响那些消费了进口媒介节目者的态度、欲望、信念、生活形态、消费者意见或购买型式。……观众在无意中学习了西方的社会价值观和生活方式。它导致了某种的心智状态。……他们传达给观众另外一种生活形态、文化、经济和政治讯息的选择，留存的时间远超过闪动在荧幕上的瞬间意像。电子殖民主义的目的是在于检视心智的意像，以及暴露于各种类型之进口软体的长期影响。"①

在这种文化殖民中，我们很容易看到，美国影视节目中触目可见的对其本国生活方式、价值观念的宣扬。在美国影片中，美国往往被描绘成一个人间的天堂。美国的生活是舒适自由的，有豪华的别墅、奢侈的商场、高档的酒会、收入丰厚的工作。美国的一切都是美好的、值得追求的。就如麦克卢汉所说："电影来临之后，美国生活的整个格局作为一则连续不断的广告被搬上了银屏。任何一位男女演员吃穿用的任何东西实际上都成了广告，人们未曾梦想到的广告。美国的卫生间、厨房和汽车，如同其他一切美国的东西一样，被当作《天方夜谭》来处理。"② 美国在宣扬其优越的生活以增加别国人民对其的向往之时，很自然地发送出了一个强有力的信息：美国的生活方式和价值观念是最理想和正确的。即使是一些枪战片、灾难片，人们也会发现，美国人总是闪耀着令人感动的人性之光。并且几乎毫无例外，影片中从热爱科学甚至重于生命的令人尊敬的科学家到坚韧不拔、冒险进取而又有着强烈的责任感、使命感的人类英雄无一不是美国人。这一切，显然是美国的文化殖民战略中最为有效的叙事成分。

同时，与这种对本国的正面宣传相配合的是对其他国家尤其是东方民族的扭曲性再现。这典型地体现出旧有的国际经济政治秩序的延

---

① [美] 托马斯·L. 麦克费尔：《电子殖民主义》，郑植荣译，台北：远流出版公司1992年版，第18—19页。

② [加] 马歇尔·麦克卢汉：《理解媒介——论人的延伸》，何道宽译，商务印书馆2000年版，第287页。

伸，人们称之为"东方主义"（orientalism）。根据美国学者赛义德（Edward Said）的看法，自18世纪末以来一直延续至今的东方主义已经成为西方统治、重建、管辖东方的一种风格。赛义德发现，在这方面可以使用福柯在《知识考古学》和《监禁与惩罚》中提出的话语观念来认识东方主义。"如果不把东方主义作为一种话语来探讨，那就不可能理解欧洲文化庞大的规章制度，正是借助这个庞大的规章制度欧洲才能在政治上、社会上、军事上、意识形态上、科学上、想象上于后启蒙时代对东方施加管理——甚至生产。"[1] 也就是说，所谓的"东方"只是西方人根据自己的利益和观点所设置出来的"东方"。换言之，东方实际上是"被东方化"了，东方被塑造成了"东方"。这种话语权力反映出西方与东方之间的一种统治的关系，一种复杂霸权的不同等级关系。"对东方事物的想象性审视似乎是仅以西方的主权意识为基础的，一个东方世界就是从这个意识的未受到挑战的中心中产生出来的。这种审视首先根据谁是东方人或何为东方物的一般概念，然后根据不仅仅由经验现实而且由欲望、压抑、投资和投射等控制的一个细密的逻辑来判断的。"[2]

在这种西方对东方的塑构中，东方再次成为被殖民的对象，成为一个"他者"。这个"他者"相对于西方来说，往往是存在缺陷的，甚至是阴暗、邪恶的。而白种的西方人则是理性、文明、完美和正义的化身。从1914年《神秘的傅武春先生》开始，一直到80年代《傅满洲的恶魔诡计》《龙年》等，美国拍摄了一系列"傅满洲"电影，将华人塑造为威胁着白人的生命安全，准备摧毁美国乃至世界的和平的"撒旦"。当然，故事的结局无一例外，在关键时刻，"英勇、智慧"的白人击败了"阴险、狡猾"的"傅满洲"。而东方主义话语的

---

[1] ［美］爱德华·W. 赛义德：《赛义德自选集》，谢少波、韩刚等译，中国社会科学出版社1999年版，第3页。

[2] ［美］爱德华·W. 赛义德：《赛义德自选集》，谢少波、韩刚等译，中国社会科学出版社1999年版，第8页。

另一面，则是李小龙、李连杰、成龙等饰演的正面角色。在电影叙事中，他们身为侦探、警卫，为美国效力，是美国价值观的遵循者、维护者，是顺从的"家臣"。作为"他者"，华人要么是"撒旦"，要么是"家臣"；要么"劣"，要么"低"，只有白人高高在上。在这种东方主义的叙事中，最典型的还是对东方女性的刻画。从最早在好莱坞打破白人一统天下的华裔女演员黄柳霜，到今天的杨紫琼、巩俐、刘玉玲、章子怡、李冰冰，好莱坞影片中几乎随处可见华人女性的身影。然而影片中这些华人女性没有逃脱东方主义的锁链。不管是20世纪20年代《海逝》中黄柳霜饰演的为了一个爱着的美国白人而跳水自尽的莲花，80年代《大班》中陈冲饰演的想尽办法战胜其他"洋"女人，从而成为大班的情妇的美美，还是前些年章子怡在《尖峰时刻2》中饰演的武功高强、出手狠辣的女杀手胡莉，她们无一不带有西方人的种族价值印记。在西方白人男性的视角下，影片中的东方女性与其说是一个真实的存在，不如说是西方人为满足自己的想象和欲望而构造出的一个影像。她们是性感的尤物，她们一般都要爱上白人男性，并需要他们的恩赐和拯救。然而，有时她们又是极度危险的。这样，西方人按照自己的意图再现着东方、篡改着东方，任何一个华人女性都必须屈服于这种设计。就如好莱坞华人女影星陈冲曾说的，好莱坞能包容的异域元素是它想象中的东西。如果你的东西超出了这个范畴，它就不能接受，好莱坞有自己的框框，你得符合那个框框。① 在西方—东方的二元对立中，西方以其居于中心的优越感和男性的霸权性质，肆意地扭曲着其他国家、民族、种族的形象。

美国通过强势输出影视节目，不断地渲染其优渥、舒适的生活，同时又反复地鼓吹美国人性的正直、智慧、英勇，传播美国的意识形态、价值观念。在这种情况下，广大发展中国家的人们是否会动摇甚

---

① 陈娟：《中国女星走向国际影坛中央》，http://ihl.cankaoxiaoxi.com/2012/0823/82661_2.shtml。

至失去对本国文化、价值观的认同？如果一个国家、民族消费过多的外来文化，甚至始终置身于外来的文化中，这个国家、民族自身的文化还能生存多久？美国前商务部高级官员戴维·罗斯科夫（David Rothkopf）曾坦言："如果世界趋向一种共同的语言，它应该是英语；如果世界趋向共同的电信、安全和质量标准，那么它们应该是美国的标准；如果世界正在由电视、广播和音乐联系在一起，节目应该是美国的；如果共同的价值观正在形成，它们应该是符合美国人意愿的价值观。"①显然，罗斯科夫的这番话恰恰表明美国的意图所在。

以写《历史的终结》而闻名一时的弗朗西斯·福山（Francis Fukuyama）2001年初在梅里尔·林奇论坛的对话中指出："不同文化身份的同质化及其对它们的认可将同时发生。从大的经济和政治制度来说，文化正在变得越来越同质。"② 不难看到，当今时代，越来越多的国际流行口味、国际流行时尚正在把人们席卷而入。而这背后，无疑是西方的文化霸权在发挥着有力的操控作用。民族的文化认同越来越扭曲，大量的流行歌曲时不时地夹杂着生硬的英语，一集又一集的电视剧越来越陷入西方肥皂剧、室内剧的叙事模式。就在这种引入、移植的过程中，西方的文化标准成为唯一正确的标准——人们不仅接受西方的"进口"文化，更按照这种"进口"来的文化的特征打造"自己的"文化。就如有的学者分析的，西方的文化霸权是通过东方"积极的赞同"来实现的。美国大力推销的文化工业产品，特别是各种文化消费品，将它们所负载的价值观念和生活趣味推向全球。这种生产—消费的关系，不仅将文化输出国的文化作为普遍的价值标准，以强势话语的方式挤压弱势文化的本土传统，同时还以询唤的方式诱导了被输出国的文化生产。③ 于是，我们看到，有些影片把目光转向

---

① David Rothkopf, "In Praise of Cultural Imperialism?", *Foreign Policy*, No. 107, 1997.
② 王晓德：《关于"美国化"与全球多元文化发展的思考》，《美国研究》2003年第3期。
③ 孟繁华：《传媒与文化领导权——当代中国的文化生产与文化认同》，山东教育出版社2003年版，第258页。

东方那些古老的习俗，甚至是刻意塑构的习俗。种种原始的、落后的、愚昧的、神秘的——总之是对西方来说陌生的和新奇的场景成为着意铺陈渲染的主题，迎合着西方对东方的想象，与西方一起构筑着东方的"他者"形象。

第五章　从控制中突围

我们已经看到，电子传媒审美文化作为一个巨大的"场"，各种因素错综复杂、互相交织。它既给人们带来极大的自由和解放，又把人们置于有力的控制之中。在前面的章节中，我们已经考察了电子传媒审美文化与当代人生存境况的关系以及电子传媒审美文化的内在运作机制。在本章，我们要进一步探讨的是，电子传媒审美文化的自由性和控制性两者之间存在着什么样的关系？在对这一问题的理解上，我们把目光投向葛兰西的文化霸权理论，通过这一理论视角来作出解读，进而对审美文化的发展方向作出探讨。

第一节　自由与控制的张力

如前面所谈到的，当今以电影、电视等为主导的审美文化是一种诉诸大众的现实感性和欲望的审美文化。而对于今天的这种审美文化，事实上，人们一直处于论争之中。反对者一般指斥其人文价值、终极意义的缺失和美学表现的贫乏。人们把影视等审美文化视为一种消费文化、快餐文化和娱乐文化，抨击其制作的标准化、单一性，片面追求商业利润，并将大众驯化为没有自己的思考能力和个性特点的"单面人"。这一视角显然承续了法兰克福学派的观点。法兰克福学派主将阿多诺反复强调,作为一种文化工业,当代审美文化既是一种"彻头彻尾的商品",同时又通过削弱人们的思考能力而对现存的秩序起着极大的巩固作用。阿多诺指出:"与康德的理论形成对照的是,文化工业的绝对规则不再与自由有任何共同之点。它宣示于众的是:你应该循规蹈矩,即使是在未被告知任何规矩的情况下;应该与任何已经存在的东西保持一致,像其他任何人那样思考……文化工业的威力是如此之大,以致循规蹈矩已经取代了自觉地思考。"[1] 毋庸置疑,这种批判的视角在今天有着重要的现实意义。但同样明显的是,这种理论视角在对审美文化中的种种控制性因素予以深刻剖析的同时,却没有注意到当今的审美文化存在的合理性,审美文化所给予人们的自由,尤其是忽视了人们在接受过程中的积极性、主动性。

与这种批判的视角不同,审美文化的支持者则极力强调,作为一种世俗化的文化形态,当今的审美文化对于人们从传统的压制下解放出来起到无法忽视的作用。它体现了人们的合理性欲望、要求,为人们的生活开拓出更广阔的空间。对于人们来说,这意味着真正有了"自己的"文化,而不是说教性的、精英意味浓郁的"他人的"文化。大众媒介尤其是电子媒介的发展,使审美文化从高高的殿堂走下来,人们可以自由、平等、方便快捷地获得自己喜爱的文化资源。李泽厚曾指出,今天的这种审美文化,"不考虑文化批判,唱卡拉 OK 的人根本不去考虑要改变什么东西,但这种态度却反而能改变一些东西,这就是……对正统体制、对政教合一的中心体制的有效的侵蚀和解构"[2]。由此看来,当今的审美文化尽管不具有精英文化的崇高"意义",但它并不就是无意义的。徐贲甚至认为,正是当今的审美文化——群众媒介文化,才给广大民众带来开启民智的作用。"在中国,

---

[1] [德] 阿多诺:《文化工业再思考》,高丙中译,载陶东风等主编《文化研究》第 1 辑,天津社会科学院出版社 2000 年版,第 204 页。

[2] 李泽厚等:《关于文化现状与道德重建的对话》,《东方》1994 年第 5 期。

启蒙运动从来没有能像媒介文化那么深入广泛地把与传统生活不同的生活要求和可能开启给民众。群众媒介文化正在广大的庶民中进行着'五·四'运动以后仅在少数知识分子中完成的现代思想冲击。在这个意义上可以说,群众媒介文化在千千万万与高级文化无缘的人群中,起着启蒙作用。"[1] 不难看出,审美文化支持者的这一理论展示出与批判理论相当不同的阐释视角。但是,就如同批判的理论所存在的缺憾一样,这一理论视角同样把问题简约化了。电子传媒审美文化中固然有自由、解放的一面,但仅仅强调这点显然无法有效地阐释当今的审美文化状况。

事实上,对于今天这些与人们的日常生活紧密联系在一起的电影、电视剧以及形形色色的娱乐节目等审美文化,人们很难直接作出非优即劣的价值判断。这就意味着,对于今天的审美文化,我们必须同时开启双重视域,既要考察它给人们带来的自由,更要考察它隐蔽运作的控制性力量。就如英国学者尼克·史蒂文森(Nick Stevenson)所认为的:"大众传播研究没有必要在意识形态的统一性与文化的离散性这两者之间作出选择,强调这一点是重要的。倘若具备某些结构方面的条件,各种媒介文化就有能力产生这两者中的任何一种效应。一种更为详细的研究方法,会力求凸显统一性与离散性之间的诸种张力,并在霸权性的融合与社会原子论之间建立起一种对话。"[2] 史蒂文森的这一看法无疑极富启示意味,自由与控制,两者总是同时运作于审美文化"场"中,从而构成一个动态的、富有张力的平衡系统。但是,这种动态的平衡系统是如何具体运作的?换言之,自由与控制在审美文化"场"中处于什么样的位置关系?

在这里,我们注意到意大利马克思主义者安东尼奥·葛兰西关于

---

[1] 徐贲:《走向后现代与后殖民》,中国社会科学出版社1996年版,第250页。
[2] [英]尼克·史蒂文森:《认识媒介文化——社会理论与大众传播》,王文斌译,商务印书馆2001年版,第97—98页。

"文化霸权"（cultural hegemony）的论述。文化霸权或者说文化领导权是葛兰西提出的一个政治理论术语，葛兰西用这个术语来描述社会统治集团可获得的社会控制的方式。在葛兰西看来，统治阶级要维护自己的统治，除了直接动用暴力，用"强行控制"这种手段来维持社会的政治经济秩序之外，还必须具有意识形态中的领导权，以使被统治者在心理、观念上顺从和满足于现状，"心甘情愿地"赞同、接受统治集团的世界观。葛兰西指出，一个社会集团的最高权力表现在两种形式中——在"统治"的形式中和"精神和道德领导"的形式中。"只有那个力图'消灭'与它敌对的集团或者使这些敌对集团服从自己，不惜使用武力并且同时以联盟的或亲近的集团的领导者的身份出现的社会集团，才是它的敌对的集团的统治者。社会集团可以而且甚至应该在夺取到国家政权之先就以领导者的身份出现（这就是夺取政权本身的最重要的条件之一）。尔后这个集团取得政权，即使很坚固地掌握着它，成了统治者，同时也应该是一个'领导的'集团。"[①] 显而易见，在葛兰西看来，作为社会控制的一种形式，"精神和道德领导"是不同于强制性的"统治"的。一个社会集团即使成为"统治者"，也必须继续进行领导，实行自己文化的、意识形态的领导权或者说霸权。

那么，如何实施这种文化霸权？葛兰西在此区分了两种社会：政治社会和市民社会。在葛兰西看来，政治社会和市民社会都是上层建筑。政治社会的执行机构是代表国家的正式组织系统，即法庭、警察、监狱、军队等社会强制暴力机构。市民社会则是指非正式的、非暴力的、民间的种种组织结构系统和精神力量，例如政党、工会、教会、学校、学术文化团体以及大众媒介，等等，它作为宣传和劝说性的机构代表的是舆论。葛兰西认为，正是在这个市民社会，意识形态发挥作用，实施文化霸权，"这个市民社会的活动是既没有'制裁'，也没

---

① ［意］安东尼奥·葛兰西：《狱中札记》，葆煦译，人民出版社1983年版，第316—317页。

有绝对的'义务',但是在习惯、思想方式和行为方式、道德等等方面产生集体影响并且能达到客观的结果"。① 显然,市民社会对霸权的实施,是以被统治者的自愿接受和赞同为前提的,它依赖于某种一致的意见和舆论的形成,而这总是一个存在着斗争、冲突、平衡和妥协的过程。英国学者托尼·本内特(Tony Bennett)曾对此作出过精要的说明,他指出,葛兰西强调资本主义社会统治阶级与被统治阶级之间的文化和意识形态关系并不是体现在前者对后者的统治,也就是说,不是统治阶级的文化和意识形态直接取代被统治阶级的文化和意识形态。相反,资产阶级要取得领导权,使自己成为霸权阶级,"其前提是资产阶级意识形态必须在不同程度上能够容纳对抗阶级的文化和价值,为它们提供空间。资产阶级霸权的巩固不在于消灭工人阶级的文化,而在于联系工人阶级的文化形式,并且在此一形式的表征中来组建资产阶级的文化和意识形态"②。这样一个接纳对抗阶级的文化因素的过程实际上就是一个"谈判"的过程。通过谈判、协商,统治阶级赢得被统治阶级的"自由的赞同"(free consent),从而实现了自己的文化霸权或者说是文化领导权。

葛兰西的文化霸权理论对于我们理解当今电子传媒审美文化中的自由与控制有着重要的价值。按照葛兰西的见解,当今广泛借助各种大众媒介尤其是电子媒介传播的审美文化作为市民社会的组成部分,是霸权机制发生作用的一个重要场所。审美文化的生产者借助电子媒介等技术手段,给予人们充分的自由。唯其如此,人们才可能真正喜欢甚至沉溺于这一文化形式,把它视为自己的文化,或者是"为自己"的文化,从而产生出一种认同感。但就在这一过程中,种种技术的、商业的、意识形态的控制性因素也悄无声息地渗透进人们的日常

---

① [意]安东尼奥·葛兰西:《狱中札记》,葆煦译,人民出版社1983年版,第191—192页。
② [英]托尼·本内特:《大众文化与"转向葛兰西"》,陆扬译,载陆扬、王毅选编《大众文化研究》,上海三联书店2001年版,第64页。

生活，实现着自己坚定不移的图谋。当今的电子传媒审美文化就是自由与控制这两种力的复杂交织，相互冲突、融合。自由的让渡与控制的图谋永不停息地运作于审美文化之中，体现着强大的霸权运作逻辑。正因如此，英国桑德兰大学教授约翰·斯道雷（John Storey）指出："通俗文化既不再是一种阻碍历史进程的、强加于人的政治操纵文化（法兰克福学派）；也不是社会衰败和腐朽的标志（'文化与文明'传统）；也不是某种自下而上自发出现的东西（文化主义的某些论述）；也不是一种将主观性强加给某些被动的主体的含义机器（结构主义的某些论述）。与上述这些方法以及其他方法相反，霸权理论使得我们可以将通俗文化看作是意念与反意念之间'谈判'所产生的一个混合体；是一种既'自上而下'又'自下而上'产生的，既是'商业化的'又是'真实的'文化；是抵抗和融合之间一种不断变化的力量平衡。"[①] 说到底，当今的这种审美文化既不是一种单纯的自由，也不是一种绝对的、严厉的控制，而是在这两者之间展开的一种持续不断的斗争和妥协。这是一种"既掌握了正式的控制又把握着解除控制、并在这两者之间轻易地转换交切的一种弹性的、潜在的生成结构"[②]。

在自由与控制的动态平衡中，电子传媒审美文化有效地实现了自己的文化霸权。应该指出的是，尽管文化霸权不是一种简单的自上而下的权力的强加，而是通过相互协商和妥协后达成的某种默契，是对对立一方的利益和价值观的接纳，但在这种文化霸权的运作中，我们显然不能过于乐观地估计其中的自由性。文化霸权的这种协商和妥协是有一定限度的，它总是以实现审美文化的生产者的意图为目的。这意味着，审美文化在让渡自由的同时，也展开了其强大的控制。伯明翰学派的斯图亚特·霍尔曾就此指出，文化工业尽管对人们发生的作

---

① ［英］约翰·斯道雷：《文化理论与通俗文化导论》，杨竹山等译，南京大学出版社 2001 年第 2 版，第 172 页。

② ［英］迈克·费瑟斯通：《消费文化与后现代主义》，刘精明译，译林出版社 2000 年版，第 39—40 页。

用并不像是对一张白屏，不过，"它们的确控制和改造了被统治阶级的情绪和见解内部存在的抵触因素；它们的确在受到影响的人的心中发现和清理出一个认同的空间。文化控制是有实际效果的——哪怕这一效果既非全能的也非囊括一切的。假如我们要争辩说这些强加的形式不会产生影响，那就等于说大众文化可以成为一块分离的飞地，存在于文化权力的分布区域和文化力量的关系网之外"[①]。在当代电子媒介审美文化中，由于电子媒介的运行较之传统的印刷媒介需要更多的资金和专业人才，因而蕴含着更多、更复杂的权力关系。比如投资者需要得到商业利润的回报，管理者需要借助它宣扬自己的意识形态等。就如福柯所指出的，作为"陷在权力机制中"的大众媒介，"必然是在经济政治利益的支配之下工作的"[②]。这意味着，当今的电子媒介审美文化最终是要实现自己的经济政治利益，而这一意图的完成借助的就是霸权式的运作。

第二节 走出控制

正如我们所看到的，电子传媒审美文化正是通过霸权式的运作，实现其种种控制的意图。在这种情况下，如何实施有效的抵抗，展开反霸权的斗争就现实地摆在人们的面前。显然，在这方面，伯明翰学派一些学者的观点能给人以重要启发。与此同时，当今的审美文化是与电子媒介技术紧密关联的审美文化，这就使人们对走出控制的思考不可避免地与对技术本身的关注联系起来。

---

① [英] 斯图亚特·霍尔：《解构"大众"笔记》，戴从容译，载陆扬、王毅选编《大众文化研究》，上海三联书店2001年版，第48页。

② [法] 米歇尔·福柯：《权力的眼睛——福柯访谈录》，严锋译，上海人民出版社1997年版，第164—165页。

一 意义的抗争

显而易见，电子传媒审美文化的生产总是体现着特定的意义，按照霍尔的说法，就是存在着"主导话语结构"。霍尔曾以电视为例，对此加以了解释。在霍尔看来，尽管电视内涵存在着多义性，但各内涵符码之间的关系并不对等。这里面存在着一种主导的话语结构，也就是说，"存在着一种'被挑选出来的解读'方案：在这些解读内镌刻着制度/政治/意识形态的秩序，并使解读自身制度化。在'被挑选出来的意义'的多个领域镶嵌着整个社会秩序，它们显现为一系列的意义、实践和信仰"①。霍尔这里所谈的"主导话语结构"涉及的正是审美文化的控制性问题。审美文化的生产者通过对文本的"编码"，传达自己的世界观、价值观和意识形态等。因此，作为审美文化的接受者，其抵抗的实施就突出地表现在对影视等审美文化文本如何作出解读。

在这里，霍尔提出了他的著名分析。霍尔认为，在对电视话语进行解读——"解码"的过程中，存在着三种立场。第一种解码立场是主导—霸权的立场（dominant-hegemonic position）。比如电视观众直接从电视中获取其内涵的意义，并根据编码者编码信息的参照符码来解码信息时，这种电视观众就是在主导符码范围内进行操作。也就是说，电视观众采取了与电视节目的生产者完全一致的诠释框架，从而承认、接受了电视节目的生产者的意识形态和观念。第二种解码立场是协商的立场（negotiated code）。霍尔认为，持这种立场的观众大致认可旨在形成宏大意义的霸权性界定的合法性，也就是说，大致接受已编制好的意义。但同时，在一个更有限的、情境的层次上，他们又制定自己的基本规则，并根据这些规则来修正已经接受的意义，使之更适合于"局部条件"，适合于本身的社会地位，从而透露出某种协商性的特征。这种

---

① ［英］斯图亚特·霍尔：《编码，解码》，王广州译，载罗钢、刘象愚主编《文化研究读本》，中国社会科学出版社 2000 年版，第 353 页。

立场因而是对主导意识形态的一种部分同意和部分否定。在霍尔看来，电视观众的第三种解码立场是对抗（oppositional position）的解码方式。观众能完全理解电视话语赋予的字面和内涵意义的曲折变化，能看出电视话语的"编码"要求的意义，但却对此置之不理。他们选择的是自己的解码立场，以一种全然相反的方式去解码信息。这种对抗式的解读力图推翻编码者注入的意识形态，从而表现出一种"意义的抗争"。按照霍尔的这一分析，人们对审美文化有着不同的解读方式，因而与主导意识形态之间形成了不同的关系。在这个过程中，对抗的解码方式就构成了对审美文化生产者的控制意图的有效抵制。霍尔所分析的是接受者与审美文化所暗含的意识形态编码的关系，但很显然，其他控制性因素，比如对商业利润的追逐等也同样适合这一"霍尔模式"。

那么，这种对审美文化的控制性意图的抵抗是如何具体地展开的？在这一问题上，伯明翰学派后期的重要代表人物约翰·费斯克的观点无疑是引人注目的。从某种意义上可以说，费斯克的理论是对霍尔对抗模式的更深入的发挥。费斯克以电视作为文化工业的范例，提出了"两种经济"的理论。在费斯克看来，电视节目的生产、销售实际上是由两种平行和共时的经济系统构成的。一种是金融经济，流通的是财富。另一种是文化经济，流通的是意义和快感。费斯克分析说："演播室生产出一种商品，即某一个节目，把它卖给经销商，如广播公司或有线电视网，以谋求利润。对所有商品而言，这都是一种简单的金融交换。然而这不是事情的了结，因为一个电视节目，或一种文化商品，并不是微波炉或牛仔裤这样的物质商品。一个电视节目的经济功能，并未在它售出之后即告完成，因为在它被消费的时候，它又转变成一个生产者。它产生出来的是一批观众，然后，这批观众又被卖给了广告商。"[①] 这就是说，在金融经济系统中，电视节目的流通实

---

① [美]约翰·费斯克：《理解大众文化》，王晓珏、宋伟杰译，中央编译出版社2001年版，第32页。

际分成两个阶段。第一个阶段是制片商（生产者）生产出电视节目（商品），然后卖给电视台（消费者）。这里的金融交换与其他金融系统的交换很相似，是简单的、直接的。而在第二个阶段，电视台又将观众作为"商品"卖给了广告商。电视台播出节目，构成了"生产者"的行为。但是电视台的"产品"不是节目，而是广告的播出时间，实际上就是在这段时间里观看广告的观众。广告商成了"消费者"，在表面上购买的是电视广告的播放时间，而实际上购买的是作为潜在的消费者的观众。

当然，在费斯克看来，电视节目作为一种文化商品，更重要的是它还存在一个文化经济系统。文化经济是费斯克提出的一个重要概念，他指出："在文化经济中，流通过程并非货币的周转，而是意义和快感的传播。于是此处的观众，乃从一种商品转变成现在的生产者，即意义和快感的生产者。在这种文化经济中，原来的商品（无论是电视节目还是牛仔裤）变成了一个文本，一种具有潜在意义和快感的话语结构，这一话语结构形成了大众文化的重要资源。在这种文化经济里，没有消费者，只有意义的流通者，因为意义是整个过程的唯一要素，它既不能被商品化，也无法消费；换言之，只有在我们称之为文化的那一持续的过程中，意义才能被生产、再生产和流通。"[1] 我们看到，正是在文化经济系统中，人们显出其抵抗的力量。人们不是消极、被动地接受影视节目的内容，而是主动地利用这些内容制造出属于自己的意义和快感，从而把影视节目文本变为自己可以"偷猎"的资源。费斯克举例说，澳洲城里年轻的原住民，通常在星期六早晨观看电视里播放的老西部片。当影片中的印第安人劫掠车队或家园宅地，狙杀白人男子，抓走白人女子之际，这些澳洲观众会为之欢呼鼓劲。显然，他们借助影片创造出自己的意义。他们认同于西部片中的印第安人，并

---

[1] ［美］约翰·费斯克：《理解大众文化》，王晓珏、宋伟杰译，中央编译出版社2001年版，第33页。

回避影片里面白种人殖民主义的意识形态，回避诸如"白人父亲会照看你"之类的意识形态。费斯克另外一个典型的例子则说明了人们如何抵抗商业性的控制。费斯克说，当他的一个女学生穿着短裙，踩着高跟鞋，走过一群乳臭未干的玩童身边时，他们一起奚落着对她唱道，"Razzmatazz, Razzmatazz, enjoy the jazz"。这些孩子所唱的"Razzmatazz"是一种连袜裤品牌，其广告镜头是一群穿着亮色连袜裤产品的长腿模特儿走来走去。在这里，广告作为商业化的力量受到这些调皮孩子的抵抗。他们正在把那则电视广告用于他们对抗性的文化意图：他们并没有成为广告所预想的潜在的消费者。不难看出，费斯克力图证明的是，在文化领域，虽然始终存在着控制的力量，但人们可以展开各种形式的"符号游击战"来不停地实行抵抗。文化领域因此而成为文化强加（生产）的"战略"与文化使用（消费或者"次要生产"）的"战术"之间持续冲突的一个无声而又看不见的战场。在这个战场里，那些"游击队员"通过巧智"权且利用"（making do）他们拥有的一切，从中创造出自己对抗性的文化。正是在这个意义上，费斯克反复强调说："大众文化一直是权力关系的一部分，它总是在宰制与被宰制之间、在权力以及对权力所进行的各种形式的抵抗或规避之间、在军事战略与游击战术之间，显露出持续斗争的痕迹。"[1] 而正是这种持续的斗争形成了对主导意识强有力的抵抗。

　　费斯克所说的这种"权且利用"的游击战术作为对既有的文化资源的主导意义的抵抗，在人们的众多文化再生产行为中得到体现。在这方面，利用既定的文化文本，重新剪裁、组合，以表达出与原初文本截然不同的意义的"拼装"（bricolage）无疑是最典型的形式。列维–斯特劳斯（Levi-Strauss）早就对此作出论述，他指出，"拼装"是部落中人的日常实践，他们创造性地组合手边现有的材料与资源，

---

[1] ［美］约翰·费斯克：《理解大众文化》，王晓珏、宋伟杰译，中央编译出版社2001年版，第25页。

制造出一些可以满足当下需要的物件、符号或仪式。[①] 受这一思想的启发，伯明翰学派的另一位学者迪克·赫伯迪格（Dick Hebdige）把这一概念用于青少年亚文化的研究。赫伯迪格认为，"拼装"就是不同物品被不合常规地放在一起，从而打破日常符号系统的规则。比如无赖青年打破各阶级对服装、音乐的不同选择的传统，穿上了贵族式的服装；摩登族挪用另一系列的商品，将其组合成各种符号，抹杀或颠覆原有的直接的意义，这些都是挪用和改换，是一种拼装行为。[②] 显然，这种挪用、改换正是人们的一种"权且利用"的战术。"游击队员"们发起了对权威符码和社会制度的偷袭，在一个新的语境下，创造出自己的文化，从而获得极大的快感和意义。

当今，各种个人视频短片大量涌现，形成对既有的文化资源的拼装狂潮。这些视频短片往往借助网络进行传播，它们重新组合既有文本的图像，通过文本之间的隐喻、模仿、偷换、篡改了原来的意义。在视频短片制作者那里，原来的文本"不是由一个高高在上的生产者——艺术家所创造的高高在上的东西（比如中产阶级文本），而是一种可以被偷袭或被盗取的文化资源。文本的价值在于它可以被使用，在于它可以提供的相关性，而非它的本质或美学价值"[③]。轰动一时的网络视频短片《一个馒头引发的血案》，就是以当时热映的电影大片《无极》为蓝本，重新加以剪辑、组合而成的。这一视频短片拟仿新闻纪录片的报道方式，讲述了一起杀人案的侦破过程。在片中，《无极》中的人物被改换成为"服装模特""城管队员""谈判专家"等身份，并重新设计了台词，上演了与"原本"完全不同的故事情节。

[①] 参见［美］约翰·费斯克《理解大众文化》，王晓珏、宋伟杰译，中央编译出版社2001年版，第177—178页。

[②] ［美］迪克·赫伯迪格：《亚文化：风格的意义》，陆道夫、胡疆锋译，北京大学出版社2009年版，第129—130页。

[③] ［美］约翰·费斯克：《理解大众文化》，王晓珏、宋伟杰译，中央编译出版社2001年版，第171页。

这一视频短片在网民中产生了极大反响，在各大大小小的网站广为传播。其影响之大、对原作的颠覆之强使《无极》的导演陈凯歌甚至要与这一视频短片的制作者胡戈对簿公堂。这显然是"游击队员"的一次成功偷袭，在这种偷袭中，既有的文化资源的意义、价值受到了沉重打击。正是在这个意义上，霍尔称这种"符号游击战"为"在后革命时期对一种前革命时期的社会、政治和组织问题的文化反应"[①]。

费斯克等人在对人们的抵抗的理解上显然是乐观的。费斯克曾坦言："我并不认为我自己是资本主义体制的受骗者，因为我从中获得了巨大的快感。实际上，我的快感非常典型地与他们有不同的一面，我意识到，这是我的快感，我从他们的资源中创造出来为我所用；而且从他们的视角看来，我正在以某种方式，为了我的快感，误用着他们的资源。我的笑声，发生在他们认为并不可笑的地方，它包含着他们并不欢迎的嘲笑的力量。而且在这一点上，我相信我是普通大众中典型的一员。"[②] 我们承认这种抵抗有其有效性——这种有效性也并非像费斯克所说的那样乐观，但问题是，这种抵抗的普适性到底有多少？换句话说，人们是否都能像或者总是像费斯克那样展开同包含着特定意识形态和商业意识的文化工业产品的周旋，而不至于被其控制或者同化？费斯克的乐观显然有滑向过于夸大民众声音的文化民粹主义的可能。英国学者吉姆·麦克盖根（Jim McGuigan）就曾直接批评费斯克的文化研究是一种不加批判的文化民粹主义："文化民粹主义认为，普通群众的符号经验与实践从分析和政治角度来看，比开头字母 C 大写的 Culture（文化）更加重要，这是某些通俗文化学者所作出的学术假设。"[③] 而中国学者赵斌也曾经指出："文化研究的社会批判功能，

[①] Stuart Hall and Tony Jefferson, eds., *Resistance Through Rituals: Youth Subcultures in Postwar Britain*, London: Hutchinson, 1976, p. 99.

[②] ［美］约翰·费斯克:《理解大众文化》，王晓珏、宋伟杰译，中央编译出版社2001年版，第210页。

[③] Jim McGuigan, *Cultural Populism*, London: Routledge, 1992, p. 4.

经常被表面上的喧闹所淹没。其中一些较有影响的文化研究者,更是主动放弃了对深层社会批判的追求,反而对流行文化中包含的所谓反抗霸权和控制的因素沾沾自喜并随意夸大。这种形式上的文化激进,其实已蜕变成实质上的政治保守了。"[①] 这些批评显然是不无道理的。

理论的盲视与洞见总是携手而行。费斯克看到了民众积极的抵抗力量,但过于夸大这一力量使他的理论具有很大程度的盲目乐观。尽管如此,无论是霍尔对抗的解码方式还是费斯克的抵抗理论,显然都能够给我们以重要的启发。从某种意义上讲,这些学者对民众积极的抵抗力量的阐述更是一种理论的勘探,一种对人们的理想性期待。无疑,一旦民众的力量真正形成,由游击战转为葛兰西所说的运动战,就必然会夺取电子传媒审美文化的领导权。正是在这里,我们听到了葛兰西理论的回声。

二 技术的拯救

上述对反霸权的分析主要是在意识形态(权力)和商业图谋方面展开的,而一个显而易见的事实是,电子传媒审美文化更是技术大规模渗透、介入的产物。没有当代电子媒介技术的发展和推动,就没有当代形态的审美文化,也就没有更多的人的审美自由。在这个意义上,技术对审美文化可谓功不可没。但是,随着技术对文化的这种广泛介入,不难看到,技术自身的逻辑也越来越突出,技术愈益成为一种重要的控制性因素。它与权力、商业因素一起,共同构成着审美文化的霸权式运作。

法兰克福学派主将阿多诺多次强调指出,当今的审美文化已成为一种文化工业。阿多诺认为,作为一种文化工业,其生产技术只是在字面上与艺术作品中的技术相同,实际上两者有很大的区别。"在后

[①] 赵斌:《英国的传媒与文化研究》(上),《现代传播》2001年第5期。

者中，技术与对象本身的内在组织有关，与它的内在逻辑有关。与此相反，文化工业的技术从一开始就是扩散的技术，机械复制的技术，所以总是外在于它的对象。……它寄生在外在于艺术的、对物品进行物资生产的技术上，无关乎包含在它的功能性中的对内在的艺术整体的职责，也无关乎对审美自治所要求的形式法则的考虑。"① 也就是说，文化工业的技术最终只是一种谋求大规模生产的、工业化的技术，这样一种技术并不关注艺术的自治性要求或者说审美—表现理性，相反，它却像生产其他工业产品一样生产艺术作品。因此，人们看到，在文化工业的各个分支，"特意为大众的消费而制作并因而在很大程度上决定了消费的性质的那些产品，或多或少是有计划地炮制的。各个分支在结构上是相似的，或者至少是互相适应的，以便使它们自己构成一个几乎没有鸿沟的系统"②。阿多诺指出了当今审美文化生产中技术所呈现出的重要特点——技术的逻辑已经凌越了审美文化自身的逻辑。在当代技术中，艺术只是一件工业产品而已，它需要遵从工业化技术的逻辑，这导致艺术自身自治性的丧失，审美—表现理性的丧失。

我们知道，在人类发展史上，技术是伴随着人类的出现而出现的，因为"人类的一切行为都含有和技术有关的因素，所以从某种程度上说，人类行为即是技术"③。像古希腊神话中，普罗米修斯盗取的神火就是技术的象征。这意味着，人们的生活中实际上是离不开技术的。显而易见，作为人类文明之重要表现的艺术，也同样跟技术密切相关。世界文明史和艺术史上的一些伟大作品，如埃及的金字塔、希腊的巴

---

① ［德］阿多诺：《文化工业再思考》，高丙中译，载陶东风等主编《文化研究》第1辑，天津社会科学院出版社2000年版，第201页。
② ［德］阿多诺：《文化工业再思考》，高丙中译，载陶东风等主编《文化研究》第1辑，天津社会科学院出版社2000年版，第198页。
③ ［法］贝尔纳·斯蒂格勒：《技术与时间：爱比米修斯的过失》，裴程译，译林出版社2000年版，第110页。

特农神庙、罗马的竞技场、巴黎的圣母院等都是杰出的艺术典范，又是当时最先进、最伟大技术的产物。中国新石器时期的彩陶、龙山文化时期的蛋壳陶、商周的青铜器、汉代的漆器、唐代的三彩、宋代的瓷器等，也都是伟大的艺术品，同时又是那些时代科学技术的结晶和代表。在这些人类文明的作品中，艺术与技术达到了完美的融合。不能设想，离开了技术，艺术还能取得如此辉煌的成就。正是在这个意义上，美国学者苏珊·朗格（Susanne Langer）指出："所有表现形式的创造都是一种技术，所以艺术发展的一般进程与实际技艺——建筑、制陶、纺织、雕刻以及通常文明人难以理解其重要性的巫术活动——紧密相关。技术是创造表现形式的手段，创造感觉符号的手段。"①

人类艺术史表明，艺术的发展是离不开技术的，技术必然地是艺术的一个内在组成部分。但这里有一个前提，那就是，在艺术与技术的关系方面，技术应该服从于艺术的逻辑，而不是相反。然而，当代电子媒介审美文化中出现的恰恰是这样一种"相反"的情形。技术不再像过去那样与艺术有机地结合在一起，而是开始无节制地扩张，从而展开了对艺术或者说审美文化的统治。

那么，如何应对今天技术的这种控制性？很显然，拒绝技术无论如何是行不通的，从某种意义上讲，拒绝技术就是对艺术本身的拒绝。前面所述的人类艺术史已经证明，艺术与技术总是携手而行的。而当代的电影、电视、卡拉OK、网络审美文化都是高科技的产物，如果拒绝这些技术，人们也就失去从事这些审美活动的可能，从而丧失应有的审美自由。一个不使用任何技术的人类世界是根本不存在的，同样，一个纯粹的、与技术无涉的艺术世界也只能是一种幻觉。因此，走出技术的控制之路并不在于此。

卡尔·雅斯贝斯（Karl Jaspers）指出："技术化是一条我们不得

---

① ［美］苏珊·朗格：《情感与形式》，刘大基等译，中国社会科学出版社1986年版，第51页。

不沿着它前进的道路。任何倒退的企图都只会使生活变得愈来愈困难乃至不可能继续下去。"① 在这样一种现实情形下，走出技术的控制显然并不就是摒弃技术，而是如何使技术由一种控制力量变为一种审美文化的解放力量、人的解放力量。海德格尔曾讲，技术是一种解蔽的方式。② 既然是解蔽，就是让事物自身能够如其本然地呈现。然而现代技术恰恰在这一点上又背离了解蔽，它总是把事物（包括人本身）订造成特定的持存物，从而使事物和人丧失自身的丰富性、本真性。当今技术与审美文化的关系也是如此。技术始源意义的解蔽消失了，技术形成了对审美文化的遮蔽。但海德格尔的理论启发我们，作为一种解蔽的技术，其危险之中同样蕴含着救渡之力的生长。当人们意识到技术对审美文化所存在的威胁，进而去完善技术时，技术就会重新成为审美文化的守护者。

这里的"完善"有两个层面的意思。首先，这意味着技术自身的进一步发展。物质生产领域的技术作为社会生产力，是社会发展的革命因素。同样，审美文化领域的技术也是一种生产力，因此，技术的发展能够带来审美文化的发展。在这个意义上，本雅明强调，技术并不是一个纯科学的事实，它同时也是一个历史的事实。③ 技术作为艺术的生产力，是艺术生产发展的阶段性标志。其次，更重要的一点是，技术在审美文化领域的发展、介入应该"守位"。技术对审美文化的介入是必要的，但在这一过程中，必须坚持审美文化的表现理性，坚持人自身的尺度。审美文化中的技术因素说到底要以服务于审美文化为旨归。雅斯贝斯曾经指出："抨击技术化并无益处。我们需要的是

---

① ［德］卡尔·雅斯贝斯：《时代的精神状况》，王德峰译，上海译文出版社 1997 年版，第 173 页。

② ［德］海德格尔：《海德格尔选集·技术的追问》，孙周兴译，上海三联书店 1996 年版，第 932 页。

③ 杨小滨：《否定的美学：法兰克福学派的文艺理论和文化批评》，上海三联书店 1999 年版，第 76 页。

超越它。……我们应该把我们对于不可机器化的事物的意识提高到准确可靠的程度。将技术世界绝对化就将毁灭个体自我。"① 这启示我们,在审美文化领域,过度地放任技术、追逐技术只能导致审美文化的毁灭,因而技术的发展必须守位,在技术与审美文化的有机结合中,实现审美文化的价值。在这个意义上,我们必须保持一种"思"的态度。海德格尔说:"在我们这个激发思的时代,最激发思的东西出现了:我们尚未思。"② 在我们看来,在对待技术与审美文化的关系上,我们必须时时而"思",让"思"重新站立在技术面前。只有"思"才能保持一种对待技术的理性精神。麦克卢汉提出的"理解媒介"就是一种"思":既要认识到媒介技术给人们的生活及审美活动带来的自由,同时又必须清醒地意识到技术可能给人带来的"自我截除"。这种"思"同时看管着技术和审美文化,并最终守护着人的自由。

第三节 审美文化的自由本性

电子传媒审美文化作为一种自由与控制交织的世俗化的审美文化,显然并不是人类审美文化的理想形态和最终形态。正如它的存在是对传统审美文化的反抗和新变一样,未来的审美文化同样会以某种不同的方式显现。用海德格尔的话说,我们现在也许已经处在这种转折的到来所预先投出的影子之中。

在电子传媒时代,技术因素、商业因素、权力因素的控制,消费、享乐意识形态的凸显,这一切使审美文化的自由性受到了极大的限制。从这个意义上讲,电子传媒审美文化实际上并未给人们带来真正的自

---

① [德] 卡尔·雅斯贝斯:《时代的精神状况》,王德峰译,上海译文出版社1997年版,第173页。

② [德] 海德格尔:《海德格尔选集·什么召唤思?》,李小兵、刘小枫译,上海三联书店1996年版,第1210页。

由。这样，电子传媒审美文化就遮蔽、背离了审美文化的本性。因为审美文化之为审美文化，正在于它的自由性，审美文化活动就其本性而言乃是一种自由的活动。

马克思在《1844年经济学哲学手稿》中曾经指出："一个种的整体特性、种的类特性就在于生命活动的性质，而自由的有意识的活动恰恰就是人的类特性。"① 很显然，审美文化的自由性就是人类的这种自由自觉的本质在文化审美层面的显映。事实上，在马克思的思想中，一直是把艺术（审美文化）视为人的自由活动的典范。

在这里，我们有必要回到马克思的经典论述。马克思认为，在现实的物质生产领域中，人们不可能摆脱自然必然性的控制、支配。因而，这个领域的自由只能是，人们联合起来，通过合理调节与自然之间的物质变换，使其不再作为一种盲目的力量来统治自己，靠消耗最小的力量，在最无愧于和最适合于人类本性的条件下进行物质变换，"但是，这个领域始终是一个必然王国"②。也就是说，在马克思看来，现实的物质生产领域由于存在着必然性的限制，因而并不是一个自由的王国。所谓自由的王国，实际上就是指人类的能力能够得到全面而自由的发展的领域，而人类在物质生产领域最终所能够实现的只是一种人类能力的有限的发展，是人的某些方面本质力量的对象化，因而是一种有限的自由。那么，真正自由的王国在哪里呢？马克思指出："事实上，自由王国只是在必要性和外在目的规定要做的劳动终止的地方才开始；因而按照事物的本性来说，它存在于真正物质生产领域的彼岸。"③ 按照马克思的思路，只有在共产主义社会，随着人类生产力的高度发展，满足人类生存需要的社会必要劳动时间降到极小，而满足人的发展与享受需要的自由劳动、自由时间提到极大，自由王国

---

① 《马克思恩格斯全集》第3卷，人民出版社2002年第2版，第273页。
② 《马克思恩格斯全集》第46卷，人民出版社2003年第2版，第929页。
③ 《马克思恩格斯全集》第46卷，人民出版社2003年第2版，第928页。

才能最终达到。到那个时候,"人以一种全面的方式,就是说,作为一个总体的人,占有自己的全面的本质"①。

我们注意到,马克思在论述这一问题时,事实上并没有否定在现实生活中依然有自由的王国,只不过这个自由的王国不在物质生产领域,而在"真正物质生产领域的彼岸"。那么,这一领域是什么呢?从马克思的论述中,我们可以看到,这一领域就是艺术活动、审美文化活动的领域,艺术是真正自由的劳动的典范。在《1857—1858年经济学手稿》中,马克思指出,在劳动具备社会性和科学性,劳动成为个人的自我实现,也就是实在的自由时,劳动就成为吸引人的劳动。"但这决不是说,劳动不过是一种娱乐,一种消遣,就像傅立叶完全以一个浪漫女郎的方式极其天真地理解的那样。真正自由的劳动,例如作曲,同时也是非常严肃,极其紧张的事情。"② 在这里,马克思明确地把人的艺术活动(作曲)视为"真正自由的劳动"的典范。而在后来论述生产劳动和非生产劳动时,马克思也举例说,密尔顿出于同春蚕吐丝一样的必要而创作《失乐园》,那是他的天性的能动表现。马克思指出,密尔顿的这种劳动是非生产性的,是真正自由的劳动。实际上,早在《1844年经济学哲学手稿》中,马克思在阐述人的"自由的自觉的活动"的类本质时,就已经初步表述过这一思想。马克思指出:"动物只生产它自己或它的幼仔所直接需要的东西;动物的生产是片面的,而人的生产是全面的;动物只是在直接的肉体需要的支配下生产,而人甚至不受肉体需要的影响也进行生产,并且只有不受这种需要的影响才进行真正的生产;动物只生产自身,而人再生产整个自然界;动物的产品直接属于它的肉体,而人则自由地面对自己的产品。动物只是按照它所属的那个种的尺度和需要来构造,而人懂得按照任何一个种的尺度来进行生产,并且懂得处处都把内在的尺度运

---

① 《马克思恩格斯全集》第 3 卷,人民出版社 2002 年第 2 版,第 303 页。
② 《马克思恩格斯全集》第 30 卷,人民出版社 1995 年第 2 版,第 616 页。

用于对象；因此，人也按照美的规律来构造。"① 马克思在论述人的自由的活动时，最后特别指出，"人也按照美的规律来构造"。这表明，在马克思看来，蕴含着美的人的活动正是体现了人的自由本性的活动，或者说，这种艺术化、审美化的人类活动正是自由劳动的典范。

艺术活动或者说审美文化活动的领域作为自由的王国，是一个能够使人全面而自由的发展得以充分实现的领域。我们知道，人的本质力量是多方面的，它是一个无限丰富的、动态的有机整体，是一个和谐的、多层次的复合结构。"在这个复合结构中，不仅既有物质属性，又有精神属性；而且在物质与精神交互影响之下，形成千千万万既是精神又是物质、既非精神又非物质的种种因素。而这些因素，随着社会历史的实践活动，随着人类生活的不断开展，又非铁板一块，万古不变，而是永远在进行新的排列组合，进行新的创造，从而永远呈现出新的性质和面貌。"② 按照马克思的定义，人作为一个完整的人，应该把自己的全面的本质据为己有。然而，在实际生活中，为了某一方面的需要，人们往往并没有全面展开自己的这些动态的、丰富的本质力量，而只是以自己某一方面的本质力量去和现实的某一方面发生关系。人的全面的本质力量没有得到实现，人自身也就无法获得充分的发展，因而无法实现真正意义上的自由。只有在艺术活动或者说审美文化活动中，主体才能不再以自己的某一方面的本质力量和现实发生关系，而是在这一过程中充分调动起自己全面的本质力量，从而实现自己的完整的存在、自由的存在。在这里，我们不由回想起黑格尔（G. W. F. Hegel）说过的一句话，"审美带有令人解放的性质"③。

自由是审美文化的本来之义，在这个意义上，电子传媒审美文化并不是一种理想的审美文化形态。很明显，由于前面所分析的种种控

---

① 《马克思恩格斯全集》第 3 卷，人民出版社 2002 年第 2 版，第 273—274 页。
② 蒋孔阳：《美在创造中》，广西师范大学出版社 1997 年版，第 64 页。
③ [德] 黑格尔：《美学》第 1 卷，朱光潜译，商务印书馆 1979 年版，第 147 页。

制性因素的存在，在电子传媒审美文化中，人的本质力量实际上并没有得到充分的发展。相反，人们在这一审美文化活动的过程中，相当一部分本质力量遭到了压抑、阉割，从而丧失了应有的自由。这种状况显然不符合审美文化活动的本性。电子传媒审美文化作为人类审美文化发展史的一个阶段，是一种带有当今这个时代特有印记的审美文化。正因如此，尽管电子传媒审美文化在现实种种因素的复杂作用下，并没有充分展开、实现审美文化的自由本性，没有成为真正自由的活动，但审美文化最终指向自由的本性却不会改变。正如我们所看到的，在电子传媒审美文化的霸权式运作中，始终存在着给人们以自由的一面，而这无疑会有效地组构到审美文化的未来发展中。同时，我们也看到，人们已经意识到电子传媒审美文化中存在的种种控制性，因而开始了对自由的主动寻求。像费斯克等学者提出的民众的抵抗以及众多学者为技术主义和人文主义之间的平衡不断进行的理论探索就是有力的说明。随着社会生产力的进一步发展，各种控制性因素的逐渐消除或有效转化，审美文化必然会在一个更高的基础上建立起自由的王国，从而超越人的生存现实的有限性，指向无限的自由。

第六章　电子传媒审美文化对美学的拓展

前面我们对电子传媒审美文化的运作机制等问题进行了分析，作为当代形态的审美文化，电子传媒审美文化不仅极大地改变了人们的行为方式，塑造着人们新的思维习惯、价值认同，更对传统的美学观念形成有力的冲击。从审美文化活动的范围看，在当今时代，电子传媒审美文化无处不在，深入生活的各个角落，构成了我们的日常生活环境。生活的审美化、审美的生活化成为显而易见的美学事实。而在审美文化的构成和表征上，电子媒介已跃升为突出因素和关键环节，电子媒介技术深刻地影响着审美文化的存在方式和人们的审美体验、感知结构。作为当代形态的审美文化，电子传媒审美文化必然促成美学话语的转型和研究思路、方法的拓展。

第一节　走向日常生活的美学

沃尔夫冈·韦尔施在其《重构美学》一书中指出："毫无疑问，当前我们正经历着一场美学的勃兴。它从个人风格、都市规划和经济一直延伸到理论。现实中，越来越多的要素正在披上美学的外衣，现实作为一个整体，也愈益被我们视为一种美学的建构。"[①] 人们的生活

[①] ［德］沃尔夫冈·韦尔施：《重构美学》，陆扬、张岩冰译，上海译文出版社2002年版，第4页。

已为审美所主宰，美学"不再仅仅是载体，而成了本质所在"①。

在韦尔施看来，"审美"是一个以家族相似为其特征的语词，不仅美、漂亮、时尚是"审美"，电子媒介的虚拟性、可塑性也都包含在"审美"概念中。"审美"意指"感性的、愉悦的、艺术的、幻觉的、虚构的、形构的、虚拟的、游戏的以及非强制的，如此等等"②。韦尔施的观点对我们理解当代的现实有着重要的意义。当代社会所出现的全方位的"美学的勃兴"大大溢出了传统美学的范围，昭示着美学向日常生活的转向。

一 审美与日常生活的疏离

日常生活是人们非常熟悉的一个领域，包括衣食住行、礼尚往来、言谈交往、风俗习惯等。匈牙利新马克思主义学者阿格妮丝·赫勒（Agnes Heller）认为："我们可以把'日常生活'界定为那些同时使社会再生产成为可能的个体再生产要素的集合。"③ 这些再生产要素分为三个彼此无法分离的部分，构成个体生存的必要条件："第一是人造物、工具和产品的世界；第二是习惯的世界；第三是语言。"④ 人一旦降生于世界中，就必须学会维持生存，学会使用事物，掌握习惯模式和满足其社会的要求，这一切都是在日常生活中发生的。"我们的日常生活一般地描绘着现存社会的再生产；它一方面描绘着自然的社会化，另一方面描绘着自然的人化的程度和方式。"⑤

在人类社会的发展进程中，由于生产力的发展水平、人们的思维

---

① [德]沃尔夫冈·韦尔施：《重构美学》，陆扬、张岩冰译，上海译文出版社2002年版，第8页。
② [德]沃尔夫冈·韦尔施：《重构美学》，陆扬、张岩冰译，上海译文出版社2002年版，第15页。
③ [匈]阿格妮丝·赫勒：《日常生活》，衣俊卿译，黑龙江大学出版社2010年版，第3页。
④ [匈]阿格妮丝·赫勒：《日常生活》，衣俊卿译，黑龙江大学出版社2010年版，第119页。
⑤ [匈]阿格妮丝·赫勒：《日常生活》，衣俊卿译，黑龙江大学出版社2010年版，第4页。

方式、对自然和社会的认识能力等的限制，日常生活作为人们的主要活动领域，长期以来与其他社会文化实践并未形成清晰的界限。"在前现代社会安排中，日常生活和制度化的生活之间的区分是模糊的，尚未充分发展起来。……人们不得不成为其所是的一切乃是在一个单一世界中习得、同化和创造的，这个世界中，人们共有其环境、平等和不平等。他们是从经验中，就好像是从传说和神话中学会是什么和认识什么。"① 此时，审美、艺术远未形成独立形态，而是整体性的日常生活密不可分的一部分，从属于人类自身的最基本的再生产过程。如《左传·宣公三年》记载夏代铸的九鼎："铸鼎象物，百物而为之备，使民知神、奸。故民入川泽山林，不逢不若。螭魅罔两，莫能逢之。用能协于上下，以承天休。"② 放在现在来看，九鼎上的图画无疑具有审美的意义。然而在当时，九鼎却是一种权力的象征，并具有着趋吉避凶、"承天休"的巫术崇拜、通神的作用。事实上，像古代日常器具上的纹饰，如陶器上的人面鱼纹、蛙纹，青铜器上的饕餮纹、龙纹以及各种样式的曲线、直线、水纹、漩涡纹、三角纹等都不是为了美化、装饰，而是具有原始巫术礼仪的图腾含义，说到底，就是为了佑护基本的生存。正如德布雷所指出的："来自远古时代（甚至出自当今艺术家'肺腑深处'）的哪一幅图像，不是一种求助的讯号呢？它追求的不是给世界带来美感而让人着迷，而是摆脱这个世界。我们眼中的无端的心血来潮和想入非非，恐怕都在表达焦虑和祈求。今天我们把原始的护身符看成具有象征功能的'诗歌—物品'，但它印证的与其说是思想的自由，不如说是我们的祖先如何对黑夜顺从屈服。"③ 而从字源上看，"美"这个字与日常生活的联系更是一目了然。

---

① Agnes Heller, *A Theory of Modernity*, Oxford: Blackwell Publishers, 1999, pp. 58 – 59.
② （春秋）左丘明：《左传》，郭丹等译注，中华书局2012年版，第744页。
③ ［法］雷吉斯·德布雷：《图像的生与死：西方观图史》，黄迅余、黄建华译，华东师范大学出版社2014年版，第19页。

东汉许慎《说文解字》指出:"美,甘也,从羊从大。"① 对原始的游牧民族来说,羊是其生活的主要资源,羊大则肉多味美,这在食物匮乏的古代社会显然是极为珍贵的。学者萧兵、李泽厚又把"羊大"引申为"羊人","美"是戴着羊形或羊头装饰跳舞、祈福的祭司。不难发现,在前现代社会,日常生活与人类的审美文化实践密切结合在一起,或者说各种非自觉形态的审美文化实践本身就是人类日常生活的有机组成部分,维系着个体生存、个体及社会的再生产。

随着社会分工的出现,人的审美意识也逐渐获得发展,审美活动成为一种自觉的活动从物质活动中分离出来。艺术脱离了古典的形式——与神话、图腾、实用即维持再生产的日常生活紧密结合的形式,只服从于自己的法则,按照自己的特殊规律独立发展,成为"自为的"类本质对象化,逐渐笼罩上神圣的光晕。艺术"直接从给定集合体的日常需要中产生出来,然而在后来,它们取得了作为具有本身价值的对象化领域的独立地位,其本质特征在于,它们不再与我们的日常生活和整体的直接利益具有任何直接的联系"②。

审美、艺术与日常生活疏离,超越了日常生活,成为真与自由的象征。从真的维度看,早在古希腊时期,柏拉图就指出,像烹调、美容等日常生活都是"一种有害的、欺骗性的方式",是"卑劣的活动",因为它们"以形状、颜色、光滑、褶皱来欺骗我们"③。在这一点上,模仿的艺术与之类似,制造幻象,与真理隔着两层。只有那些"神灵附体"的诗人,"给我们带来的诗歌是他们飞到缪斯的幽谷和花园里,从流蜜的源泉中采来的⋯⋯诗歌就像光和长着翅膀的东西,是神圣的"④。

---

① (汉)许慎:《说文解字》,中华书局1963年版,第78页。
② [匈]阿格妮丝·赫勒:《日常生活》,衣俊卿译,黑龙江大学出版社2010年版,第96页。
③ [古希腊]柏拉图:《柏拉图全集》第1卷,王晓朝译,人民出版社2002年版,第341—342页。
④ [古希腊]柏拉图:《柏拉图全集》第1卷,王晓朝译,人民出版社2002年版,第304—305页。

柏拉图认为，"神圣的"诗作最接近理念这一真正的实在。亚里士多德批判地发展了柏拉图的观点，认为诗是"叙述可能发生的事情"，是按照事物应当有的样子去描写，体现出事物的可然律或必然律，因而诗是高级的真实，比生活更真实。到1750年，"美学之父"鲍姆嘉通（A. G. Baumgarten，或译"鲍姆嘉滕"等）命名美学时提出："美学作为自由艺术的理论、低级认识论、美的思维的艺术和与理性类似的思维的艺术是感性认识的科学。"① 鲍姆嘉通明确地把艺术作为美学研究的主要对象，认为美学的目的就是感性认识的完善——即对丰富、伟大、真实、清晰和确定的追求。德国古典美学的集大成者黑格尔直接把美学称为"艺术哲学"。黑格尔认为艺术产生于人的心灵，而"只有心灵才是真实的，只有心灵才涵盖一切"②。艺术的最高职责就是"成为认识和表现神圣性、人类的最深刻的旨趣以及心灵的最深广的真理的一种方式和手段"③，也就是用感官可察觉的形式表现崇高的东西，表现普遍的力量。日常生活世界固然也可以表现这种存在的本质，"但它所现出的形状是一大堆乱杂的偶然的东西，被感性事物的直接性以及情况、事态、性格等等的偶然性所歪曲了"④。进入20世纪，日常生活越来越趋于机械、刻板，海德格尔就此指出，"此在可能木木然'受着'日常状态，可能沉浸到日常状态的木木然之中去"⑤。在这种日常生活中，存在被遮蔽，此在成为"常人"，庸庸碌碌、平均状态，失去了本真，"常人以非自立状态与非本真状态的方式而存在"⑥。而与日常生活不同，艺术有一种去蔽的功能，它使存在

---

① ［德］鲍姆嘉滕：《美学》，简明、王旭晓译，文化艺术出版社1987年版，第13页。
② ［德］黑格尔：《美学》第1卷，朱光潜译，商务印书馆1979年版，第5页。
③ ［德］黑格尔：《美学》第1卷，朱光潜译，商务印书馆1979年版，第10页。
④ ［德］黑格尔：《美学》第1卷，朱光潜译，商务印书馆1979年版，第12页。
⑤ ［德］海德格尔：《存在与时间》，陈嘉映、王庆节译，商务印书馆2016年版，第502页。
⑥ ［德］海德格尔：《存在与时间》，陈嘉映、王庆节译，商务印书馆2016年版，第184页。

进入澄明,"艺术品以它自己的方式开启了存在者的存在。……在艺术品中,存在者的真理已经自行置入作品中。艺术就是真理自行置入作品"①。这些阐述无不表明,作为一种文化实践,审美、艺术发现"真"、表达"真",并超越了外在真这一基本层面,进入内在真(真理、普遍、本真等)的自觉探寻,从而与"自在的"日常生活拉开了距离。

从自由的维度看,率先对审美、艺术自由问题进行系统阐述并对后世产生复杂和深远影响的是康德。康德对感官的快适、善的愉悦与美加以分析,认为三者中"只有对于美的欣赏的愉快是唯一无利害关系的和自由的愉快;因为既没有官能方面的利害感,也没理性方面的利害感来强迫我们去赞许"②。康德将审美的特质归结为自由,审美不受制于利害关系,有自己独立的规则,从而与受感性需求和理性实践限制的、功利的人类日常活动区别开来。

随着现代大工业的发展,科层理性、功能主义大行其道,人被异化为工具性的存在,日常生活越来越刻板、千篇一律。面对这种情况,自由的审美成为救赎之途,这形成了康德以来重要的美学传统(尽管具体的理论主张不尽相同)。席勒将他所生活的社会称为"精巧的钟表机械",每个人都被束缚在孤零零的断片上,"把自己仅仅变成他的职业和科学知识的一种标志"③,无法发展生存的和谐。席勒认为,要解决这一问题,只能借助美的艺术(审美文化),使人的感性和理性得到和谐、自由的发展,"人就会兼有最丰满的存在和最高度的独立与自由"④。19世纪的尼采,热烈欢呼充满着毁灭、激情和狂喜的酒神艺术,认为现代萎靡不振的文化荒漠,一旦接触酒神的魔力,将重新

---

① [德]海德格尔:《人,诗意地安居:海德格尔语要》,郜元宝译,广西师范大学出版社2000年版,第80页。
② [德]康德:《判断力批判》,宗白华译,商务印书馆1964年版,第46页。
③ [德]席勒:《美育书简》,徐恒醇译,中国文联出版公司1984年版,第51页。
④ [德]席勒:《美育书简》,徐恒醇译,中国文联出版公司1984年版,第80页。

变得繁茂青翠、生机盎然,"悲剧端坐在这洋溢的生命、痛苦和快乐之中,在庄严的欢欣之中,谛听一支遥远的忧郁的歌……我的朋友,和我一起信仰酒神生活,信仰悲剧的再生吧"①。尼采在悲剧性的酒神艺术中发现了永恒不灭的强力意志,以此展开对理性管理下衰败、灰暗的日常生活的激烈批判。尼采宣称:"艺术,除了艺术别无他物!它是使生命成为可能的伟大手段,是求生的伟大诱因,是生命的伟大兴奋剂。"② 与尼采类似——尽管不那么激进,韦伯认为在现代生产条件下,日常生活被理性所统治,理性不再是人的解放力量,而走向它的反面,使人变成了工具。人越来越像一台机器,每天都按照一定的规则去生活。在韦伯看来,在工具理性的"铁笼"中,强调感性形式的艺术是重要的颠覆力量:"在生活的理智化和理性化的发展情况下,艺术越来越变成一个掌握了独立价值的世界。不论怎样解释,艺术确实承担起一种世俗的救赎功能,从而将人们从日常生活的千篇一律中,特别是从越来越沉重的理论的与实践的理性主义的压力下拯救出来。"③ 顺着韦伯的思考,法兰克福学派继续致力于审美救赎方案。马尔库塞认为,"审美经验将阻止使人成为劳动工具的暴力的、开发性的生产"④。阿多诺也指出:"通过凝结成一个自为的实体,而不是服从现存的社会规范并由此显示其'社会效用',艺术凭藉其存在本身对社会展开批判。"⑤ 审美、艺术作为日常生活的他者,以其自由、自律、自为的特质实现对日常生活的拒斥、超越和拯救。由此,不难理解现代主义艺术对"非人化""陌生化""间离"的推崇,种种看似怪

---

① [德]尼采:《悲剧的诞生》,周国平译,生活·读书·新知三联书店1986年版,第89页。
② [德]尼采:《偶像的黄昏》,周国平译,光明日报出版社1996年版,第230页。
③ H. H. Gerth and C. Wright Mills, eds., *From Max Weber: Essays in Sociology*, New York: Oxford University Press, 1946, p. 342.
④ [美]赫伯特·马尔库塞:《爱欲与文明》,黄勇、薛民译,上海译文出版社2012年版,第172页。
⑤ [德]阿多诺:《美学理论》,王柯平译,四川人民出版社1998年版,第386页。

诞的技法凸显的正是审美经验对日常生活经验的抵抗。

二 日常生活的审美化

弗洛伊德曾经指出:"生活的幸福主要来自对美的享受,无论是以何种形式呈现给我们的感官和判断的美——人类的形体美和姿态美、自然物体美和风景美、艺术创作的美,甚至科学创造的美。……美的享受有一种独特的轻微迷醉感;美没有明显的用途;在文化方面,它也没有明确的必要性。但是,文明离不开美。"[①] 人类社会的发展充满着悖论、矛盾,科技进步带来的现代文明并未实现设想中的人的自由和幸福,相反,却带来人性的分裂、人的异化,人丧失了本真,失却了自我。在这种情况下,审美活动极力重建感性形式,平衡人性,成为文明进程中不可或缺的一环。可以说,人类社会越是向前发展,就越是需要审美,"审美的天地是一个生活世界,依靠它,自由的需求和潜能,找寻着自身的解放"[②]。

但问题依然存在——如此的审美活动很难不落入曲高和寡的境地,其真正能起到的启蒙、救赎作用也大打折扣。正如赫勒所说,在审美过程中,欣赏者可能会有净化体验,但是,"在欣赏之后,欣赏者没有任何改变,又回到了与艺术根本不同的日常生活"[③]。艺术只是为如何使自己的生活和他人的生活人道化提供了尺度和参照,而实际上并未对日常生活有实质的改变。赫勒进一步强调,之所以会如此,是因为艺术家的审美生活虽然也是处理日常生活的一种方式,却是一种"为他的存在",缺少对所有人的普遍有效性,也就是说,"'审美生

[①] [奥]西格蒙德·弗洛伊德:《文明及其不满》,严志军、张沫译,浙江文艺出版社2019年版,第30页。

[②] [美]赫伯特·马尔库塞:《审美之维》,李小兵译,广西师范大学出版社2001年版,第104页。

[③] [匈]阿格妮丝·赫勒:《日常生活》,衣俊卿译,黑龙江大学出版社2010年版,第105页。

活'是贵族统治的"①。

在当代,情况正在发生深刻的改变。审美从高高的美学圣殿走进广泛而普通的民间生活,由日常生活的他者转变为日常生活自身。

(一)"日常生活的审美化"命题的提出

只要稍加留意就会发现,今天人们的生活越来越被"美"包围,"美"几乎无处不在,遍及生活的每一个角落。璀璨闪烁的霓虹灯,时尚新颖的城市建筑,巨幅的电子广告牌,美轮美奂的橱窗装潢。衣服的花色越来越多,样式越来越新颖,商场的货物种类越来越丰富,外观越来越赏心悦目。这一切无不显示着当代审美泛化的力量。就连人体也不例外,从美容、美发、美甲到美体,一种崭新的"美丽产业"正迅速兴起。韦尔施感叹说:"在一个如此过于审美化的日常世界里,不再需要艺术来把美带入世界。这已经由设计师和城市规划家极为成功地完成了。"② 这种情况在电子媒介文化中表现得尤为突出,当今的媒介文化(不仅仅是以电子媒介为载体的文学、艺术)越来越趋向于对美的普遍性追求。前面章节中我们曾论及网络社交的虚拟性、表演性,这表明,网络社交具有着鲜明的审美特征,是一种审美化交往。即使是人们熟悉的电视新闻、广告,各种科教、访谈、生活甚至法制类型的节目,它们在叙述技巧、表现形式上也无不具有审美性。正如金丹元分析的:"你或许可以说它们不是艺术,但又不能否定它具有艺术性,即便是广告也会运用蒙太奇,也要强调它的观赏性和注目点。哪怕是电视新闻也要讲究镜头的处理和画面效果。"③ 审美与日常生活的联系越来越密切,形成了众多理论家所谈及的"日常生活的审美化"。

"日常生活的审美化"这一命题最早在1988年由英国社会学家费

---

① [匈]阿格妮丝·赫勒:《日常生活》,衣俊卿译,黑龙江大学出版社2010年版,第258页。

② [德]沃尔夫冈·韦尔施:《重构美学》,陆扬、张岩冰译,上海译文出版社2002年版,第166页。

③ 金丹元:《电视审美:文化共享与社会消费》,《文艺争鸣》2004年第5期。

瑟斯通提出。费瑟斯通立足于当代消费文化的语境，将日常生活的审美化概括为三个方面：一是达达主义、历史先锋派、超现实主义及后现代主义等亚文化的兴起。他们挑战传统艺术作品的地位，击碎艺术的神圣光环，强调艺术可以出现在任何地方，琐碎之物、消费商品都可以作为艺术，从而消弭了艺术和日常生活之间的界限。二是生活转化为艺术作品。追求生活方式的审美化，关注审美消费的生活以及如何把生活融入（及塑造为）艺术，这"与一般意义上的大众消费、对新品味与新感觉的追求、对标新立异的生活方式的建构（它构成了消费文化之核心）联系起来"[①]。三是充斥于日常生活中的符号和影像。在当代社会，物品的使用价值被符号价值所取代，而符号价值的产生源于媒体、广告等所制作的影像，这些影像不断地再生产人们的欲望。密集的影像也消解了与实在的差别，现实被仿真化、审美幻觉化。

作为"日常生活的审美化"论题的主要倡导者，韦尔施则是从技术变革的角度进行了思考。韦尔施认为当代日常生活的审美化最明显的是浅表的审美化，或者说是物质层面的装饰、美化，它主要满足形式的需要，"用审美因素来装扮现实，用审美眼光来给现实裹上一层糖衣"[②]。浅表的审美化带来的是对快感、娱乐和享受的追求，支配着当代文化的总体形式，这方面的讨论已经很多。韦尔施着力探讨的是另一种审美化，深层的审美化。深层的审美化涉及新工业材料的电脑模拟、传媒对现实的传递和塑造等诸多方面。"在物质的层面和社会的层面上，现实紧随新技术和电视媒介，正在证明自身越来越为审美化的过程所支配。它正在演变成一场前所未有的审美活动，当然这里所指'审美'不只是指美的感觉，而是指虚拟性和可塑性。针对这些过程，现实的一种新的、本原上是审美的意识应运而生。这一非物质

---

① ［英］迈克·费瑟斯通：《消费文化与后现代主义》，刘精明译，译林出版社2000年版，第98页。
② ［德］沃尔夫冈·韦尔施：《重构美学》，陆扬、张岩冰译，上海译文出版社2002年版，第5页。

的审美化，较之物质的、字面上的审美化含义更深刻。"① 在韦尔施看来，广告、电影、电视、摄影等传媒所呈现的虚拟图像带来了现实的非现实化和审美化，"现实通过传媒正在变成一个供应商，而传媒就其根本而言是虚拟的，可操纵的，可作审美塑造的"②。这深刻地影响到人们对现实的认知——所有的认知均已打上审美的印记。

除了费瑟斯通和韦尔施之外，列斐伏尔（Henri Lefebvre）、波德里亚、杰姆逊等学者也都对日常生活审美化问题进行了探讨。列斐伏尔提出"日常生活艺术化"，主张通过节庆、狂欢、奇迹等实现对日常生活的审美化重构。波德里亚认为当代社会处于由大众媒介营构的虚拟仿像的统治下，现实与仿像的界限已"内爆"，人们生活的每个地方都被审美光晕笼罩。杰姆逊指出，当代社会，文化已从特定的"文化圈层"中扩张出来，进入日常生活，成为一种日常消费品。

这些学者无疑指出了这样一个事实：审美与生活的融合褪去了审美的精英光环，审美由小圈层的对日常生活的疏离、抵抗、救赎转变成为普遍性的日常生活自身。正如伊格尔顿所说："美学是作为一个指称日常感性经验的术语开始具有生命力的，只是后来才专门用来指艺术；现在它已经转完了一整圈与其世俗的起源会合了，正如文化的两种意义——艺术和普通生活——如今在风格、样式、广告、媒体等方面已经混合了一样。"③ 人们的日常生活领域如衣食住行越来越具有美学的性质，生活装扮得越来越美，审美的态度、审美的观念融入日常生活。更重要的是，随着技术的飞速发展及消费意识形态的崛起，广告、影视、网络等各种传媒打造的审美符号、图像景观不断塑构着人们的价值观念和生活方式。所有这些，势必引发对审美以及美学原

---

① ［德］沃尔夫冈·韦尔施：《重构美学》，陆扬、张岩冰译，上海译文出版社 2002 年版，第 10 页。
② ［德］沃尔夫冈·韦尔施：《重构美学》，陆扬、张岩冰译，上海译文出版社 2002 年版，第 10 页。
③ ［英］特瑞·伊格尔顿：《文化的观念》，方杰译，南京大学出版社 2003 年版，第 33 页。

则的重新理解和思考。

(二)"日常生活的审美化"的原因与美学学科反思

审美为什么会由传统的方式发展为当今的生活化审美？如何看待当今社会日常生活的审美化？作为文艺学、美学研究，理应对这些问题予以回应。如陶东风指出的："如果回避日常生活的审美化以及审美泛化的事实，只讲授与研究历史上的经典作家作品；如果坚持把那些从经典作品中总结出来的特征当作文学的永恒不变的'规律'，那么它就无法建立与日常生活与公共领域的积极的建设性的关系，最后导致自己的萎缩与枯竭。"① 将日常生活的审美化纳入美学的研究视域，阐释审美的特殊性、时代性、社会性，体现着美学的现实关切和理论活力。

从总体上看，日常生活的审美化与当代的社会文化语境有着密不可分的关系。

第一，是经济的驱动力。日常生活中的审美泛化似乎表明，在我们这个时代，美学越来越具有意义非凡的社会指导价值，一切都在满足人们对美好现实的追求。美发出深深的诱惑："一旦同美学联姻，甚至无人问津的商品也能销售出去，对于早已销得动的商品，销量则是两倍或三倍地增加。"② 美学因而事实上成为资本的工具和同谋，韦尔施称其为"作为经济策略的审美化"。这种策略并非赤裸裸的、生硬的，而是充满温情和关怀。美学因素出色地掩盖着日常生活中的资本运作，日常生活变成美学行为。像购物中心、超级市场、展览会、主题乐园，在这些场所中，商业活动、审美活动、休闲活动混融在一起，彼此的界限难以辨别。如本雅明指出的，百货商店和商业广场构成了光怪陆离的"梦幻世界"，各式各样的陈列商品的巨大幻觉效应

---

① 陶东风：《日常生活的审美化与文化研究的兴起——兼论文艺学的学科反思》，《浙江社会科学》2002 年第 1 期。

② [德] 沃尔夫冈·韦尔施：《重构美学》，陆扬、张岩冰译，上海译文出版社 2002 年版，第 7 页。

成为梦幻影像的源泉。这是一个审美化的商业世界,是市场和娱乐场所的复合体,具有着节日般的氛围,"它们以一种转换了的形式,变成了艺术、文学和大众娱乐消遣(如音乐厅)的中心主题"①。日常生活体验与审美体验适度融合,从而实现着经济的运作和资本的增殖。

第二,电子传媒的图像构建。电子传媒从两个方面带来日常生活的审美化。一方面,审美化意味着经由电子媒介发生的对现实的构建。电影、电视、摄影、互联网的迅猛发展把我们带进了图像时代、视觉文化的时代。光影图像牢牢占据了日常生活空间,我们对社会的感受、认知、思考越来越依靠于电子传媒所传递、塑造的图像。这些传媒图像对日常生活的审美化产生了巨大的影响。电子传媒图像不是对现实的模仿和再现,而是创造和建构现实,使现实非现实化和审美化。电视中的现实完全不同于物理世界的现实,不可移动,不可改变,而是加工、剪辑的产物。"在这样的'对现实的审美幻觉'中,艺术与实在的位置颠倒了"②,人们置身于一个消弭了真实与虚拟界限的"仿像"世界。现实与它的图像混淆在一起,所有的事物都成为偏离了所指的美学符号,日常生活通过审美塑造而呈现出来。

另一方面,电子传媒构建的图像作为人们日常生活的有机组成部分,其形式极具审美魅力,引发人们的愉悦体验。相比于传统印刷媒体,电子传媒生动鲜活,多维立体。通过镜头的推拉摇移、升降俯仰以及拼接、特写、慢镜头、变焦,完美渲染出影星歌后的优雅迷人、都市街区的繁华喧腾、山水风光的如画似锦。镜头的各种视角及手法为人们打造出精彩纷呈的视觉盛宴。周宪指出,当代电子传媒视觉文化的崛起,"其显著的特征乃是我们的日常生活越来越趋向于美化,视觉愉悦和快感体验成为我们日常生活的重要因素。……我们越发地感受和追求

---

① [英]迈克·费瑟斯通:《消费文化与后现代主义》,刘精明译,译林出版社2000年版,第33页。
② [英]迈克·费瑟斯通:《消费文化与后现代主义》,刘精明译,译林出版社2000年版,第34页。

视觉的快感，也越发地体验到外观的视觉美化成为主流"①。从影视娱乐、网络视频到广告形象，无不充分地满足着人们的视觉享受。

第三，消费社会需求的变化。"食必常饱，然后求美；衣必常暖，然后求丽；居必常安，然后求乐。"② 随着物质产品的极大丰富，物质性、实用性需求得到满足之后，人们必然产生对更美好的生活品质的追求，对非实用的审美性的追求。在消费社会，人们更为关注的不是物的实用价值，而是通过消费之物，彰显出个人的品味、身份、社会地位，物的消费不再是简单的经济行为，而是具有修辞意义和区隔作用的文化行为。人们追求高档、时尚、奢华，不仅是为了"悦目"——爱美之心人皆有之，更是为了"悦心"，这些美丽的事物传达出令人心动的意义。"物品选择不断产生出特定的区分模式……物品是可见的文化。它们被安置在不同的界域和等级系统内，可以让人类智力所能企及的整个识别范围发挥作用。"③ 物品的物性淡化，修辞性、象征意义站在了前台，物被"神话"为物的符号（电影、电视、广告等显然是符号神话最有力的引导者、传播者）。符号是对物的精心修辞，是审美（虚构）的发生，它直指向人们内心深处的渴望。物不再持有自身，而是成为无尽的符号跃动的游戏。在消费社会，"大多数文化活动和表意实践都以消费为中介，消费也越来越多地包含了符号和形象的消费"④。人们置身于五光十色、充满着诱惑的符号世界，在审美性结构中建构起身份的认同、与他人的关系。

日常生活的审美化是当代审美文化的重要景观和现象。特别是电

---

① 周宪：《日常生活的"美学化"——文化"视觉转向"的一种解读》，《哲学研究》2001年第10期。

② （清）孙诒让：《墨子间诂》（下），中华书局2001年版，第656页。

③ ［英］玛丽·道格拉斯、贝伦·伊舍伍德：《物品的用途》，萧莎译，载罗钢、王中忱主编《消费文化读本》，中国社会科学出版社2003年版，第62页。

④ ［英］迈克·费瑟斯通：《消解文化——全球化、后现代主义与认同》，杨渝东译，北京大学出版社2009年版，第105页。

子传媒技术的迅猛发展，使符号、图像等视觉审美文化形式广泛渗透、占据了人们的日常生活，构建出亦真亦幻的仿像世界——一个超级的美学文本。传统社会尤其是康德以来的美学传统，将审美与无功利、距离化（非投入）、精神的升华等联系起来，"以先验哲学为基础，以认识论为主要内容，以静观为审美方式，以批判为价值取向，强调审美与现实功利无关"①。而在当代社会，日常生活的审美化呈现为多元性指向，其中，审美的感性内涵、世俗性质被更多地发掘出来，并与商业资本密切联系，感官享受、欲望满足、虚拟化、符号化成为重要表征。费瑟斯通称之为"投入式审美"，它"有益于对那些被置于常规的审美对象之外的物体与体验进行观察。这种审美方式表明了与客体的直接融和，通过表达欲望来投入到直接的体验之中"②。这种与传统审美的巨大差异使日常生活的审美化作为审美文化现象和理论问题，深刻地影响了美学的研究格局。

  作为一个概念，审美反映了人与世界（包括自然、社会）自由性的关系状态。但必须承认，在每一个社会历史文化发展阶段，审美都有其特定的表达形式和表现内容。审美的谱系"可以从日常生活的最高层次排列到最低层次，可以从精神之悦推移到感官之乐，可以从人性之需延伸到本能之欲"③。消费社会发生的深刻变革，使传统美学的理论范式不断失效，传统的审美精英主义、自律论和审美乌托邦面临着巨大的困境。事实正如陶东风所说，在新的社会现实情况下，审美自律论"已经不能对我们今天生活中的转变作出有力的阐述，它对当今的审美现象产生了表征的困难。美学研究超越学科边界、扩展研究对象已经成为迫切的议题。在当代文化现实中，必须摆脱美学等同于艺术哲学、过于强调审美自律的传统。美学研究只有在不断关注、切

---

  ① 王俊棋：《消费美学初探》，《当代文坛》2008年第2期。
  ② [英]迈克·费瑟斯通：《消费文化与后现代主义》，刘精明译，译林出版社2000年版，第104页。
  ③ 姚文放：《"审美"概念的嬗变及其美学意义》，《江苏社会科学》2008年第3期。

近当代文化现实和大众日常生活的过程中，才能有新的理论生长点。"① 金惠敏也强调："由于审美现代派的巨大影响，'美学'一直处在与'社会'的尖锐对抗之中。而今，由于以'物符'为标志的'消费社会'的到来，原本便具有文化向度的'社会'就显在地'文化'化了，它是符号化，同时也是美学化，这种符号—美学借助于无所不及的商品逻辑和电子媒介取得了空前的社会化，于是一个普遍的'美学社会'已赫然在目。"② 把日常生活的审美化现象纳入美学的研究视域，拓展理论格局，走出传统美学的自我封闭，探究新的研究思路、研究范式，丰富研究方法，激发美学的更多活力，对于美学的合法性和有效性而言具有重要的意义。美学研究不能脱离生动鲜活的现实生活，它需要对人的现实审美经验作出理论回应。"美学研究不仅是一种理论建构的形式，更主要的是理论建构的有效形式直接融入生活现象本身，从而使美学研究更有效地面对现实。"③ 日常生活的审美化、现实的图像化作为无法忽视的当代社会现象，成为美学的重要研究课题。韦尔施曾对此强调说，如果美学不关注、探讨这些现实经验，拱手将其交由社会学家、心理学家或报纸专栏去讨论，将是"对自身的犯罪"④。

人类历史上没有哪个时代像今天这样，审美如此普泛，审美和艺术不再是上等阶层、精英人士的特权，而成为随处可见的公共资源（电子传媒技术的时空压缩机制更进一步将审美的民主性扩大到了全球化的程度），这大大提升了人们的生活品质，丰富了人们的生存感受。但是，日常生活的审美化并不意味着理想的人生境界的实现——人尚未诗意地栖居在这世界上。日常生活审美化的研究不是对这一现

---

① 陶东风：《日常生活的审美化与文艺学的学科反思》，《现代传播》2005年第1期。
② 金惠敏：《消费时代的社会美学》，《文艺研究》2006年第12期。
③ 段吉方：《审美文化视野与批评重构：中国当代美学的话语转型》，中国社会科学出版社2016年版，第105页。
④ ［德］沃尔夫冈·韦尔施：《重构美学》，陆扬、张岩冰译，上海译文出版社2002年版，第121页。

象的简单肯定，否则必然在重构美学话语时陷入另外一种理论"盲点"。作为一个美学问题，日常生活的审美化凸显了审美活动被长期遮蔽的一面：审美活动的功利性、享乐性、世俗性，它与商业资本、意识形态的复杂纠葛。因此，一系列的问题需要重新加以检视。其一，审美活动与功利活动尤其是商业行为之间的关系问题。事实上，即使在传统社会，审美与商品经济之间的联系也一直存在。审美活动总要耗费具有成本的物质资料，耗费生产者的劳动和劳动时间，这使得审美活动必然遵循"交换"规律，带有商品属性。日常生活的审美化研究揭示并承认审美与商业的联系，与此同时，对当代社会商业逻辑的越位和无限扩张又抱有深刻的警惕。在当代消费社会，审美活动越来越成为一种文化工业、文化产业，遵从商业运作的逻辑，迎合市场的需求，尤其是借助电子媒介这一资本操演平台，以各种方式向金钱献媚，追求票房、收视率、点击率、转发量，"人们依据货币价值对这些现象进行估价，最终让货币价值作为唯一有效的价值出现"[①]，审美正面临失去自由本性的危险。日常生活的审美化研究需要积极介入，反思并探讨当代审美活动实现自己的目的性的路径，从而推动消费社会条件下审美活动的正常发展。

　　日常生活的审美化与人们的感官享受问题。当今的日常生活世界为美的视觉形象所充斥，形而上的追寻变为形而下的享受，感官愉悦的喧嚣取代了心灵沉思的静穆，审美活动越来越趋向于平面化、无深度。对此，美学研究者有着十分清醒的认识。然而，正如韦尔施指出的："观看任何某种东西总是会对另外的东西视而不见，没有盲点的视域是不存在的。"[②] 审美与感官享受、感性解放的联结，是否也存在某种历史的、社会的正当性？这种正当性的限度又在哪里？日常生活

---

　　① ［德］西美尔：《金钱、性别、现代生活风格》，顾仁明译，学林出版社 2000 年版，第 8 页。
　　② ［德］沃尔夫冈·韦尔施：《重构美学》，陆扬、张岩冰译，上海译文出版社 2002 年版，第 42 页。

的审美化研究必须穿过审美本质主义和消费主义理论的双重盲点，秉承客观、辩证的阐释立场，对这一审美文化现象进行全面、深入的研究。毫无疑问，这一系列问题的研究将极大地丰富和拓展美学本身，提升美学话语的活力。就此而言，当代美学的发展乃至重新振兴正面临着一个重要机遇。

第二节　媒介美学

当今时代，人们与媒介，尤其是电子媒介的联系越来越紧密。人们习惯于通过电子媒介认识世界、了解世界，电子媒介引导着人们的价值观念、认知判断。电子媒介帮助人们沟通、交流，进行"趋零距离"的社交活动。人们还可以利用电子媒介休闲、放松，获得身心愉悦。德弗勒和鲍尔－洛基奇在《大众传播学诸论》中列举了关于媒介的一系列看法：揭露罪孽腐败；担当宝贵的言论自由的卫士；给人们带来文化；为疲惫的群众提供娱乐；告诉人们世界上发生的事；不懈地催促人们购买和消费各种产品，以提高生活水准。[1] 无疑，媒介给人们的工作、生活带来了极大的便利。但与此同时，对媒介的负面影响的指责也不绝于耳，如：降低公众的文化情趣，使公众变得肤浅；促使世风日下；压制创造力。

不管从何种角度，有一点是确定的，媒介已对人的生活产生了重要影响。德弗勒和鲍尔－洛基奇指出："传播'革命'贯串整个人类存在过程。每一次'革命'都提供了可以给人类思想、社会组织和文化积累带来重大变化的方式。"[2] 相较于传统媒介，图像化的电子媒介

---

[1]　[美]梅尔文·德弗勒、桑德拉·鲍尔－洛基奇：《大众传播学诸论》，杜力平译，新华出版社1990年版，第30页。

[2]　[美]梅尔文·德弗勒、桑德拉·鲍尔－洛基奇：《大众传播学诸论》，杜力平译，新华出版社1990年版，第28页。

先天具有审美的性质。电子媒介极力张扬美的华彩，以其感官性、娱乐性、仿真性、修辞性牢牢地吸引住公众。电子媒介的迅猛发展已使人们置身于图像社会、景观社会、仿像世界，引发人们生活方式的极大变革。面对电子媒介的现实语境，美国学者波斯特强调说："电子媒介对时空的征服所预示的是，理论及种种机制仅仅再转一转惯例和观念的调谐钮是远远不够的，它们这样是收听不到新的传播频率的。"① 探讨电子媒介的特性和作用，研究电子媒介对社会、文化、美学的意义不能不成为又一个重要课题。

一 媒介概念辨析

什么是媒介？根据《辞海》的定义，媒介是指"使双方发生关系的人或事物"。通过媒介，人与人、人与物及物与物之间建立起各种各样的联系。如《旧唐书·张行成传》记载："观古今用人，必因媒介。"② 此处的"媒介"即举荐者、介绍人之义。《清代野史》中写道："贼目允赎，而要以大炮四尊，红绸十匹，为交易之媒介。"③ 这里的"媒介"则指的是交易之物。在《民国通俗演义》里有："'上下交征利，不夺不餍。'可见利之一字，实为启争之媒介。"④ 此处"媒介"的意思是事情的缘起。可以看到，媒介在汉语的原初语境里，含义主要是居间、中介，可以是人，可以是物，还可以是事，包含的范围较为宽泛。

在英语语境里，根据雷蒙·威廉斯在《关键词：文化与社会的词汇》中的考证，"媒介"（medium）源自拉丁文 medium，意指"中间"。"从 16 世纪末期起，这个词在英文中被广泛使用。最迟从 17 世纪初

---

① ［美］马克·波斯特：《信息方式——后结构主义与社会语境》，范静晔译，商务印书馆 2000 年版，第 9 页。
② （后晋）刘昫：《二十六史·旧唐书》，海南国际新闻出版中心 1996 年版，第 819 页。
③ 辜鸿铭、孟森等：《清代野史》第 3 卷，巴蜀书社 1998 年版，第 1184 页。
④ 蔡东藩：《民国通俗演义》（下），线装书局 2014 年版，第 534 页。

起，具有'中介机构'或'中间物'的意涵。"① 这与汉语中的含义是一致的。到了 19 世纪中叶以后，复数形式的媒介（media）被广泛使用。20 世纪中叶，由于广播、报纸在传播、通讯方面日趋重要，媒介的"传播媒介"含义逐渐形成，并成为普遍用法。约翰·费斯克也表达了类似的观点："广义上讲的说话、写作、姿势、表情、服饰、表演与舞蹈等，都可以被视为传播的媒介。每一种媒介都能通过一条信道或各种信道传送符码。这一术语的这种用法正在淡化，如今它越来越被定义为技术性媒介，特别是大众媒介。"② 在费斯克看来，如今的媒介指涉的是传播方式，尤其是使传播方式成为现实的技术形式，如收音机、电视机、报纸、影片、唱片等。费斯克给媒介下了一个明确的定义："媒介是一种能使传播活动得以发生的中介性公共机构（agency）。"③ 总体来看，发展到今天，虽然媒介的"介质"含义并未消失，但它已成为一个偏向技术性的词汇，主要指涉信息传播，也即，媒介狭义化为"传播媒介"（简称传媒）④。本节谈论的媒介主要为这一狭义层面的当代电子传播媒介。

二 媒介美学思想的基本范式

作为一个跨学科的词汇，媒介不仅为社会学、传播学所重视，也引起美学界的普遍关注。有学者曾分析说，媒介进入美学有两条线索：

---

① ［英］雷蒙·威廉斯：《关键词：文化与社会的词汇》，刘建基译，生活·读书·新知三联书店 2005 年版，第 299 页。

② ［美］约翰·费斯克等编撰：《关键概念：传播与文化研究辞典》，李彬译，新华出版社 2004 年版，第 161 页。

③ ［美］约翰·费斯克等编撰：《关键概念：传播与文化研究辞典》，李彬译，新华出版社 2004 年版，第 161 页。

④ 关于媒介，加拿大媒介理论家麦克卢汉的看法颇为独特。麦克卢汉认为，万物皆媒介，不仅报纸、收音机、电视，像轮子、服装、住宅、货币、时钟，甚至粮食、棉花、家畜都是媒介。媒介即是讯息，任何媒介都会带来事物尺度的变化。这一媒介观强调媒介自身具有丰富的讯息性，其外延相当宽泛。

一条是媒介引起美学家的关注，由此成为美学的研究对象；另一条是社会学者和传播学者的理论旁涉或引申到审美问题①。这一看法是恰当的。尤其是随着电子传播媒介在当代社会生活及美学领域产生越来越广泛而深刻的影响，媒介及其文化现象必然成为重要的理论问题。

从整体上看，媒介美学思想②大致有两种范式。一是意识形态范式。主要以法兰克福学派、文化研究学派（伯明翰学派）为代表，以及持"调和"观的道格拉斯·凯尔纳等。他们借助哲学、政治学、经济学、心理学、美学以及社会学、人类学、符号学，对媒介文化生产、媒介与大众的关系进行了深入的研究。尽管方法不同、观点相异，但其研究都是围绕媒介的意识形态问题展开。二是技术范式。主要包括法兰克福学派中的本雅明、多伦多学派以及后现代主义学者波德里亚、韦尔施等。这些来自不同思想流派的学者侧重于从技术的角度探讨媒介与人的感知模式、媒介与现实的关系，显示了媒介与美学的联结和融通。

（一）媒介美学思想的意识形态范式

在20世纪三四十年代，法兰克福学派即以"社会批判理论"为武器，对当时的广播、电影、电视等大众媒介展开了批判。霍克海默和阿多诺提出"文化工业"这一概念，认为大众媒介等文化工业部门通过提供标准化、同质化的产品，以欺骗性的意识形态为手段，实现对大众的精神控制。文化工业是一个过滤器，它决定了人们可以看到什么、听见什么。"每个人都可以成为民主的听众，都可以独立自主地收到电台发出的同样的节目。但是答辩的仪器尚未开拓出来，私人没有发射的电器设备和自由。"③ 文化工业塑造出"肯定性的文化"，

---

① 李勇：《媒介时代的审美问题研究》，河南人民出版社2009年版，第13页。

② 此处我们所论及的媒介美学是狭义上的，指对电子传播媒介及其文化现象的美学研究。后面我们探讨媒介研究转向问题时，将涉及"语言"这一广义上的媒介，但是语言美学一般不称为媒介美学。

③ ［德］霍克海默、阿多尔诺：《启蒙辩证法》，洪佩郁、蔺月峰译，重庆出版社1990年版，第114页。

大众不可能发出自己的声音，所有人都会接受文化工业的影响，"文化工业的每一个运动，都不可避免地把人们再现为整个社会所需要塑造出来的那种样子"①。阿多诺把大众媒介看作权力意识形态的帮凶和同谋，是其主人的传声筒，它提供了一种社会和个人的虚假和谐与同一。阿多诺拒斥这种"伪文化"，提出"真正的"艺术是否定性的，"艺术乃是社会的社会对立面（social antithesis）"②。

法兰克福学派的媒介美学研究是"对大众传媒的政治经济学和文化病理学的宏大批判"③，而20世纪六七十年代兴起的文化研究学派更关注的是微观政治，尤其是媒介文本—受众关系。文化研究学派承认意识形态宰制力量在大众媒介文化中的存在，但他们并不认为大众会被完全控制，大众不是一个被魔弹一击就应声倒地的靶子。霍尔将观众对电视节目的解读分为三种立场：主导—霸权、协商和对抗。霍尔认为，观众的解读方式具有多元性，电视编码和大众解码之间并不必然一致。费斯克进一步阐发了大众所具有的能动性、创造性，认为大众具有"辨识力"，大众辨识力拒绝美学意识形态的规训，通过对媒介文本"权且利用"，展开对主导意识形态的"偷袭"和"游击战"，创造出自己的文化，获得进步的或冒犯式的意义和快感。费斯克指出，大众的快感"是自下而上的，因而一定存在于与权力（社会的、道德的、文本的、美学的权力等）相对抗之处，并抵制着企图规训并控制这些快感的那一权力"④。

美国媒介理论家凯尔纳从"文化唯物主义"的立场出发，对法兰

---

① ［德］霍克海默、阿多尔诺：《启蒙辩证法》，洪佩郁、蔺月峰译，重庆出版社1990年版，第118页。
② ［德］阿多诺：《美学理论》，王柯平译，四川人民出版社1998年版，第13页。
③ ［英］理查德·约翰生：《究竟什么是文化研究》，陈永国译，载罗钢、刘象愚主编《文化研究读本》，中国社会科学出版社2000年版，第23页。
④ ［美］约翰·费斯克：《理解大众文化》，王晓珏、宋伟杰译，中央编译出版社2001年版，第60页。

克福学派和文化研究学派的理论进行了整合。凯尔纳强调说，媒介文化（原文译为"媒体文化"）的产物"并非天真无邪的娱乐而已，而是与政治修辞、斗争、议事日程以及政策等联系在一起的彻头彻尾的意识形态的产物"[1]。但是，媒介文化并非全然"保守"，凯尔纳用"媒介文化"替代"大众文化""流行文化"等概念，正是考虑到"媒介文化"一词"避免了像'大众文化'和'流行文化'这样的意识形态的术语，同时让人们关注媒介文化得以制作、流布和消费的那种生产、发行以及接受的循环系统"[2]。凯尔纳认为，媒介文化研究应具有"双重眼光"，从媒介文化中"同时搜寻出意识形态的和乌托邦性的契机"[3]，将批判的社会理论和激进的民主政治联系起来，把媒介文本置于生产的系统中，分析它如何引诱、感动和影响受众，同时还要结合发行和消费，考察其反霸权的潜在效应及抵制和抗争的可能。

（二）媒介美学思想的技术范式

媒介美学思想的第二种范式是对媒介技术本身的研究。前面所述意识形态的研究范式主要是对媒介内容的研究，而正如麦克卢汉指出的，"有效的媒介研究不仅是要处理媒介的内容，而且要对付媒介本身及其发挥作用的这个文化环境"[4]。

与同属法兰克福学派的霍克海默、阿多诺等人不同，本雅明着重考察现代媒介给人带来的新感知方式和感觉体验。本雅明认为，现代媒介重建了人的感知，由传统艺术的"凝神观照"转变为"震惊"（或译为"惊颤"）体验。"技术使人的感觉中枢屈从于一种复杂的训

---

[1] ［美］道格拉斯·凯尔纳：《媒体文化——介于现代与后现代之间的文化研究、认同性与政治》，丁宁译，商务印书馆2013年版，第159页。

[2] ［美］道格拉斯·凯尔纳：《媒体文化——介于现代与后现代之间的文化研究、认同性与政治》，丁宁译，商务印书馆2013年版，第61页。

[3] ［美］道格拉斯·凯尔纳：《媒体文化——介于现代与后现代之间的文化研究、认同性与政治》，丁宁译，商务印书馆2013年版，第160页。

[4] ［加］埃里克·麦克卢汉、弗兰克·秦格龙编：《麦克卢汉精粹》，何道宽译，南京大学出版社2000年版，第360页。

练。不知从什么时候开始,一种对刺激的新的急迫的需要发现了电影。在一部电影里,震惊作为感知的形式已被确立为一种正式的原则。"①电影蒙太奇通过镜头的不断跳跃、转换,中断、撕裂了人们的线性感知和沉浸思考,给人的感觉中枢造成强烈的刺激。同时,现代媒介的可复制技术也导致传统艺术"光晕"的衰竭,艺术作品的"本真"性、独一无二性消失,原有的"膜拜"价值和仰视体验为"展示"价值和平等意识所取代。通过对媒介技术、艺术变迁及感知转型的内在逻辑关系的思考,本雅明显示出了自觉的现代媒介美学意识。

加拿大多伦多学派核心人物麦克卢汉的媒介研究尤为引人注目。他反复强调,媒介即是讯息。任何一种媒介都会在事物中引进新的尺度,改变人的感觉比率和感知模式。"广播冲击的是视觉,照片冲击的是听觉。每一种新的影响都要改变各种感知的比率。"② 媒介研究应当致力于探究媒介技术影响人类感知的方式,而不是研究媒介的内容。麦克卢汉批评说:"我们对所有媒介的传统反应是,如何使用媒介才至关重要。这就是技术白痴的麻木态度。因为媒介的'内容'好比是一片滋味鲜美的肉,破门而入的窃贼用它来涣散思想看门狗的注意力。"③ 真正有意义的是媒介技术,"一切技术都是肉体和神经系统增加力量和速度的延伸"④。麦克卢汉指出,电子媒介是中枢神经系统的延伸,其他媒介则是人体个别器官的延伸。每一种媒介具有不同的感知偏向,因而在人类发展史上产生出不同的文化。如印刷媒介文化是视觉的、割裂的、集中化的,而今天的电子媒介文化则是触觉的、有

---

① [德]本雅明:《发达资本主义时代的抒情诗人》,张旭东、魏文生译,生活·读书·新知三联书店1989年版,第146页。
② [加]马歇尔·麦克卢汉:《理解媒介——论人的延伸》,何道宽译,商务印书馆2000年版,第100页。
③ [加]马歇尔·麦克卢汉:《理解媒介——论人的延伸》,何道宽译,商务印书馆2000年版,第45—46页。
④ [加]马歇尔·麦克卢汉:《理解媒介——论人的延伸》,何道宽译,商务印书馆2000年版,第127页。

机的、非中心化的。麦克卢汉认为，电子媒介带来人的重新部落化，人成为整体的人。艺术（显然，麦克卢汉也视之为媒介）发挥了同样的作用，"艺术家在新技术的打击使意识过程麻木之前，就能矫正各种感知的比率"①，从而实现人的感官平衡和整体意识。麦克卢汉深入地论述了媒介与感知、文化、艺术的密切联系，阐明了媒介与美学——感性学的内在融通性。

随着电子媒介在社会生活中的重要性越来越突出，一个更为显豁的事实展现在人们面前：媒介相当大程度上已成为"美"的文化、美学符号。波德里亚、韦尔施等对此作了充分的论述。

波德里亚的理论联系于麦克卢汉，但与麦克卢汉不同的是，波德里亚对媒介技术的看法充满了忧虑。在波德里亚看来，当今电视、广告等大众传播媒介的发展，已将整个社会变为一个超真实（hyperreal）的仿像世界。传统艺术的模拟原则是符号与真实物的对等，而在电子媒介仿像中，所有的指涉物都被清除，媒介仿像基于自主化原则构建出不同于现实的符号化世界。波德里亚指出："大众传播处处都是由这种与技术媒介和编码规则相适应的系统化规定的，是由并非从世界出发而是从媒介自身出发的信息的系统化生产规定的。"② 媒介化或符号化的世界并非是真实的，但看起来跟现实一样真实，甚至更为真实。真实与仿像的界限"内爆"，"电视就是世界"。显然，媒介化的世界已成为一个美学化的世界，美学的也就是符号的、仿真的（超真实的）、虚拟的。它无处不在，波德里亚因而称其为"超美学"（transaesthetics）："今天的现实本身就是超级现实主义的。……政治、社会、历史、经济等全部日常现实都吸收了超级现实主义的仿真维度：

---

① ［加］马歇尔·麦克卢汉：《理解媒介——论人的延伸》，何道宽译，商务印书馆2000年版，第102页。

② ［法］让·波德里亚：《消费社会》，刘成富、全志钢译，南京大学出版社2000年版，第135页。

我们到处都已经生活在现实的'美学'幻觉中了。"① 在电子媒介仿真逻辑的支配下，所有的事物变成了"美学符号"，波德里亚称之为谋杀真实的"完美的罪行"。

韦尔施同样认为，电子媒介技术具有美学特性，传媒使现实审美化，"社会现实自从主要是经传媒、特别是经电视传媒来传递和塑造以来，也经历着剧烈的非现实化和审美化过程"②。韦尔施指出，传媒美学以虚拟和游戏的模式来呈现现实，"一进入电视的王国，就由稳固的世界迈入了变形的王国"③。生活在传媒塑造的仿真环境中，人们对现实变得日趋冷漠。韦尔施因此呼吁，"对当代美学理论来说，对传媒美学进行思考，是势在必然的"④。

三 美学的媒介研究转向的原因

随着电影、电视、网络、手机等传播媒介在中国的普及和迅速发展，中国学者自20世纪末21世纪初以来，对媒介问题的思考日趋活跃，理论文章和学术著作大量涌现。众多文学、美学研究者如杜书瀛、蒋原伦、黄鸣奋、周宪、欧阳友权、南帆、张法、王一川、陶东风、潘知常、尹鸿、金惠敏、王德胜、赵勇、张邦卫、于德山、单小曦、何志钧、胡友峰、李勇、杨光等对媒介文化前沿理论和热点现象展开系统、深入的思考，审视当代现实境况中媒介与文学、审美的关系，探索、构建美学研究的新图式。而2012年中国中外文艺理论学会新媒介文论分会成立，2017年中国高校影视学会媒介文化专业委员会成

---

① [法] 让·波德里亚：《象征交换与死亡》，车槿山译，译林出版社2012年版，第98页。
② [德] 沃尔夫冈·韦尔施：《重构美学》，陆扬、张岩冰译，上海译文出版社2002年版，第9页。
③ [德] 沃尔夫冈·韦尔施：《重构美学》，陆扬、张岩冰译，上海译文出版社2002年版，第115页。
④ [德] 沃尔夫冈·韦尔施：《重构美学》，陆扬、张岩冰译，上海译文出版社2002年版，第117页。

立，2022 年中国文艺评论家协会新媒体委员会成立，更是标志着媒介问题已成为文艺学、美学的重要研究课题，美学的媒介研究转向已然形成。

媒介美学研究不论是在西方还是中国，都获得普遍性的重视，其原因可以归结为如下几点：

第一，电子媒介与审美的深刻联结。这主要体现在两个方面：一是电子媒介的通感联觉。传统的印刷媒介偏向于理性，其逐字逐行的阅读方式使人形成线性的、机械的感知结构；而电子媒介则是各种感知器官的整合，它形成的是有机、整体的认知方式。麦克卢汉认为，广播、电视的审美功能就在于其通感联觉性，能够使人们实现统一的感知和想像丰富的生活①。通感和联觉带来了人们的深度卷入和诸感官的活跃、和谐，从而引发审美愉悦。二是电子媒介的虚拟逻辑和图像表征。电影、电视、网络游戏这些"标准"的电子媒介审美文化自不必赘述，即使在工业生产、日常生活中，电子媒介也呈现出审美塑造性。韦尔施分析说："随着微电子学的崛起，古典的硬件，即材料愈益变成审美的产品。今天新工业材料的观念及其测试，都完全是由电脑模拟层层进展，直达最终的生产。模拟是一个在显示器屏幕上展开的审美过程，它不再是一种模仿的功能，更像是一种创造的功能。"② 电子模拟（虚拟）出观念中的材料，是富有审美性的创造。前文波德里亚所论及的仿像世界更是说明了这个问题，电子媒介影像使现实"完全被一种取决于自身结构的美学所浸透，与艺术形象混淆了"③。电子媒介的美学特性作为经验性现实，促成了当今媒介问题与美学的融合、相通。

---

① ［加］马歇尔·麦克卢汉：《理解媒介——论人的延伸》，何道宽译，商务印书馆 2000 年版，第 388 页。
② ［德］沃尔夫冈·韦尔施：《重构美学》，陆扬、张岩冰译，上海译文出版社 2002 年版，第 8 页。
③ ［法］让·波德里亚：《象征交换与死亡》，车槿山译，译林出版社 2012 年版，第 100—101 页。

第二，美学理论不断丰富、完善自身的要求。没有毛笔媒介，就没有传之后世的书法作品；没有电视媒介，就没有广泛普及的电视艺术；没有网络媒介，就没有当今的网络文学、网络视频等众多审美文化形式。媒介是审美文化的载体，审美文化究其根本也是一种"讯息"，经由媒介而得以传达。不同的媒介，会导致审美文化产生出不同的样式和审美体验。因此，媒介问题在传统的美学研究中也有涉及，如亚里士多德提出："史诗和悲剧、喜剧和酒神颂以及大部分双管箫乐和竖琴乐——这一切实际上是摹仿，只是有三点差别，即摹仿所用的媒介不同，所取的对象不同，所采的方式不同。"① 这将媒介视为区分不同艺术类型的依据之一。莱辛在探讨诗和绘画的区别时，也将其与媒介联系在一起，"绘画用来摹仿的媒介符号和诗所用的确实完全不同，这就是说，绘画用空间中的形体和颜色而诗却用在时间中发出的声音"②，因而绘画适合表现在空间中并列的物体，而诗适合表现在时间中先后承续的动作。

但是，媒介研究在传统美学一直未能形成大的潮流。根本原因在于，在传统美学观念里，艺术是人为的，因此更看重作品这个"人工产品"，将之视为对世界的模仿，艺术家思想情感的表达，与欣赏者存在着复杂的关系。而媒介只是自然存在物，是供创作作品使用的物质性工具和材料。更关键的是，媒介不具有"特异性"，并不只是作为艺术的介质，因而很少被专门研究。在这个问题上，席勒的观点非常有代表性。席勒认为，作品重要的是形象显现，作为素材和物质的媒介必须消融在形象的显现里："只要再现媒介显示出自己的自然，那么被表现对象的自然就会受到危害。……因此在艺术作品中，素材（模仿媒介的自然）必须消融在（被模仿对象的）形式中。"③ 一个大

---

① [古希腊]亚理斯多德：《诗学》，罗念生译，人民文学出版社1962年版，第3页。
② [德]莱辛：《拉奥孔》，朱光潜译，人民文学出版社2000年版，第82页。
③ [德]席勒：《艺术的美》，徐恒醇译，载伍蠡甫、胡经之主编《西方文艺理论名著选编》（上），北京大学出版社1985年版，第499页。

理石雕像，如果被人看出是大理石（媒介），那么它就不是自由的艺术表现，因为它受到了媒介的自然性的干扰。

电子传媒时代的到来使媒介的性质和功能发生了变化。在性质上，电子媒介的审美性十分突出，这在前文已作论述。美学作为对审美现象的研究，必然要把媒介纳入研究范围。在功能上，电子媒介也不再仅限于是载体和工具，作为审美文化活动的重要环节，电子媒介自身携带"讯息"，影响和改变着人的思维方式、感知结构和关系格局，是具有文化性、人为性、技术性的传播媒介。正是在这个意义上，麦克卢汉强调，"媒介成分和内容的研究绝对不可能揭示媒介影响的动力学"[①]。媒介自身的重要性在于，"人类的任何交往模式里都存在着无声的或潜意识的预设，这些预设则是由经验编码和信息流动的媒介决定的"[②]。今天的电子媒介正凭借资本运作的逻辑、超时空的传播方式及凌越于文字的图像霸权前所未有地参与着审美文化的建构，与审美文化融为一体，打造出影响深远的文化景观。媒介不被重视的传统美学理论由之而发生改变。

第三，语言学转向的延续。我们知道，整个西方美学的发展大致经历了三个阶段，即古希腊到中世纪的本体论美学（柏拉图的美学思想为代表）、17—19世纪的认识论美学（德国古典美学为代表）、20世纪的语言学美学（涵盖实证主义、人本主义、形式主义、结构主义等各流派的美学思想）。由本体论到认识论，最后转向语言学的美学历程，显现出这样一条线索：由探讨美是什么，美的感知如何产生，到最终把美、艺术归结于语言表达的问题。语言成为美学的关注重心，标志着媒介正式走入美学研究视野。因为作为人类社会发展中最常见、最普遍的信息传播方式，语言本身就是一种人际交流及艺术传达的重

[①] ［加］埃里克·麦克卢汉、弗兰克·秦格龙编：《麦克卢汉精粹》，何道宽译，南京大学出版社2000年版，第276页。

[②] ［加］斯蒂芬妮·麦克卢汉、戴维·斯坦斯编：《麦克卢汉如是说：理解我》，何道宽译，中国人民大学出版社2006年版，第13页。

要媒介。就如麦克卢汉所说："从一切意义上说，语言都是一种大众媒介。语言不是任何一位个体造就的。但是任何人都必须用这个大众媒介来思考、梦想和感觉。"①

从语言学美学看来，语言是文学艺术的本质和核心。尤其是存在主义美学，更是把语言提到了本体论的地位。海德格尔指出："语言，凭借给存在物的首次命名，第一次将存在物带入语词和显象。这一命名，才指明了存在物源于其存在并到达其存在。"② 海德格尔认为语言的本质是存在的显示，是本真的"道说"（sage）。相对于日常言谈，唯有诗（文学艺术）才能通向本真、源始的语言之途。而随着直观化、超时空的电子媒介的兴起，语言的重要地位逐渐丧失，"电子媒介决定了影视图像的普遍性流通，图像形式对跨文化和全球化起到了不用转译就能识辨沟通的作用"③。语言为主导的文学发展为图像为主导的电影、电视等审美文化，以语言媒介为重心的美学自然转变为对电子传播媒介的研究。实际上，就传达信息、延伸感官来说，电子传播媒介亦可以视作特殊的"语言"，在这一意义上，电子传媒美学是语言美学的延续。就如单小曦指出的，作为一种"后语言论"，媒介文艺学/美学"是对语言学文论的逻辑推进，是立足于当代新媒介现实，把语言论文论思想延伸为媒介学文论思想的理论话语"④。可以说，媒介形态的演化和更替催生出合乎现实（历史）和逻辑的美学研究新样态。

四 媒介美学的学科思考

美学的媒介研究转向是当代美学发展的重要趋势，是当代美学对

---

① ［加］斯蒂芬妮·麦克卢汉、戴维·斯坦斯编：《麦克卢汉如是说：理解我》，何道宽译，中国人民大学出版社2006年版，第11页。
② ［德］海德格尔：《诗·语言·思》，彭富春译，文化艺术出版社1991年版，第69页。
③ 张法：《走向全球化时代的文艺理论》，安徽教育出版社2005年版，第191页。
④ 单小曦：《媒介与文学：媒介文艺学引论》，商务印书馆2015年版，第1页。

鲜活的电子传媒审美文化现象的理论回应，也体现出美学学科对自身的重新检视和思考。

第一，媒介作为文学艺术的第五要素纳入美学理论图式。艾布拉姆斯（M. H. Abrams）在《镜与灯》中把文学艺术划分为四个要素，即作品、艺术家、世界、欣赏者。艾布拉姆斯认为，文艺理论史上的模仿说、实用说、表现说和客观说无不是从其中某一个要素出发，构建出理论体系，"其中有三类主要是用作品与另一要素（世界、欣赏者或艺术家）的关系来解释作品，第四类则把作品视为一个自足体孤立起来加以研究"①。艾布拉姆斯以宏阔的历史视野，对艺术活动和文艺理论作出提纲挈领的概括，四要素说成为传统文艺学、美学的经典表述。

但是，任何一种理论都有其阐释限度。媒介在艾氏的理论中未有一席之地，但媒介本身在审美文化活动中一直不曾缺席。没有媒介，文学艺术等审美文化活动不可能发生。传统的艺术四要素固然缺一不可，但是，"四要素之所以能够发挥创造文学意义的作用，无法离开媒介将之谋和一处、联合成体的存在境遇。另外，所有这些要素共同生成的文学意义，必须经由媒介这一隘口并通过媒介这一节点，才能现实地呈现"②。随着电子传媒在社会生活和文学艺术等审美文化领域的强势介入，媒介的作用和影响越来越突出。因此，经由语言学转向之后，把"媒介"作为文学艺术的第五要素，已成为当下文艺学、美学研究的广泛共识。

美国当代叙事研究学家阿瑟·阿萨·伯杰（Arthur Asa Berger）就艺术活动明确提出了五要素说。伯杰认为，艺术文本的传达有五个焦点或元素，分别是作为艺术作品的文本、艺术家、观众、媒介和社会。

---

① ［美］M. H. 艾布拉姆斯：《镜与灯：浪漫主义文论及批评传统》，郦稚牛等译，北京大学出版社2004年版，第5页。
② 单小曦：《媒介与文学：媒介文艺学引论》，商务印书馆2015年版，第4页。

伯杰说:"文本由个人(在协作性的传媒,例如电影和电视中,是由集体)创作,为这种或那种类型的观众所撰写,通过某种媒介,如口语、广播、印刷、电视、电影、因特网,等等,传达给他人。这一切都在某个特定的社会中发生。……我们不能忽视这五个焦点当中的任何一个;我们必须根据它们的相互关系来对它们进行考虑。"① 相较于艾布拉姆斯以作品为中心的艺术四要素说,伯杰不仅添加了"媒介"要素,而且把艺术视为一种整体性活动,各个要素相互关联,彼此有深刻的影响。中国学者冯宪光、王一川、李玉臣、单小曦、彭文祥、李勇、胡友峰等也就媒介作为文学艺术第五要素阐明了自己的观点。如胡友峰认为:"在电子媒介时代,由于文艺主导类型的变迁,'图像'艺术成为文艺的主导类型,'媒介性'则成为文论关注的核心问题。艾布拉姆斯的文论四要素范式将向以'媒介性'为主导的五要素转移。"② 应该说这代表了近年来对媒介要素问题的共同性看法。

　　由四要素理论图式向五要素的转型,意味着需要重新思考审美文化内部各构成要素之间的关系。传统美学理论图式中,作品居于中心,是关节点,主要探讨的是世界与作品、艺术家与作品、欣赏者与作品的关系。而五要素理论则把媒介作为关节点,其他四种要素通过媒介的联结成为一个整体,从而使长期被忽视的媒介要素拥有了自己的合法位置。更重要的是,五要素理论突破了传统美学理论图式的单向结构,强调各要素之间的交互关系。这正是电子媒介飞速发展塑造出的审美文化活动新样态。电子媒介具有双向互动性,因而打破了传统艺术生产者和欣赏者的角色定位。尤其是网络审美文化,欣赏者甚至可以直接参与到艺术创作中,"由于数字文学是以计算机代码为基础的程序文本,其中可以嵌入互动设计(interactive design),读者就不仅

---

① [美]阿瑟·阿萨·伯杰:《通俗文化、媒介和日常生活中的叙事》,姚媛译,南京大学出版社2000年版,第17页。

② 胡友峰:《论电子媒介时代文论话语转型》,《文学评论》2018年第1期。

仅局限于对文本的语义解读，还可以选择、建构甚至重写文本从而进行更加积极的和程度更为深广的文本意义生产"①。艺术家的权威地位失落，艺术创作的身份具有了群体性。同样，现实世界和作品的关系也发生了转变。作品不再是现实世界的摹本，它越来越成为一种"仿像"。电子媒介构建的仿像不断生产"真实"，成为"真实"的组成部分，"日常现实日益按传媒图式被构造、表述和感知"②。这就造成不是世界产生了电视，而是先有电视，而后有了世界（比如迪士尼电影之与迪士尼公园）。在审美文化活动中，电子媒介改变了传统艺术作品的静止性、完成性，作品与世界、艺术家、欣赏者之间处于不断流动、生成的活性过程。所有这些，五要素美学理论势必要做出全面、深入的阐发。

第二，美学需积极介入媒介文化现象研究，进一步激发、提升自身理论活力。加拿大传播学家伊尼斯（Harold Innis）曾指出："一种新媒介的长处，将导致一种新文明的产生。"③电子媒介的迅猛发展所产生的媒介文化给当代人的社会生活、思维习惯、感知方式、审美观念乃至价值信仰带来深刻的影响。作为关注人类生存状态的美学，必然要介入其中。如果说媒介研究是美学内在环节的重新审视，那么媒介文化现象的研究则是美学外在研究视域的扩大。如韦尔施所说的，面向传媒文化这一"新情势"的研究将使美学"由一个蒙尘的老学科，重新成为一个当代分析与研究的有趣领域"④。

在我们看来，当代媒介文化的美学研究应当注意两个方面的问题。

---

① 单小曦：《媒介与文学：媒介文艺学引论》，商务印书馆 2015 年版，第 184 页。

② ［德］沃尔夫冈·韦尔施：《重构美学》，陆扬、张岩冰译，上海译文出版社 2002 年版，第 116 页。

③ ［加］哈罗德·伊尼斯：《传播的偏向》，何道宽译，中国人民大学出版社 2003 年版，第 28 页。

④ ［德］沃尔夫冈·韦尔施：《重构美学》，陆扬、张岩冰译，上海译文出版社 2002 年版，第 119 页。

首先,"理解"媒介文化。电影、电视、网络文化等媒介文化的运作机制、表征方式均不同于传统审美文化,媒介文化研究应深入阐释这些不同,从而不断丰富、完善审美文化观念。米勒曾分析说:"印刷技术使文学、情书、哲学、精神分析,以及民族独立国家的概念成为可能。新的电信时代正在产生新的形式来取代这一切。这些新的媒体——电影、电视、因特网不只是原封不动地传播意识形态或者真实内容的被动的母体。不管你乐意不乐意,它们都会以自己的方式打造被'发送'的对象,把其内容改变成该媒体特有的表达方式。"[1] 电子媒介打破了公共与私人、本地与他域、幻象与现实、主体与客体等的固有界限,终结了传统形态的文学,缔造出新的思想观念、感知结构和审美意识,体现出媒介技术、意识形态、资本及美学力量的复杂运作。而在表征方式上,传统审美文化是一种"读"的文化,当今的电影、电视等媒介文化却是一种"看"的文化。相对于传统审美文化需要付诸理性的文字阅读,电影、电视的图像观看则感性得多,因而更容易引起愉悦,更便于人们接受。这是由"静观"向"惊颤"的转变,由陶冶、净化、沉思向刺激、新奇、轰动的位移:"视觉媒介——我这里指的是电影和电视——则把它们的速度强加给观众。由于强调形象,而不是强调词语,引起的不是概念化,而是戏剧化。"[2] 媒介文化的样态离不开媒介技术的支持,美学研究应抓住电子媒介这一根本,建构面向当今审美文化实践的媒介美学。

其次,以辩证的方法研究媒介文化。媒介文化是一种感性文化、世俗化文化,也是一种图像文化、高科技文化。媒介文化的产生与社会转型、技术变革、资本运作有着密不可分的联系。因此,媒介文化的美学研究不可能作出简单的是非、优劣判断,而需要展开具体的分

---

[1] [美] J. 希利斯·米勒:《全球化时代文学研究还会继续存在吗?》,国荣译,《文学评论》2001年第1期。

[2] [美] 丹尼尔·贝尔:《资本主义文化矛盾》,赵一凡等译,生活·读书·新知三联书店1989年版,第157页。

析，进行辩证的思考。法兰克福学派和文化研究学派的媒介美学思想都有重要的理论意义，但是，就如史蒂文森所说，法兰克福学派的分析"不仅将受众还原为冷漠的烂土豆，而且过高地估计了媒介对通过霸权式的话语来再生产不对称的各种社会关系的责任"①。而文化研究学派如费斯克等人致力于探讨大众解读方式对通俗文化文本的颠覆性，将大众视为具有抵抗力的微观政治目标。但问题是这种抵抗力量有多大，有没有普适性，费斯克等人缺乏令人信服的论述，因而被批评为新修正主义、民粹主义。媒介美学应深入分析媒介文化存在着的控制性和自由性诸种力量，揭示它们之间的内在张力，探讨其积极意义和消极影响，由此阐明媒介文化所带来的新的审美观念。在历史和逻辑的维度上，对电子媒介审美文化作出学理说明和判断。

以上我们对美学的媒介研究转向进行了分析。不难看出，这一问题与上一节日常生活的审美化问题密切相关。在电子传媒时代，日常生活审美化主要表现为环绕于人们身边的广告、电视、网络视频等所构成的图像世界。就如韦尔施指出的，在电子媒介的可视化中，物质性的现实失去了重量，成为审美的、可虚拟的、可塑造的。电子媒介深刻卷入我们的日常生活中，我们已处于一个媒介化的"美学社会"。电子传媒审美文化研究必然关涉到日常生活审美化和媒介的美学问题，前者指向审美的世俗化，而后者则关乎审美的表征，两者对传统审美观念形成了有力的冲击。

面对新的美学现实，美学话语、美学观念的转型成为必然。审美文化的内涵和外延在当代社会语境下发生重大变迁，美学需要积极介入这一审美文化实践，不断突破自身的有限性，走出纯艺术的研究领域以及抽象的理论建构，以新的美学话语形式接纳生动的现实审美经验，对其作出合乎历史和逻辑的阐释。在这一过程中，不断探索、丰

---

① [英] 尼克·史蒂文森：《认识媒介文化——社会理论与大众传播》，王文斌译，商务印书馆 2001 年版，第 96 页。

富美学的学科内涵、研究理路、审美范式。当然，承认美学是动态的、开放的，并不意味着传统审美观念、价值尺度完全失效。相反，面对电子传媒审美文化表现出的诸如享乐主义、消费主义、工具理性，当代美学反思性的批判意识依然必要。美学不会抛弃对真、善、美的追求，抛弃对人的生存的终极关怀。当代美学的话语转型毋宁说是与传统美学展开对话，它将精英与大众、神圣与世俗、超验与现实、崇高与功利等审美景观都纳入理论视野，建构起更富活力的有机主义美学。这种新的美学不是与传统美学割裂，而是与传统美学观念形成互补；它并非是传统美学的解构，而是传统美学的必要拓展。

结　　语

　　至此，本书已完成对电子传媒审美文化的整体考察。
　　在这里，我们对电子传媒审美文化从两个方面略作一下概括：其一，电子传媒审美文化是一种技术文化。在电子传媒时代，审美文化与技术已经密不可分地结合在一起，技术对审美文化显示出了强大的介入性。伽达默尔（Hans-Georg Gadamer）曾经指出："20世纪是第一个以技术起决定作用的方式重新确定的时代，并且开始使技术知识从掌握自然力量扩转为掌握社会生活，所有这一切都是成熟的标志，或者也可以说，是我们文明危机的标志。"[①] 伽达默尔的看法无疑是深刻的。在人类历史上，还没有哪一个时代像今天这样，技术的作用如此突出。电子媒介技术已广泛而深入地介入人们的生活，对人们的生活方式、感知结构、价值观念等产生出巨大的、复杂的影响。很显然，这一具有统治性力量的技术也体现在审美文化中。按照传播学家的看法，人类文化的发展经历了三个时期，即口语文化时期、印刷文化时期和电子媒介文化时期。在口语文化时期，文化依靠的是口耳相传，因此，人们的审美交流是以一种面对面的方式展开的。用吉登斯的术语，就是具有"本地生活在场的有效性"。也就是说，这种"你说我听"的审美文化传播方式要求主体必须同时在场。在这一时期，显然

[①] ［德］伽达默尔：《科学时代的理性》，薛华等译，国际文化出版公司1988年版，第63页。

并不存在技术的介入。到了 16 世纪以后，随着机械印刷技术的普及，可以批量复制的文字取代口语成为主要传播媒介，印刷文化由此诞生。由于文字的可存储性，人们的审美交流不再限于面对面的直接交流，审美文化的传播因突破了时间和空间的限制而大大加强。在这一时期，机械印刷技术对审美文化传播所起的作用是显而易见的。但这时的技术毕竟外在于审美文化，技术只是促进审美文化传播的一种手段。20 世纪电子媒介的出现，是人类文化传播史上的一次空前的革命。电子媒介技术广泛介入审美文化中，从而极大地改变了审美文化的存在形态。技术不再是外在于审美文化。一方面，电子媒介的虚拟性、图像性包含着审美的因素，因而不同于机械印刷技术，电子媒介技术是内在于审美文化之中的，是审美文化有机的组成部分。另一方面，审美文化的运作越来越多地借助于技术的支持。像电影、电视等审美文化本身就是电子媒介系统的一部分，而网络文学、网络视频等也都无法离开网络媒介平台。可以说，当今的审美文化形态存在着对技术的高度依赖。技术占据着审美文化的主导，技术的逻辑上升为审美文化的主要逻辑。而这显然正是伽达默尔所担心的"危机的标志"。

其二，电子传媒审美文化是一种世俗文化。相对于传统审美文化的精英性和强烈的责任感、价值意识，电子传媒审美文化更多地表现出世俗化的倾向。所谓世俗化是与神圣化相对的一个概念，世俗化也就是解神圣、解魅。"世俗化的社会学和政治学涵义，是指传统社会在走向现代化的过程中，社会生活的理性化过程：曾经驾驭控制社会生活的神圣的、宗教的、政治的和意识形态权威逐渐为现代社会的实效、成就、普遍主义、合理主义等新的准则所取代。其外在的表现如社会生活的逐渐非意识形态化，政治与经济生活和日常生活的疏离，商品经济基本价值的确立，等等。"[①] 在这一世俗化的进程中，审美文化开始更多地关注现实人生和个人的幸福。传统生活中那些神性的内

---

① 杨东平：《城市季风：北京和上海的文化精神》，东方出版社 1994 年版，第 472 页。

容被抹除，个人的自然欲望和日常生活诉求有了合法表达的巨大空间。在这个不再相信权威、中心的时代，审美文化成为大众狂欢的场所。显然，这是一个非常复杂的现象。审美文化的世俗化使人们从传统中解放出来，它张扬了人的尊严和个性自由。同时，借助电子媒介技术的支持，审美文化广泛地渗透进人们的日常生活之中，从而真正成为大众的文化。人们可以自由地欣赏或者直接参与到审美文化的创造中。因此，审美文化的世俗化有着不容忽视的积极意义。但是，我们也看到，审美文化的世俗化在放弃了那些形而上的诉求后，往往走向了对感性享乐的一味追逐。尽管感性享乐是对生活的一种还原，但显然它并不是生活的全部。一旦把感性享乐置于凌驾一切的最高价值的地位，任凭欲望肆意膨胀，人也就丧失了真正的自由，从而成为受欲望摆布的"单面人"，这无疑值得警惕。如何把握世俗化的限度，使审美文化既能满足人们广泛的、现实的审美需要，同时又维护人的真正的自由，维护应有的价值和意义成为当代社会的重要课题。

丹尼尔·贝尔指出："每个社会都设法建立一个意义系统，人们通过它们来显示自己与世界的联系。这些意义规定了一套目的，它们或像神话和仪式那样，解释了共同经验的特点，或通过人的魔法或技术力量来改造自然。这些意义体现在宗教、文化和工作中。在这些领域里丧失意义就造成一种茫然困惑的局面。"[①] 意义问题是人之为人不可能回避的问题，人无法忍受虚无。米兰·昆德拉（Milan Kundera）在《生命中不能承受之轻》里探讨"轻与重"的关系时，提出沉重未必悲惨而轻松不见得辉煌："也许最沉重的负担同时也是一种生活最为充实的象征，负担越沉，我们的生活也就越贴近大地，越趋近真切和实在。相反，完全没有负担，人变得比大气还轻，会高高地飞起，离别大地亦即离别真实的生活。他将变得似真非真，运动自由而毫无

[①] ［美］丹尼尔·贝尔：《资本主义文化矛盾》，赵一凡等译，生活·读书·新知三联书店1989年版，第197页。

意义。"① 昆德拉所说的正是一种人生应有的沉重。但是，当今这个轻松的电子传媒时代，还能够承受如此之重吗？在虚幻取代了现实、狂欢挤占了静穆的境况下，如何像古代亚美尼亚哲人所说的那样，重拾"对意义的爱"——对世界的意义、人生的意义、人的意义的爱？

　　电子传媒审美文化的复杂表现要求我们作出理论上的回应。我们坚持新批判的理论立场对电子传媒审美文化进行具体的梳理、分析和反思。新批判理论既不是法兰克福学派精英主义的对文化工业（审美文化）的彻底否定，也不同于伯明翰学派平民主义的过于乐观，而是把审美文化置于其产生和接受的原初环境，通过辩证、客观、全面的考察趋近这一文化现象的本相。新批判理论吸收了葛兰西的文化霸权思想，同时又拓展、改进了葛兰西对霸权的界说，使霸权这一概念不仅指向含义更为丰富的意识形态，也包含商业资本、技术理性诸因素在内，从而增强了其阐释的效力。本书通过这一新批判的理论视角，阐释电子传媒审美文化的图像化表征和世俗化精神，揭示电子传媒审美文化运作机制的内在张力，并对电子传媒审美文化的走向及美学学科发展作出深入思考，从而对电子传媒审美文化进行体系性研究。

---

　　① ［捷］米兰·昆德拉：《生命中不能承受之轻》，韩少功、韩刚译，作家出版社1986年版，第3页。

参考文献

一 中文

［奥］西格蒙德·弗洛伊德：《弗洛伊德后期著作选》，林尘等译，上海译文出版社1986年版。

［奥］西格蒙德·弗洛伊德：《文明及其不满》，严志军、张沫译，浙江文艺出版社2019年版。

［德］阿多诺：《美学理论》，王柯平译，四川人民出版社1998年版。

［德］鲍姆嘉滕：《美学》，简明、王旭晓译，文化艺术出版社1987年版。

［德］本雅明：《发达资本主义时代的抒情诗人》，张旭东、魏文生译，生活·读书·新知三联书店1989年版。

［德］伽达默尔：《科学时代的理性》，薛华等译，国际文化出版公司1988年版。

［德］哈贝马斯：《公共领域的结构转型》，曹卫东、王晓珏等译，学林出版社1999年版。

［德］哈贝马斯：《交往行为理论》第1卷，曹卫东译，上海人民出版社2004年版。

［德］海德格尔：《诗·语言·思》，彭富春译，文化艺术出版社1991年版。

［德］海德格尔：《人，诗意地安居：海德格尔语要》，郜元宝译，广西师范大学出版社 2000 年版。

［德］海德格尔：《林中路》，孙周兴译，商务印书馆 2015 年版。

［德］海德格尔：《存在与时间》，陈嘉映、王庆节译，商务印书馆 2016 年版。

［德］黑格尔：《美学》第 1 卷，朱光潜译，商务印书馆 1979 年版。

［德］霍克海默、阿多尔诺：《启蒙辩证法》，洪佩郁、蔺月峰译，重庆出版社 1990 年版。

［德］卡尔·雅斯贝斯：《时代的精神状况》，王德峰译，上海译文出版社 1997 年版。

［德］康德：《判断力批判》，宗白华译，商务印书馆 1964 年版。

［德］康德：《历史理性批判文集》，何兆武译，商务印书馆 1990 年版。

［德］莱辛：《拉奥孔》，朱光潜译，人民文学出版社 2000 年版。

［德］尼采：《悲剧的诞生》，周国平译，生活·读书·新知三联书店 1986 年版。

［德］尼采：《权力意志》，张念东、凌素心译，商务印书馆 1991 年版。

［德］尼采：《偶像的黄昏》，周国平译，光明日报出版社 1996 年版。

［德］瓦尔特·本雅明：《机械复制时代的艺术作品》，王才勇译，中国城市出版社 2002 年版。

［德］沃尔夫冈·韦尔施：《重构美学》，陆扬、张岩冰译，上海译文出版社 2002 年版。

［德］西美尔：《金钱、性别、现代生活风格》，顾仁明译，学林出版社 2000 年版。

［德］席勒：《美育书简》，徐恒醇译，中国文联出版公司 1984 年版。

［法］阿兰·巴迪欧：《论电影》，李洋、许珍译，华东师范大学出版社 2020 年版。

［法］昂利·柏格森：《创造进化论》，肖聿译，华夏出版社 2000 年版。

［法］贝尔纳·斯蒂格勒：《技术与时间：爱比米修斯的过失》，裴程

译，译林出版社 2000 年版。

［法］杜夫海纳等：《当代艺术科学主潮》，刘应争译，安徽文艺出版社 1991 年版。

［法］古斯塔夫·勒庞：《乌合之众：大众心理研究》，冯克利译，中央编译出版社 2004 年版。

［法］居伊·德波：《景观社会》，王昭风译，南京大学出版社 2007 年版。

［法］拉康：《拉康选集》，褚孝泉译，上海三联书店 2001 年版。

［法］雷吉斯·德布雷：《图像的生与死：西方观图史》，黄迅余、黄建华译，华东师范大学出版社 2014 年版。

［法］罗兰·巴特：《罗兰·巴特随笔选》，怀宇译，百花文艺出版社 1995 年版。

［法］罗兰·巴特：《神话修辞术/批评与真实》，屠友祥、温晋仪译，上海人民出版社 2009 年版。

［法］罗歇·苏：《休闲》，姜依群译，商务印书馆 1996 年版。

［法］米歇尔·德·塞托：《日常生活实践·实践的艺术》，方琳琳、黄春柳译，南京大学出版社 2009 年版。

［法］米歇尔·福柯：《权力的眼睛——福柯访谈录》，严锋译，上海人民出版社 1997 年版。

［法］米歇尔·福柯：《规训与惩罚》，刘北成、杨远婴译，生活·读书·新知三联书店 2003 年版。

［法］皮埃尔·布尔迪厄：《文化资本与社会炼金术》，包亚明译，上海人民出版社 1997 年版。

［法］皮埃尔·布尔迪厄：《关于电视》，许钧译，南京大学出版社 2011 年版。

［法］乔治·萨杜尔：《电影艺术史》，徐昭、陈笃忱译，中国电影出版社 1957 年版。

［法］让·鲍德里亚：《符号政治经济学批判》，夏莹译，南京大学出版社 2009 年版。

［法］让·波德里亚：《消费社会》，刘成富、全志钢译，南京大学出版社 2000 年版。

［法］让·波德里亚：《象征交换与死亡》，车槿山译，译林出版社 2012 年版。

［法］让·波德里亚：《致命的策略》，刘翔、戴阿宝译，南京大学出版社 2015 年版。

［法］让·拉特利尔：《科学和技术对文化的挑战》，吕乃基等译，商务印书馆 1997 年版。

［法］让-保罗·萨特：《存在主义是一种人道主义》，周煦良、汤永宽译，上海译文出版社 1988 年版。

［古罗马］奥古斯丁：《忏悔录》，周士良译，商务印书馆 1963 年版。

［古希腊］柏拉图：《柏拉图全集》第 1 卷，王晓朝译，人民出版社 2002 年版。

［古希腊］亚理斯多德：《诗学》，罗念生译，人民文学出版社 1962 年版。

［加］埃里克·麦克卢汉、弗兰克·秦格龙编：《麦克卢汉精粹》，何道宽译，南京大学出版社 2000 年版。

［加］德克霍夫：《文化肌肤：真实社会的电子克隆》，汪冰译，河北大学出版社 1998 年版。

［加］哈罗德·伊尼斯：《传播的偏向》，何道宽译，中国人民大学出版社 2003 年版。

［加］马歇尔·麦克卢汉：《理解媒介——论人的延伸》，何道宽译，商务印书馆 2000 年版。

［加］斯蒂芬妮·麦克卢汉、戴维·斯坦斯编：《麦克卢汉如是说：理解我》，何道宽译，中国人民大学出版社 2006 年版。

［捷］米兰·昆德拉：《生命中不能承受之轻》，韩少功、韩刚译，作家出版社 1986 年版。

［美］M. H. 艾布拉姆斯：《镜与灯：浪漫主义文论及批评传统》，郦稚牛等译，北京大学出版社 2004 年版。

[美] 阿尔温·托夫勒：《未来的冲击》，孟广均等译，中国对外翻译出版公司 1985 年版。

[美] 阿诺德·豪塞尔：《艺术史的哲学》，陈超南、刘天华译，中国社会科学出版社 1992 年版。

[美] 阿瑟·阿萨·伯杰：《通俗文化、媒介和日常生活中的叙事》，姚媛译，南京大学出版社 2000 年版。

[美] 埃·弗洛姆：《为自己的人》，孙依依译，生活·读书·新知三联书店 1988 年版。

[美] 爱德华·W. 赛义德：《赛义德自选集》，谢少波、韩刚等译，中国社会科学出版社 1999 年版。

[美] 贝迪阿·纳思·瓦尔马：《现代化问题探索》，周忠德、严炬新译，知识出版社 1983 年版。

[美] 大卫·理斯曼等：《孤独的人群》，王崑、朱虹译，南京大学出版社 2002 年版。

[美] 戴安娜·克兰：《文化生产：媒体与都市艺术》，赵国新译，译林出版社 2001 年版。

[美] 戴维·哈维：《后现代的状况：对文化变迁之缘起的探究》，阎嘉译，商务印书馆 2013 年版。

[美] 丹尼尔·贝尔：《资本主义文化矛盾》，赵一凡等译，生活·读书·新知三联书店 1989 年版。

[美] 丹尼尔·杰·切特罗姆：《传播媒介与美国人的思想——从莫尔斯到麦克卢汉》，曹静生、黄艾禾译，中国广播电视出版社 1991 年版。

[美] 道格拉斯·凯尔纳：《媒体奇观——当代美国社会文化透视》，史安斌译，清华大学出版社 2003 年版。

[美] 道格拉斯·凯尔纳、斯蒂文·贝斯特：《后现代理论：批判性的质疑》，张志斌译，中央编译出版社 2011 年版。

[美] 道格拉斯·凯尔纳：《媒体文化——介于现代与后现代之间的文

化研究、认同性与政治》，丁宁译，商务印书馆 2013 年版。

［美］迪克·赫伯迪格：《亚文化：风格的意义》，陆道夫、胡疆锋译，北京大学出版社 2009 年版。

［美］凡勃伦：《有闲阶级论——关于制度的经济研究》，蔡受百译，商务印书馆 1964 年版。

［美］弗·杰姆逊：《后现代主义与文化理论——杰姆逊教授讲演录》，唐小兵译，陕西师范大学出版社 1986 年版。

［美］赫伯特·马尔库塞：《单面人——发达工业社会意识形态研究》，左晓斯等译，湖南人民出版社 1988 年版。

［美］赫伯特·马尔库塞：《爱欲与文明》，黄勇、薛民译，上海译文出版社 2012 年版。

［美］亨利·詹金斯：《文本盗猎者：电视粉丝与参与式文化》，郑熙青译，北京大学出版社 2016 年版。

［美］杰里米·里夫金、特德·霍华德：《熵：一种新的世界观》，吕明、袁舟译，上海译文出版社 1987 年版。

［美］罗伯特·C. 艾伦编：《重组话语频道：电视与当代批评》，麦永雄、柏敬泽等译，中国社会科学出版社 2000 年版。

［美］马克·波斯特：《信息方式——后结构主义与社会语境》，范静哗译，商务印书馆 2000 年版。

［美］马克·波斯特：《第二媒介时代》，范静哗译，南京大学出版社 2001 年版。

［美］梅尔文·德弗勒、桑德拉·鲍尔-洛基奇：《大众传播学诸论》，杜力平译，新华出版社 1990 年版。

［美］尼尔·波兹曼：《娱乐至死》，章艳译，广西师范大学出版社 2004 年版。

［美］尼古拉·尼葛洛庞帝：《数字化生存》，胡泳、范海燕译，海南出版社 1997 年版。

［美］尼古拉斯·米尔佐夫：《视觉文化导论》，倪伟译，江苏人民出

版社 2006 年版。

［美］欧文·戈夫曼：《日常生活中的自我呈现》，黄爱华、冯钢译，浙江人民出版社 1989 年版。

［美］斯坦利·梭罗门：《电影的观念》，齐宇译，中国电影出版社 1983 年版。

［美］苏珊·朗格：《情感与形式》，刘大基等译，中国社会科学出版社 1986 年版。

［美］托马斯·英奇编：《美国通俗文化简史》，任越等译，漓江出版社 1988 年版。

［美］威廉·J. 米切尔：《伊托邦：数字时代的城市生活》，吴启迪等译，上海科技教育出版社 2005 年版。

［美］约翰·费斯克：《理解大众文化》，王晓珏、宋伟杰译，中央编译出版社 2001 年版。

［美］约翰·费斯克等编撰：《关键概念：传播与文化研究辞典》，李彬译，新华出版社 2004 年版。

［美］约翰·格拉夫等：《流行性物欲症》，闾佳译，中国人民大学出版社 2006 年版。

［美］约书亚·梅罗维茨：《消失的地域：电子媒介对社会行为的影响》，肖志军译，清华大学出版社 2002 年版。

［瑞士］索绪尔：《普通语言学教程》，高名凯译，商务印书馆 1999 年版。

［斯］阿莱斯·艾尔雅维茨：《图像时代》，胡菊兰、张云鹏译，吉林人民出版社 2003 年版。

［苏］巴赫金：《陀思妥耶夫斯基诗学问题》，白春仁、顾亚铃译，生活·读书·新知三联书店 1988 年版。

［匈］阿格妮丝·赫勒：《日常生活》，衣俊卿译，黑龙江大学出版社 2010 年版。

［匈］巴拉兹·贝拉：《电影美学》，何力译，中国电影出版社 2003 年版。

［意］安东尼奥·葛兰西：《狱中札记》，葆煦译，人民出版社 1983 年版。

［英］安德鲁·古德温、加里·惠内尔编著：《电视的真相》，魏礼庆、王丽丽译，中央编译出版社 2001 年版。

［英］安东尼·吉登斯：《现代性与自我认同》，赵旭东等译，生活·读书·新知三联书店 1998 年版。

［英］安东尼·吉登斯：《现代性的后果》，田禾译，译林出版社 2000 年版。

［英］戴维·巴勒特：《媒介社会学》，赵伯英、孟春译，社会科学文献出版社 1989 年版。

［英］赫伯特·斯宾塞：《教育论》，胡毅译，人民教育出版社 1962 年版。

［英］雷蒙德·威廉斯：《文化与社会》，吴松江、张文定译，北京大学出版社 1991 年版。

［英］雷蒙·威廉斯：《关键词：文化与社会的词汇》，刘建基译，生活·读书·新知三联书店 2005 年版。

［英］罗宾·乔治·科林伍德：《艺术哲学新论》，卢晓华译，工人出版社 1988 年版。

［英］马修·阿诺德：《文化与无政府状态》，韩敏中译，生活·读书·新知三联书店 2002 年版。

［英］迈克·费瑟斯通：《消费文化与后现代主义》，刘精明译，译林出版社 2000 年版。

［英］迈克·费瑟斯通：《消解文化——全球化、后现代主义与认同》，杨渝东译，北京大学出版社 2009 年版。

［英］尼古拉斯·阿伯克龙比：《电视与社会》，张永喜等译，南京大学出版社 2001 年版。

［英］尼克·史蒂文森：《认识媒介文化——社会理论与大众传播》，王文斌译，商务印书馆 2001 年版。

［英］齐格蒙特·鲍曼：《共同体》，欧阳景根译，江苏人民出版社 2003 年版。

[英] 汤林森：《文化帝国主义》，冯建三译，上海人民出版社 1999 年版。

[英] 特里·伊格尔顿：《马克思主义与文学批评》，文宝译，人民文学出版社 1980 年版。

[英] 特瑞·伊格尔顿：《文化的观念》，方杰译，南京大学出版社 2003 年版。

[英] 西莉亚·卢瑞：《消费文化》，张萍译，南京大学出版社 2003 年版。

[英] 约翰·B. 汤普森：《意识形态与现代文化》，高铦等译，译林出版社 2005 年版。

[英] 约翰·斯道雷：《文化理论与通俗文化导论》，杨竹山等译，南京大学出版社 2001 年第 2 版。

《马克思恩格斯全集》第 1 卷，人民出版社 1995 年第 2 版。

《马克思恩格斯全集》第 3 卷，人民出版社 2002 年第 2 版。

《马克思恩格斯全集》第 30 卷，人民出版社 1995 年第 2 版。

《马克思恩格斯全集》第 46 卷，人民出版社 2003 年第 2 版。

陈刚：《大众文化与当代乌托邦》，作家出版社 1996 年版。

陈良运主编：《中国历代诗学论著选》，百花洲文艺出版社 1995 年版。

段吉方：《审美文化视野与批评重构：中国当代美学的话语转型》，中国社会科学出版社 2016 年版。

傅守祥：《欢乐诗学：泛审美时代的快感体验与文化嬗变》，浙江工商大学出版社 2016 年版。

高丙中：《居住在文化空间里》，中山大学出版社 1999 年版。

胡泳：《另类空间——网络胡话之一》，海洋出版社 1999 年版。

胡友峰：《媒介生态与当代文学》，武汉大学出版社 2016 年版。

黄力之：《颠覆与拯救：现代性审美文化批判》，上海人民出版社 2014 年版。

蒋孔阳：《美在创造中》，广西师范大学出版社 1997 年版。

金枝编著：《虚拟生存》，天津人民出版社1997年版。

李恒基、杨远婴主编：《外国电影理论文选》，上海文艺出版社1995年版。

李红春：《自由空间与审美话语——社会领域分化中的当代中国审美文化》，中国社会科学出版社2014年版。

李青宜：《"西方马克思主义"的当代资本主义理论》，重庆出版社1990年版。

李益：《数字化媒介语境下的传媒审美文化》，北京联合出版公司2014年版。

李勇：《媒介时代的审美问题研究》，河南人民出版社2009年版。

刘吉、金吾伦等：《千年警醒：信息化与知识经济》，社会科学文献出版社1998年版。

陆扬、王毅：《大众文化与传媒》，上海三联书店2000年版。

罗钢、刘象愚主编：《文化研究读本》，中国社会科学出版社2000年版。

罗钢、王中忱主编：《消费文化读本》，中国社会科学出版社2003年版。

罗钢、顾铮主编：《视觉文化读本》，广西师范大学出版社2003年版。

孟繁华：《传媒与文化领导权——当代中国的文化生产与文化认同》，山东教育出版社2003年版。

南帆：《叩访感觉》，东方出版中心1999年版。

南帆：《双重视域——当代电子文化分析》，江苏人民出版社2001年版。

潘知常、林玮：《大众传媒与大众文化》，上海人民出版社2002年版。

单小曦：《媒介与文学：媒介文艺学引论》，商务印书馆2015年版。

汪民安、陈永国编：《后身体：文化、权力和生命政治学》，吉林人民出版社2003年版。

王宁：《消费社会学》，社会科学文献出版社2011年版。

吴伯凡：《孤独的狂欢》，中国人民大学出版社1998年版。

肖伟胜：《视觉文化与当代文化批评》，人民出版社2015年版。

徐贲：《走向后现代与后殖民》，中国社会科学出版社1996年版。

杨东平：《城市季风：北京和上海的文化精神》，东方出版社 1994 年版。

杨小滨：《否定的美学：法兰克福学派的文艺理论和文化批评》，上海三联书店 1999 年版。

张同道：《媒介春秋：中国电视观察》，中国电影出版社 2002 年版。

钟丽茜：《媒介技术与审美文化》，中国社会科学出版社 2014 年版。

周宪：《中国当代审美文化研究》，北京大学出版社 1997 年版。

周宪：《视觉文化的转向》，北京大学出版社 2008 年版。

二　英文

Agnes Heller, *A Theory of Modernity*, Oxford: Blackwell Publishers, 1999.

Anthony Giddens, *Beyond Left and Right: The Future of Radical Politics*, Cambridge: Polity Press, 1994.

Arthur Kroker and David Cook, *The Postmodern Scene: Excremental Culture and Hyper-Aesthetics*, Montreal: New World Perspectives, 1986.

Bernard Rosenberg and David Manning White, eds., *Mass Culture: The Popular Arts in America*, New York: The Free Press, 1957.

Chris Barker, *Cultural Studies: Theory and Practice*, London: Sage Publications, 2000.

F. R. Leavis and Denys Thompson, *Culture and Environment: The Training of Critical Awareness*, London: Chatto & Windus, 1960.

Fredric Jameson, *The Seeds of Time*, New York: Columbia University Press, 1994.

H. H. Gerth and C. Wright Mills, eds., *From Max Weber: Essays in Sociology*, New York: Oxford University Press, 1946.

Jim McGuigan, *Cultural Populism*, London: Routledge, 1992.

Jonathan Bignell, *Postmodern Media Culture*, Edinburgh: Edinburgh University Press, 2000.

Mark Poster ed., *Jean Baudrillard: Selected Writings*, Stanford: Stanford University Press, 1988.

Sean Cubitt, *Digital Aesthetics*, London: Sage Publications, 1998.

Stuart Hall and Tony Jefferson, eds., *Resistance Through Rituals: Youth Subcultures in Post-war Britain*, London: Hutchinson, 1976.

Zygmunt Bauman, *Liquid Life*, Cambridge: Polity Press, 2005.

后　　记

　　本书是 2019 年山东省社科规划优势学科项目（项目批准号：19BYSJ63）的结项成果，也是在我博士学位论文基础上继续进行深入研究的成果。

　　电子传媒审美文化可以说是我们日常生活中最熟悉不过的文化现象。可是，在我真正对它进行研究时却发现面临诸多困难。首先是如何界定审美文化。毕竟，"审美"一词很容易让人与"非功利""精神愉悦"联系起来，而当今的电子传媒审美文化显然并非如此。例如，我们不能说电视广告是非功利的，也不能否认电子游戏带给人更多的是感官刺激。电子传媒审美文化与传统审美文化虽有相通之处，但其存在形式、价值诉求均已发生变化。对审美文化作出基于现实文化环境的界定是整个研究的立论基础。而在进行具体分析时，我又时常被纷繁复杂的文化现象困扰。很多媒介文化现象难以判定是否跟审美相关（如网购热、电子社交，等等），是否该纳入研究。如果进行研究，该如何切入。更重要的是，电子传媒审美文化门类众多，彼此不尽一致，以什么样的研究视角和思路对其作出具有阐释力的整体把握，让人颇费脑筋。写作的过程充满着挑战，当然，也不时有着取得突破的欢喜。

　　在本书写成之际，首先要感谢我的博士生导师王杰教授和马龙潜教授。在读博期间，同时得到两位先生的指导、帮助，实属荣幸。王老师深厚的学养、磊落的胸怀、豁达的处世使我由衷地敬佩。马老师热心、和蔼，对我有老师之谊，更有长者之情。在此向两位先生表示诚挚的感谢。

同时，感谢曾繁仁教授、谭好哲教授、王汶成教授、仪平策教授等先生对我在学业上的谆谆教导。在我读博期间，谭好哲教授一直关心我的成长，即使毕业工作多年，也依然帮助、支持我，在此特别向谭老师表示感谢。

本书部分内容已在期刊上发表，它们是《文艺理论与批评》《社会科学家》《文艺评论》《电影文学》《广西社会科学》《聊城大学学报》等。在此向这些期刊和编辑表示真诚的感谢。

还要感谢聊城大学人文社科处、聊城大学文学院为我的科研工作提供的宝贵支持。从课题论证、申请到课题完成，他们给予了极大帮助。在此深表感谢。

谭德生

2022 年 10 月 18 日于安曼